시 창작에 이르는 길

김완하 외

문예 창작은 상상력과 감수성이 바탕이 되는 지극히 개인적인 영역에 속한다.
시 창작은 시인의 개성과 기질 등이 발휘되는 매우 독창적인 세계이다.
일반적으로 시 창작을 위한 몇 가지 길을 생각해 볼 수 있다.
먼저 시 창작 방법에 대하여 강의하고 그것을 토대로 실습을 하도록 하는 전형적인 방법이 있을 것이다. 이어서 우리 문학사에서 훌륭한 성과를 낳은 시인의 삶과 작품을 제시해 주며 그것을 따라가도록 하는 방법도 있을 것이다.
그리고 시 창작을 강의하는 교수가 열심히 작품을 쓰고 그것을 보여줌으로써 학생들로 하여금 창작 욕구를 불러일으키게 하는 방법도 있을 것이다.

책머리에

창작은 상상력과 감수성이 바탕이 되는 지극히 개인적인 영역에 속한다. 시 창작은 시인의 개성과 기질 등이 발휘되는 매우 독창적인 세계이다. 일반적으로 시 창작을 위한 몇 가지 길을 생각해 볼 수 있다. 먼저 시 창작 방법에 대하여 강의하고 그것을 토대로 실습을 하도록 하는 전형적인 방법이 있을 것이다. 이어서 우리 문학사에서 훌륭한 성과를 낳은 시인의 삶과 작품을 제시해 주며 그것을 따라가도록 하는 방법도 있을 것이다. 그리고 시 창작을 강의하는 교수가 열심히 작품을 쓰고 그것을 보여줌으로써 학생들로 하여금 창작 욕구를 불러일으키게 하는 방법도 있을 것이다.

그동안 시 창작 방법론으로 간행된 책들도 수십 종에 이르고 있다. 그리고 모두 다 그 나름의 가치와 의미를 지니고 있다. 그렇다 해도 기존의 시 창작론 활용에서는 다소의 아쉬움을 갖게 하는 게 사실이다. 그것은 창작론을 안다는 것으로 창작이 완성되지 않는다는 점과 여러 방법론들에도 한계가 있다는 사실이다. 물론 이 책도 많은 부분에서 부족함이 있고, 어쩌면 다른 책들과 변별력이 미미할 수도 있다. 그러나 이 책은 젊은 시인들이 직접 시 창작 체험을 토대로 작성되었다는 점을 장점으로 들 수 있다.

제1부에서 3부까지는 11명의 필자가 12장의 글을 통해 시 창작의 이론적인 토대를 펼쳐 보여주고 있다. 이 부분은 시창작의

출발에 대한 고민으로부터, 시적 대상으로서의 소재 선택, 시어의 운용, 비유와 기법, 이미지와 상상력, 시적 변용과 시적 거리, 화자와 청자 그리고 최근 시 창작의 방법으로 패러디와 사진의 융합 및 카피에 대하여 소개하면서 창작의 실제를 제시하고 있다.

제4부는 우리 문단의 중심부에 놓여 있는 시인들의 시와 그 시에 대한 창작 체험을 밝힌 글을 수록하였다. 시인들이 자신의 대표작을 제시하고 창작 과정이나 자신의 창작 방법에 대하여 소개하는 글에서 우리는 다양한 체험을 엿볼 수 있을 것이다. 이를 토대로 시 창작을 할 때 각자의 체험과 비교해보며 새로운 시도를 모색하도록 도와줄 것이다.

이 책이 나올 수 있도록 흐름에 맞추어 집필해 준 필자들께 깊이 감사한다. 또한 시 창작에 대하여 쓴 글을 수록할 수 있도록 허락해 준 여러 시인들께도 감사를 전한다. 이 책이 시 창작에 도움이 되어 시 창작에 대한 관심이 높아지고 좋은 시들이 많이 쓰일 수 있기를 진심으로 기대한다.

책이 나오기까지 여러분들의 도움이 있었다. 무엇보다 이 책의 출판을 허락하고 지원을 아끼지 않은 한남대학교 출판부에 감사드린다. 일정에도 기꺼이 임해준 이용규 선생과 편집과 교정을 도와준 편집부 여러분에게 고마움을 전한다.

2014년 2월

김 완 하

Contents

제 1 부

시 창작 이해

I 시 창작에 이르는 길

-만해 시를 통해서

1 시 창작의 두 길

여러 대학과 대학원에 문예창작학과가 설치되어 있다. 또한 대학의 사회교육원이나 사설 교육기관에도 시 창작 강의가 활발하게 펼쳐지고 있다. 시 창작 방법과 시 창작 교육이라는 문제가 커다란 관심의 대상이 되고 있는 것이다. 필자 또한 대학 강단에서 학생들에게 시 창작을 강의하면서, 학생들에게 시 창작 방법론을 어떻게 일깨워 줄 것인가를 고심하고 있다. 이 문제를 풀기 위해서는 두 가지 방법을 생각해 볼 수 있다. 일단 기존의 시 창작 교재를 통해서 원칙론적으로 접근하는 길이 있을 것이다. 다음으로는 우리 문학사에서 높은 위상을 차지하고 있는 시인들의 시 세계를 창작 방법의 실제로 접근해 보는 길일 것이다.

한국 현대시사에 높은 시적 성과를 보여 준 시인들은 그들만의 시 창작 방법을 구사하였다. 다시 말하면, 그들은 남들과 다른 자신만의 시 창작 방법으로 시적 형상화를 꾀했다. 우리가 만해의 시에 다시 주목하는 이유도 이 때문이다.

현대시에서 만해 시는 여러 면으로 높은 가치를 인정받고 있다. 한 편의 시는 형식과 내용의 조화를 통해 완성도를 갖추고 궁극에는 문학적 감동으로 이어져야 한다. 이 점에서 그의 시는 우리의 관심을 끌기에 충분하다. 또한 만해는 불교 사상을 시적으로 형상화해 냄으로써 한국 현대시사에서 사상적 깊이를 확보한 시인으로도 높이 평가받고 있다. 이 점 또한 우리가 다시 만해의 시를 재평가해야 할 주요한 요소이다.

2 만해 시의 보편성

만해 시문학 연구에서 큰 줄기를 이루고 있는 김재홍 교수는 그의 저서 『한용운 문학연구』(일지사, 1982)에서 만해 문학의 가치를 다음과 같이 제시하고 있다.

> 한국 신 문학사를 논하면서 만해 문학은 우리가 반드시 뛰어넘어야 할 가장 큰 봉우리의 하나로 생각된다. 단지 그의 문학이 지닌 예술적 형상성의 우수함 때문만은 아니다. 또한 그의 문학이 전통과 현대의 맥락을 이어주는 소중한 문학사적 다리이기 때문만도 아니다. 그의 문학은 험난한 역사를 살아가는 예지와 용기를 가르쳐 주며, 생의 어려움을 극복하는 신념과 희망을 불러일으켜 준다는 점에서 참된 의미를 지닌다. 또한 그의 문학이 한국 문학

에 가장 부족한 요소인 종교적 명상의 진지함과 형이상학적 깊이를 불어넣어 주고 있기 때문이다. 그의 문학에는 추상적인 이론이나 관념적인 주장에 의한 종교적 깊이가 아니라 세속의 삶에 깊이 뿌리박고 있으면서도 세속에 물들지 않고 이상적인 삶을 갈망하는 신성 지향의 숭고함이 자리잡고 있는 것으로 보인다. 역사와 현실, 사회와 상황에 치열하게 부딪치면서도 물러나 정관하고 투시하는 구도자적 삶 속에서 만해가 견지한 미적 거리와 형이상학적 주제의 진지함은 한국 문학의 원숙을 위해 참으로 값진 교훈이 아닐 수 없다. 일관성 있는 행동에 다른 실천 의지와 지조를 깊이 있는 삶의 철학으로 이끌어 올리면서 끊임없이 변모하고 스스로 뛰어넘는 만해의 예술혼은 우리가 본받아야 할 소중한 정신사적 자산이 될 수 있는 것으로 판단된다.

이러한 사실은 만해 시의 문학적 본질에 대한 평가이기도 하지만, 만해 시의 창작 방법이자 원리로 작용하기도 하는 것이다. 시를 쓰는 이들이라면 만해의 문학을 통해 시 창작이란 손끝이나 머릿속에서만 이루어지는 것이 아니라, 온몸으로 성취하는 생의 전체와 맞먹는 것이라는 사실을 깨닫고 좀 더 숙연해져야 할 것이다.

1983년도 노벨문학상 수상자이자 2005년도 만해대상 수상자인 소잉카도, 만해대상 문학 부분 수상 연설에서 만해 문학과 만해 사상이 가진 세계적 보편성에 대한 평가를 아끼지 않았다. 우리 문학도 세계적 보편성으로 나아가야 할 21세기의 지평 위에서, 만해의 사상과 문학은 이렇듯 한국의 울타리를 벗어나 세계적 관점과 관심 위에서 평가받고 있다. 이 점 또한 오늘 창작 현장에 서 있는 시인들이 만해의 시에 대하여 관심을 가져야 하는 이유인 것이다.

3

『님의 침묵』 창작 배경

『님의 침묵』은 1926년 5월에 서울 회동서관에서 간행되었다. 만해는 1919년 3·1 독립운동이 실패로 돌아가자, 우리 민족의 절망스런 분위기와 침체된 의식 세계를 일깨우기 위하여 백담사에 칩거하면서 『님의 침묵』을 집필하기에 이른다. 한 개인으로서의 울분 이전에 우리 민족이 처한 역사적 상황과 민족의 비애감을 극복하기 위한 만해의 크고도 높은 시 창작 의지가, 불교 사상과 융화되어 그의 시집 『님의 침묵』에 깔려 있는 것이다.

이렇듯 시를 쓸 때에 즉흥적으로 몇 편의 시를 쓰는 것이 아니라, 만해의 경우처럼 분명한 의도와 계획을 가지고 전체적인 구상과 구성을 통해 집중적으로 한 권의 시집을 쓴다면, 좀 더 높은 시적 성과를 낳을 수 있을 것이다. 이 점은 시 창작에 관심을 갖는 사람이라면 누구라도 새겨들어야 할 문제라 할 수 있다.

4

능동적으로 희생을 감내하는 시적 자아상

시는 화자가 청자에게 말하는 방식의 하나이다. 시 창작에서 시인은 가상의 등장 인물의 입을 빌려, 현실의 상황이 아닌 상상을 통해 창조해 낸 상황을 말하는 것이다. 시적 화자는 시에서 그에게 어울리는 목소리를 가지고 그것에 어울리는 역할을 한다. 시인은 그의 의도를 전달하기 위해 적절한 화자를 설정하여 그의 목소리로 시에 등장하는 것이다. 바로 이 목소리와 그 역할은 시적 화자의 개성을 드러낸다.

만해 시에 나타나고 있는 화자의 목소리는 일반적으로 여성적이다. 또한 그의 화자는 님을 향하여 질투하고, 그리워하고, 외로워하는 모습을 거침없이 보여준다. 즉 '님'이라는 상징 체계를 향하여 지극히 인간적인 갈등과 번민을 드러내는 것이다. 이렇듯 만해 시에서는 역동적·능동적으로 희생을 감내하는 시적 자아상의 형성 과정을 살펴볼 수 있다.

이러한 그의 시적 어조는 무겁고 관념적인 불교 사상의 세계를 형상화하기 위하여 차용한 하나의 방법으로 이해될 수 있다. 다시 말하면, 그의 어조는 무거운 주제를 쉽게 수용하여 전달할 수 있는 방법으로 구상된 것이다. 이러한 시적 어조는 그의 시를 연애시로부터 종교시로까지 폭넓게 이해할 수 있게 한다. 즉, 님의 의미의 다층성을 형성하게 하는 양식으로 작용하고 있는 것이다.

5

연작시의 형식과 극적 구성

우리 시인들의 시는 다양성은 보여주지만 전문성이 결여되었다는 지적이 있다. 그러한 관점에서 연작시의 필요성을 제기하고 있다. 만해의 시는 연작시의 형태를 취하여 불교 사상의 깊이까지 담고 있다. 인간의 상상력의 층위는 자연사적 단계·인간사적 단계·사회사적 단계·신성사적 단계로 구분할 수 있다. 그의 시는 이 네 가지 단계를 전체적으로 아우르면서 종국에는 그의 사상적 깊이를 담아내고 있다. 바로 이러한 점은 그의 연작시 형태에서 성취되고 있다. 이 점은 오늘날 시를 쓰고자 하는 젊은 시인들에게도 필요한 방법일 수 있다.

시를 쓸 때 우리는 '무엇을'과 '어떻게'의 두 가지 측면을 고심하게 된다. 그러나 연작시는 하나의 테마를 갖는 것으로서 '무엇을'에 대한 고민을 벗어나 '어떻게'에만 관심을 집중시켜 시 창작의 활성화를 꾀할 수 있게 한다.

만해는 그의 시 「군말」에서 시집 전체에 대한 의도를 드러내고 있다. 이어서 「님의 침묵」에서부터 「사랑의 끝판」까지 이어가고, 마지막으로 「독자에게」라는 시로 탈고의 마지막 심정과 독자에 대하여 당부를 하고 있다. 이렇게 하여 『님의 침묵』은 전체적으로 하나의 상징 체계를 갖는다.

또한 그의 시에는 극적인 구성들이 나타나고 있다. 님과의 역학 관계나 대화체의 사용, 상황의 연출 속에서 펼치는 동작 등 시 장르에서의 극적 구성의 새로운 가능성을 모색하고 있다. 그리고 이러한 양식은 김지하의 시와 황지우의 시 그리고 장정일의 시에까지 영향을 주고 있다.

6

독자를 잃어가는 현대시의 대안

오늘날 독자들이 현대시에 대해 갖는 불편함은 장황한 설명식 문체, 알 수 없는 넋두리, 과도한 실험성과 해체에서 기인한다. 이런 점에서 만해의 시는 현대시에 대하여 대안을 제시할 수 있을 듯하다. 그의 시에 내재하는 의식 세계의 깊이에도 불구하고, 그의 시 창작 방법은 독자가 그의 시를 무리 없이 읽어 내려가게 만들기 때문이다.

그렇다고 만해의 시가 쉽다는 것은 아니다. 그의 시는 물 흐르듯이 읽히면서도, 그 안의 의식 세계를 우리에게 자연스럽게 전달해 준다. 다양한 비유와 형상화 방법으로 서서히 독자들을 이끌어 가면서, 마침내 그의 사상적 깊이에까지 이르도록 유도하는 것이다.

7

비유 및 역설의 미학

만해 시는 직유에서 은유 나아가 상징에 이르기까지, 시 창작법의 전형이 될 만한 비유의 보고(寶庫)로 이해될 수 있다. 그 일례로 그의 시에서는 직유와 은유가 동시에 섞여서 쓰이기도 한다.

> 황금의 꽃같이 굳고 빛나던 옛 맹서는 차디찬 티끌이 되어서 한숨의 미풍에 날아갔습니다.
>
> －「님의 침묵」 부분

이 시 구절에서 "황금의 꽃같이"와 "차디찬 티끌"은 은유와 직유의 동시적 사용으로 그의 시에 활력을 더해주고 있다. 이렇듯 그의 시를 살펴보면 다양한 비유법의 양상과 실제를 발견할 수 있고, 이를 통해 시 창작의 예를 찾을 수 있다.

또한 만해 시의 묘미는 그의 역설의 미학에서 비롯되고 있다. 인간의 존재와 우주의 원리 속에 내재하는 모순의 진리를 포괄하기 위해서, 역설은 매우 주요한 시적 원리이자 창작 방법이다. 독자들은 만해의 시에서 표면적 의미와 이면적 의미 사이의 차이를 읽어냄으로써, 그 시가 내포하고 있는 의미체계를 받아들이게 된다. 이러한 원리와 그 실제로서 만해의 시는 대단히 유용하다고 하겠다.

> 걷잡을 수 없는 슬픔의 힘을 옮겨서 새 희망의 정수박이에 들어부었습니다.
>
> －「님의 침묵」 부분

> 이별은 미의 창조입니다.
>
> －「이별은 미(美)의 창조」 부분

> 그의 항거(抗拒)한 뒤에 남에게 대한 격분(激憤)이 스스로의 슬픔으로 화(化)하는 찰나에 당신을 보았습니다.
>
> －「당신을 보았습니다」 부분

사랑의 속박은 단단히 얽어매는 것이 풀어주는 것이다.
그러므로 대해탈(大解脫)은 속박에서 얻는 것입니다.

– 「선사(禪師)의 설법」 부분

사람이 멀어질수록 마음은 가까워지고 마음이 가까워질수록 사람은 멀어진다.

– 「그를 보내며」 부분

이러한 표현들은 보다 근원적인 진리의 세계에 도달하기 위한 인간적 차원의 갈등을 넘어서는 지혜로 작용하고 있다. 그의 시는 놀라운 역설의 어법을 구사하고 있다. 그것은 불교적 사유인 공즉시색, 색즉시공의 역설과도 통하는 것이다. 그의 시적 기법은 사상이나 관념의 깊이를 수용하기 위한 방편이다. 그의 역설법은 회자정리, 거자필반의 인간사의 역설을 반영하고 있는 것이다.

8 시 낭송의 적합성

현대시는 리듬과 운율을 잃어가고 있다. 난해한 표현과 산문 투로 이어지는 현상이, 독자들과 멀어지는 또 하나의 원인으로 작용하고 있다. 바로 이 점에서 독자들과 시를 다시 가깝게 할 수 있는 방법으로, 시 낭송의 중요성을 환기할 필요가 있다. 만해의 시는 낭송에 적합하다. 그의 시가 운율과 리듬의 속성을 바탕으로 창작되었기 때문이다. '시는 노래다'라는 사실을 만해는 누구보다도 깊이 인식하고 있었던 것이다.

시 창작 방법에서 산문적 형태의 시와 리듬 형성의 원리를 설명하는데, 만해 시는 구체적인 예가 될 수 있을 것이다. 만해는 시가 읽히기도 하는 것이지만 노래되는 것이라는 점을 깊게 인식하여, 시의 대중화에도 큰 관심을 가진 것으로 보인다. 이 점에서 오늘날의 시인들은 만해 시를 낭송해 보고, 그 깊이에서 울려나오는 언어의 힘을 되새겨 볼 필요가 있다. 또한 그의 시적 리듬감을 자세히 파악하여 스스로의 시 창작에 원용하는 것도 유용할 것이다.

9 관념적 주제를 구체화한 감각적 표현

다양한 감각적 표현은 시에 생동감을 불어넣고 관념을 실체화하면서 시를 한층 정감 있게 한다.

만해의 시는 매우 심오한 종교적·사상적 주제를 지향하면서도, 대단히 감각적인 표현을 구현해 내고 있다. 이 점은 성서 '아가서' 등에 나타나는 육감적 표현과도 견주어 볼 수 있을 것이다. 그것은 바로 시의 직접적인 전달 효과를 위한 하나의 방법, 즉 관념을 구체화하기 위해서 그의 시가 추구한 형상화의 한 방편이었다. 몇 구절 인용해 보면 다음과 같다.

날카로운 첫 키스의 추억은 나의 운명의 지침을 돌려놓고 뒷걸음쳐서 사라졌습니다.

나는 향기로운 님의 말소리에 귀먹고, 꽃다운 님의 얼굴에 눈멀었습니다.

—「님의 침묵」 부분

이별의 눈물은 물거품의 꽃이요 도금한 금방울이다.

칼로 벤 이별의 키스가 어디 있나요.

—「이별」 부분

꽃향기의 무르녹은 안개에 취하여 청춘의 광야에 비틀걸음치는 미인이여.

죽음을 기러기 털보다도 가벼웁게 여기고 가슴에서 타오르는 불꽃을 얼음처럼 마시는 사랑의 광인이여.

—「슬픔의 삼매(三昧)」 부분

님의 사랑은 강철을 녹이는 불보다도 뜨거운데 님의 손길은 너무 차서 한도가 없습니다.

나의 작은 가슴에 타오르는 불꽃은 님의 손길이 아니고는 끄는 수가 없습니다.

—「님의 손길」 부분

나는 당신과 떠날 때에 입맞춘 입술이 마르기 전에 당신이 돌아와서 다시 입맞추기를 기다립니다.

—「인과율」 부분

10
토속어 사용과 전통 계승 및 심화

만해는 충청도 방언이나 토속어를 효과적으로 써서 시적 의미를 강화하기도 했다. 시인은 민족어의 완성과 연마에도 많은 관심을 기울여야 한다. 기표의 우위성에 놓여 있는 시어에서 토속어와 방언의 사용은 삶의 리얼리티와 현장감을 일깨워주는 매우 중요한 방법이다.

> 정수박이(정수리) / 갓이없는(가없는) / 자기자기한(아기자기한) / 자먁질(자맥질) / 새암(샘) / 쩔러서(짧아서) / 나한지(나한테서) / 님한지(님한테서) / 제워서(겨워서) / 포시랍고(포동포동하고 보드랍고) / 사리뜨리다('사리다'를 강조한 말) / 시친듯(씻은 듯) / 달금하다(부드럽고 달콤하다) / 곱드리다(여러 겹으로 꼬다) / 갈궁이(갈고리) / 기루다(애절하다) / 비겨(비유해서) / 뒤움박(뒤웅박) / 도롱태(나무로 만든 수레) / 목마친(목이 메인) / 그물치다(꾸미어 장식하다) / 숫옥(순정한 옥) / 각근한(충실한) / 비슥이(비스듬히) / 몰란결(모르는 결) / 촌집(초가집) / 저퍼하다(저어하다)

아울러 그의 시는 우리 전통을 계승하고 그것을 심화하는 측면에서도 성과를 보여주고 있다. 한국 시의 전통을 살펴보면 어려운 시대일수록 시인의 목소리는 여성적으로 나타나, 시대의 어려움과 고뇌를 깊이 끌어안으며 시가 전개된다는 사실을 알 수 있다. 바로 이

점이 우리 시의 전통과 만해의 시가 맞닿는 부분이다. 시 창작 방법론에 있어 전통에 뿌리를 둔 새로움의 추구는 매우 중요한 지점이기 때문이다.

11 스며듦과 파급 효과

살펴본 바와 같이 만해의 시는 산문적 형태와 리듬 형성의 원리를 설명하는 데 있어 구체적이고 모범적인 예이다. 또한 그를 통해 역동적·능동적으로 희생을 감내하는 시적 자아의 형성 과정을 알아볼 수 있다. 그 외에도 만해 시는 오늘날의 시인들에게 많은 화두를 던져주고 있다. 예를 들어 만해처럼 시인의 이력이 시 해석에 영향을 주는 경우 시의 의미가 위축되거나 훼손되기 쉽다. 외적 정보에 영향을 받는 만큼 의미 해석이 고정될 우려가 있기 때문이다. 따라서 만해의 시를 통해 외적 정보에 의지하지 않는 시 해석과 감상의 중요성을 인식하는 계기를 마련해야 할 것이다. 나아가서 만해 시는 일제강점기를 살아야 했던 시인의 행동과 고뇌를 보여준다. 시대와 시인으로서의 개인이 맺는 연관성에 대해 생각해 볼 수 있는 좋은 예가 되는 것이다.

그러므로 만해의 시는 읽고 느끼는 일이 무엇보다 중요하다. 그의 시를 낭송하다 보면 그의 시 안으로 점차 한 발자국씩 다가서게 될 것이다. 그렇게 한 발자국씩 다가서다 보면 그의 시 창작 방법이 자연스레 전이되어 올 것이다. 그러한 스며듦과 파급 효과, 그것이 바로 만해 시 창작 방법의 핵심이라 할 수 있다. 우리 민족이 처했던 암흑의 현실을 넘어 그것을 인류 보편성의 문제로 끌어올리려 했던 그의 시적 노력은 오늘날에도 우리에게 큰 감동을 주고 있다. 시류에 휩쓸리며 새로움만 추구하다 시간의 풍화 작용을 제대로 견뎌내지 못하는 시가 많은 오늘, 젊은 시인들은 새삼 만해 시의 넓고도 깊은 의미에 젖어 보아야 할 것이다.

김 완 하

한남대학교 문예창작학과 교수, 1987 『문학사상』 등단, 시집 『허공이 키우는 나무』 등.

Ⅱ 시적 대상과 소재 선택

1 소재란 무엇인가

시는 언어의 조직체인 문장의 일종으로 그것에 대해 무엇인가를 말하는 언급의 대상을 갖는다. 그 대상이 시의 재료, 즉 소재라 할 수 있다. 좋은 소재는 좋은 시의 바탕을 이룬다. 그러나 소재가 중요하지만, 소재 그 자체가 시가 되는 것은 아니다. 좋은 소재도 정밀하게 가공되어야 빛을 발한다.

모든 총체적인 예술 장르에서 예술가들은 자신의 작품을 구상할 때 '무엇을 어떻게 표현할 것인가'에 대해 고민한다. 시의 경우에도 이와 마찬가지로 무엇을 어떻게 쓸 것인가의 고민이 선행된다. 이때 '무엇'이란 시의 주제이고, '어떻게'란 시를 형상화할 때 소재의 선택이나 이미지의 표현 방법에 대한 측면이라 할 수 있다. 이미 동요로 잘 알려진 김소월의 「엄마야 누나야」에서 시인이 들려주고자 하는 주제에 따른 소재를 어떻게 적절하게 선택했느냐를 살펴볼 수 있다.

엄마야 누나야 강변살자
뜰에는 반짝이는 금모래빛
뒷문 밖에는 갈잎의 노래
엄마야 누나야 강변살자

– 김소월, 「엄마야 누나야」 전문

이 시에서 우리는 어딘가에 있을지 모를 강변에 대한 애틋한 그리움의 정서를 느낀다. 소월은 강변을 통해서 일상성을 뛰어넘어 평온하고 아늑한 세계에 대한 자신의 동경을 표현하였다. 말하자면 위 시는 '강변'을 소재로 하여 자연과 인간이 순수한 상태로 화합할 수 있는 세계를 형상화한 시이다.

그러나 위에 인용한 대목만 보더라도 '강변' 이외에 '엄마, 누나, 금모래, 갈잎' 등의 소재로 인해 우리에게 더 큰 감흥을 갖게 한다. 여기서 우리는 한 편의 시에서도 소재는 한 가지로만 국한되지 않는다는 사실을 알게 된다. 모든 시는 여러 개의 소재를 이용해서 만들어진 하나의 구조물인 것이다.

그러나 여러 개의 소재가 모두 동일한 역할의 무게를 갖지는 않는다. 어떤 소재는 중심축이 되고, 어떤 소재는 중심 소재를 도와서 돋보이게 하는 역할을 한다.

앞에 인용한 김소월 시의 경우는 '강변, 엄마, 누나, 금모래, 갈잎' 등의 여러 소재들 가운데서 단연 '강변'의 비중이 가장 크다. 소재의 이러한 비중의 차이는 시가 아닌 다른 구조물에서도 찾아볼 수 있다. 예를 들어, 망원경은 접안렌즈와 대물렌즈, 나사와 플라스틱 몸체로 이뤄져 있다. 그 중에서 가장 큰 비중을 차지하는 망원경의 핵심 재료는 렌즈일 것이다. 시에 있어서도 렌즈와 같은 역할을 하는 소재를 중심 소재 혹은 제재(題材)라 한다. 한 편의 시는 이러한 중심 소재를 축으로 글의 리듬과 함축적 미감(美感)을 일으키는 취향의 문장이라 규정할 수 있다. 그리고 중심 소재 이외의 다른 재료인 나사나 플라스틱 몸체와 같은 재료는 주변 소재라 한다. 그러나 중심 소재보다 비중이 작지만 이러한 주변 소재는 시의 재료로 반드시 필요하다.

시에서 중심 소재를 비롯하여 모든 소재는 그 종류에 제한을 두지는 않는다. 소재로 선택할 수 있는 것들은 인간의 오감으로 지각할 수 있는 사물은 말할 것이 없고, 관념이나 감정도 시의 소재로 가져올 수 있다. 여기에는 인간의 감정과 관념, 사물에 대한 인식을 주관하는 체험이 밑바탕 된다. 물론 체험에는 독서와 같은 간접 경험이 있을 수 있다. 그러나 여기에서 말하는 체험이란 한 인간이 보고, 듣고 자란 그 총제적인 경험을 일컫는다. 우리가 어떠한 사물을 보고 그것이 무엇인지 인식할 수 있다는 것은 그 대상의 사물이 지니고 있는 속성이 사물을 바라보는 주체적 시인에게도 이미 내재되어 있기 때문이다. 사물이 지닌 특성 내지 속성이 창작 주체에게도 학습되어 있기에 인식이 가능하다. 그리고 그것은 대상을 바라보는 창작자와 대상으로서의 사물 사이의 교감에서 가능해진다. 이러한 교감은 서로 같은 요소가 존재하기 때문에 일어나게 된다. 달리 말하면 우주의 삼라만상과 인간 경험의 온갖 것들이 모두 시의 소재가 될 수 있는 것이다.

예술은 사물의 형태 속에 숨어 있어서 보이지 않는 어떤 의미나, 사물과 사물 사이에 형성되는 내면적 관계를 구체적인 형태로 시각화시켜 보여주는 작업이다. 이런 맥락에서 볼 때 예술의 한 분야인 시는 아무런 의미도 지니지 못한 사물이나 타자와의 관계 속에서 빚어지는 감정과 관념에 대해 어떠한 의미를 부여하는 작업이라 할 수 있다. 이는 창작 주체의 사상이나 감정을 토로하여 예술로 승화시키는 작업이기도 하다. 그렇다면 어떤 것을 바라보고 쓸 것인가의 문제에 직면하게 된다.

어떠한 사물을 관조하여 그것을 상상적으로 변용시키는 작업이 시적 대상을 찾는 첫걸음이다. 혹자는 이것을 '시상(詩想)을 떠올린다'는 말로 표현하기도 한다. 그러나 창작 주체는 러시아 형식주의자인 슈클로브스키가 주장한 '낯설게 하기'라는 말처럼, 우리가 어떠한 사물을 보게 될 때 '무엇'을 보는가도 중요하겠지만, 보다 더 중요한 것은 얼마나 '어떻게' 대상에 의미를 두어 접근하느냐의 문제일 것이다. 무엇을 보느냐 보다도 어떻게 보느냐가 더욱 중요하다는 얘기는 이미 상식에 속하는 말이다. '무엇'을 보느냐의 문제는 소재에 그치는 얘기지만, '어떻게' 보느냐는 그 주제와 표현 방법까지를 포함하는 범주의 관점이기 때문이다. 이러한 관점에 볼 때 김춘수의 「나의 하느님」을 살펴볼 필요가 있다.

사랑하는 나의 하느님, 당신은
늙은 悲哀다.
푸줏간에 걸린 커다란 살점이다
詩人 릴케가 만난
슬라브 女子의 마음속에 갈앉은
놋쇠 항아리다

– 김춘수, 「나의 하느님」 부분

이 시에서는 창조주 내지 절대자로서의 하느님이 '늙은 비애' 혹은 '푸줏간에 걸린 살점', '놋쇠 항아리' 등으로 표현된다. 눈에 보이지 않는 믿음의 구체적 대상인 절대자를 사물화된 상대적 이미지로 표상하고 있다. 신을 개념적으로 인식하지 않고 상대적이지만 구체적 이미지로 나타내는 것은 절대적 존재에 대한 시인의 상대적인 자기인식을 보여주기 위해서이다.

그러기 위해서 김춘수는 중심 소재인 '하느님'을 표현할 수 있는 '늙은 비애', '커다란 살점', '놋쇠 항아리' 등으로 주변 소재를 확보하여 시의 의미와 주제를 더욱 선명하게 드러내고 있다. 그리하여 이 시에서 김춘수는 신을 지나치게 신성불가침의 영역에 묶어놓고 신비화하지 않는다. 그보다는 인간적인 친화 관계를 환기하며 육화된 존재로서 표현한다. 궁극적으로 시인은 자기 중심의 지배적 권위주의에 사로잡힌 인간의 무의식을 비판하고 성찰하는 자세를 보인다.

이처럼 현대시에서 대상을 바라보는 시각과 그 시적 대상에 따라 개념화된 인식의 틀을 스스로 해체하는 노력은 존재의 새로운 지평을 환기시킨다는 점에서 중요한 의미를 지닌다.

2 시적 대상을 보는 눈

창작 주체가 대상을 지각하여 시로 형상화하는 방법에는 크게 두 가지 방식으로 분류할 수 있다. 하나는 일상 생활에서의 사물을 인지하여 이미지로 구축해 내는 방법이다. 다른 하나는 추상적인 관념이나 이미지로부터 시작하여 현실계의 대상으로 표상하는 방법이다. 이러한 관점은 소재의 선택에 앞서서 시로 형상화하고자 하는 대상이 지각 가능한 이미지인가, 아니면 관념적 추상 이미지인가에서 비롯된다. 다시 말해 어느 이미지에 시상의 뿌리를 두고 있느냐의 문제인 것이다. 물론 시 창작이 인간의 사고 작용을 통해 이루어지는 주관적인 창작 행위이기 때문에 이러한 분류가 명확한 것은 아니다.

따라서 시적 형상화는 '사물시'와 '관념시'라는 성격에 따라서 그 창작 방법이 달라질 수 있다. '사물시'는 일상적 사물을 관찰하고 객관적으로 서술하여 해석하는 언어에 의해 사물화된 시로 볼 수 있다. 이와 달리 '관념시'는 창작 주체로부터 관념화된 세계를 형상화하여 주관적인 감정을 일상적 사물에 대입하여 형상화한 시이다. 특히 사물시는 사물에 대해 자세하게 관찰하는 방법을 통해서 형상화의 과정을 보여준다. 그 관찰 방법을 마광수는 다음과 같이 제시하였다.

① 꽃을 있는 그대로 본다.
② 꽃의 종류나 모양을 생각하며 꽃의 특성이 무엇인가 생각해 본다.
③ 꽃잎이 무엇 때문에 화려한 색깔을 가지고 있는가 생각해 본다.
④ 꽃잎 사이에 있는 암술과 수술을 보다 자세히 관찰해 본다.
⑤ 꽃 속에서 꿈틀거리는 생명력을 본다.
⑥ 꽃의 모습과 생명력의 상관관계에서 생기는 암술과 수술의 역할을 생각해 본다.
⑦ 꽃의 자웅교배가 어떻게 한 꽃송이 안에서 이루어질 수 있는지 생각해 본다.
⑧ 자신의 성적(性的) 외로움을 떠올려 보고 꽃의 입장에 자신을 대입해 본다.

지금 우리 앞에 꽃 한 송이가 있다고 가정한다면, 그 꽃을 바라보는 시각은 물론 사람마다 다를 것이다. 그 차이를 단계화해서 구분해 보면 위와 같다.

①에서 ④까지는 꽃의 외형적 관찰이지만, 일상적 상식적 차원에 있어서의 우리는 그나마도 ①과 ②정도의 눈으로 꽃을 보고 있다.

③과 ④는 그보다 한걸음 앞선 태도이긴 하지만 역시 꽃의 외형적 관찰이며, 따라서 그다지 깊이 있는 관찰이라 할 수가 없다.

⑤에서 ⑦까지는 그렇지 않다. 그것은 꽃의 외형이 아니라 그 내면을 바라보는 시각이다. 그리고 그 때문에 일상적 차원에서는 보이지 않는 꽃의 모습이 우리 앞에 드러난다. 꽃의 생명력이라든지 또 그 생명력의 의미나 사상 같은 것은 보이지 않는 대상인 것이다. 그런데도 이 단계에서는 그것들이 모두 꽃의 모양으로 형상을 얻고 있다. 그리하여 생명력이나 사상으로 바뀐 꽃의 그 변용은 상상력의 소산이 아닐 수 없는 것이다.

⑧의 단계에 이르면 꽃은 다시금 비약적 변용을 이루게 된다. ⑤~⑦의 단계에 있어서는 그래도 아직 지금 서 있는 자리를 벗어나지 못하던 꽃이 이번에는 자리까지 옮기게 되는 것이다. 꽃을 매개로하여 창작 주체가 느끼고 있는 외로움을 표상해낼 수 있게 된다. 더 나아가서 꽃을 통해서 꽃의 저쪽에 있는 세계를 바라볼 수 있는 자리를 확보할 수 있다. 그리하여 우리는 한 송이의 꽃을 통해 인생 만사와 우주의 삼라만상까지 모두 포괄하여 형상화할 수 있게 된다. 그리고 이처럼 광대한 다른 세계를 꽃을 통해 볼 수 있다는 것은 사물시가 가지는 장점이라 할 수 있겠다.

3

대상에 접근하는 방식

시 창작에서 하나의 이미지를 끌어내고, 그것을 다듬고 변형하는 작업은 쉬운 일은 아니다. 이미지를 구축하는 과정에서 필요한 것은 창작 주체의 무한한 상상력의 동원이라 하겠다. 관념으로부터 현재화된 사물로 표상한 시와 사물로부터 관념적 세계를 이끌어낸 또 다른 시를 살펴보겠다.

상월초등학교 플라타너스에
딱따구리 나무 파던 흔적 남았다
우듬지부터 둥치 따라 내려오다
깊게 파인 구멍 하나 찾았다
나무의 옹이 아래 딱따구리는 둥지를 묻고
수없이 구멍 드나들며 하늘 물어오고
어둠을 길어 냈다
거기 한철 지내던 딱따구리 새끼 쳐 떠났다
딱따구리가 밤마다 둥지 때
허공 속에서는 목탁이 울었다
하늘의 별들도 그 소리에 귀를 열고
더 또렷이 빛이 났다
딱따구리는 어둠 파내 밤을 뚫고
나무의 가슴 펴 올리며
끝내 새벽 열어 한 채 집이 되었다

— 김완하, 「옹이 속의 집」 부분

위 시에서 시적 화자는 나무의 단단한 옹이 속에 옹이보다 더 견고한 집이 들어서 있음을 본다. 그리하여 나무의 상흔에 파고들어 제 삶을 부려놓았던 딱따구리의 존재를 깨닫는다. 일찍이 하이데거가 인간의 존재를 '죽음을 향하고 있는 존재'라고 했듯이, 시적 화자가 대면하고 있는 딱따구리의 둥지는 미래를 향해 자신을 던졌던 한 존재의 집이었다. 그 집은 딱따구리가 지어낸 '새벽'의 시간과 또렷이 빛나는 별들의 공간으로 이뤄져 있다.

딱따구리는 "나무의 멍든 가슴"에 제 둥지를 튼다. 그가 "하늘 물어오고" "어둠을 길어" 내는 동안 "허공 속에서는 목탁" 소리가 울린다. 딱따구리는 자신에게 주어진 밤의 어두운 세계를 부리로 쪼아대며 "끝내 한 칸의 새벽을" 옹이 속에 지어낸다. 이렇듯 세계를 역동적으로 움직이게 하는 힘은 '딱따구리'에게서 나온다. 딱따구리는 이미 둥지 밖으로 날아가 허공에조차 없지만, 시인의 통찰력에 의해서 딱따구리는 존재의 소멸을 넘어서 값진 것으로 살아나고 있다.

이렇듯 위 시는 사라져버린 존재에 대하여 사색하고, 그것이 어떠한 가치를 가질까 생각하게 하는 실재적 관점에서 쓰여진 시이다. 시인은 대상을 형상화하는 과정에 있어서 '딱따구리'라는 사물화되어 있는 대상을 통해서 표상했다. 지각 가능한 이미지인 '나무옹이'를 통해서 '딱따구리'라는 새로운 지각 이미지를 생성해 낸다. 그리고 다시 '딱따구리'는 '하늘, 어둠, 밤, 허공, 새벽'이라는 가시적이지만 다소 관념적 세계를 표면으로 끌어내 주는 중심 소재로 작용한다. 이러한 딱따구리의 행위에 맞물려 있는 주변 소재는 "살아있는 한 채 집"으로 수렴되는 공간에 속하여 형상화되고 있는 것이다. 지각 이미지를 통해서 비가시적 추상 이미지, 즉 관념적 세계를 충실하게 이미지화하고 있는 좋은 예라 할 수 있겠다.

> 아를아 왜 나를 아를케 하느냐
> 아를에 와서 나는 아프다
> 파란 하늘처럼 아프고 바람에 흔들리는 아를역사의 풀잎들처럼 아프다
> 잠재적 고독을 그대로 공표해버린 듯한 아를의 공화국광장에서도
> 공화국광장으로 무장무장 쏟아지는 햇살 속에서도
> 나는 론강처럼 외롭고 외로운 짐승처럼 아프다
> 아를에 와서 나는 걸을 때마다 아프다
> 바람의 목발을 짚고 척각의 아픈 기억이 절룩거리며 아를 시내를 관통해 걸어간다
>
> 1664년부터 크로넨버그씨도 그랬을 것이다
>
> 4661년까지 나의 고독씨도 그럴 것이다
>
> – 박정대, 「아를아 왜 나를 아를케 하느냐」 부분

이 작품은 앞서 예시한 「옹이 속의 집」과는 달리 관념적 관점에서 형상화되어 있는 시이다. 창작주체는 단 몇 마디로 형언하기 힘에 부친 고독을 '아를'에 가서 확인한다. 시적 화자가 간 곳은 프랑스의 아를이다. 그래서 시적 화자가 느끼고 있는 고독의 무게를 최대한 끌어내는 곳은 "론강처럼 외롭고 외로운 짐승처럼" 아플 수 있는 아를이다.

'아를'의 광장은 다름 아닌 '공화국광장'이다. 그곳의 햇살은 무장

(武裝)을 연상시키며 "무장무장 쏟아진다". 외재적 억압에 의해서 시적화자의 내면에 감춰진 고독함은 더 절절하게 표면으로 드러난다. 그는 "1664년부터 크로넨버그씨"가 그랬던 것처럼, "4661년까지 나의 고독씨도 그럴 것이"라며 카페테라스에서 "아를에 와서 나는 아프다"고 크로넨버그 맥주를 떠올리며 고백한다.

위 시는 주관적인 창작 주체의 감정을 작품 전반에 걸쳐 드러내고 있다. "아를에 와서 나는 아프다"라고 한 것처럼 작품 속에서 중심 소재가 되는 것은 '아픔' 즉 '고독'이라 하겠다. 그리고 그것이 감정의 과잉으로 지나치지 않도록 전환되어 나타나는 이미지는 '아를'이다. 중심 소재인 '아를'을 수식하는 주변 소재는 '파란 하늘, 바람, 풀잎, 공화국광장, 햇살, 크로넨버그' 등이 된다. 그리고 그것들은 고독의 수위를 한층 더 수면으로 이끌어내는 역할을 하고 있다. 창작주체가 바라보는 대상 자체가 관념적 추상 이미지인 고독이며, 그것은 이미지의 구축에 있어서 지각 가능한 사물과 대상으로 연계시켜 나가면서 형상화하고 있는 것이다. 고독한 것이 누구한테 있는지, 어디에 있는지, 어떤 대상과 연관되어 드러나는지 등을 구체적 사실로 보여주고 고독이 어떤 의미인가 밝히려고 하는 자세가 바로 이러한 관념적 시 창작 태도라 하겠다.

하지만 여기에도 밝히고자 하는 시적 대상과 이미지의 톤이 같은 시어 즉, 소재를 차용해야 효과적인 형상화를 이룰 수 있다. 견고하고 명쾌한 시를 만들어 내는 작업은, 즉 시각화되어 있지 않고 모호한 관념으로부터 지각 가능한 이미지로 전환하는 작업이라 하겠다.

앞서 살펴본 두 작품은 중심 소재가 지각할 수 있는 사물 이미지이냐, 혹은 관념적 추상 이미지이냐의 차이에 따라서 형상화 방법은 달라진다. 즉 '① 창작 주체 → ② 시적 대상 → ③ 시적 인식 → ④ 시적 언술 → ⑤ 시 작품이라는 창작 과정'에서 ②와 ③의 시적 대상을 고르고 인식하는 과정으로 인해 ④는 달라진다는 것이다.

그렇다면 시적 대상을 바로 이해하기 위해서는 그 다양성을 축소하여 알아야 할 것이다. 예를 들어, '동물원'이라는 공간이 있다고 상정하자. 그럴 때, 일차적으로 동물원은 하나의 공간을 이룬다. 그렇지만 개념적 의미로 하나의 공간을 형성하는 동물원은 수많은 요소(동물, 울타리, 사육사, 전시실, 보육실 등)들로 이뤄진 공간이기도 하다. 창작 주체가 쓰고자 하는 시적 대상은 개념상으로는 개별적 공간이지만, 수많은 동물원의 각 요소들로 통합체를 형성하는 공간이다. 우리의 사고 속에서 동물원은 개념적 의미로 상주하고 있다는 것이다. 누군가 이러한 동물원을 인식의 대상으로 삼을 때 동물원을 이루고 있는 수많은 요소를 통해서 동물원의 실상이 드러날 수 있는 것이다.

창작 주체는 위에서 예시한 동물원과 같은 통합체를 구성하는 세계를 시적 대상으로 인식할 때, 인식 주체는 위에서 언급한 관념적 관점과 실재적 관점으로 양분되어 나타난다.

먼저 관념적 관점에서 「아릏아 왜 나를 아릏케 하느냐」는 이러한 점에서 구체적 현상을 관찰할 수 있는 사물과 현상으로 드러내는 방식이다. 그리고 개괄적인 입장에서 대상을 나름대로 인식하고자 하는 태도이다. 위에서 '고독' 내지 '아릏'이라는 통합체에 대해 각 요소들을 먼저 지각 가능한 현상과 사물로 표현하고 고독의 의미를 추론의 형태로 파악하는 것으로 관념적 관점의 시가 된다.

이와 달리 실재적 관점에서 「옹이 속의 집」은 구체적 현상을 통해 전체를 파악하고자 하는 태도를 취하고 있다. 이를테면 개별적

이고 구체적인 현상을 극대화함으로써 '딱따구리'로 상징되는 '존재'의 가치를 드러내는 것이라 하겠다.

이상에서 언급한 바와 같이 사물은 비록 하찮은 것이라도 그 자체로 존재하지 않는다. 유기적으로 사물은 사물과의 관계 속에서 자신의 특성과 개성을 갖는다.

가령, 밥그릇이 놓인 아침밥상을 떠올려 보자. 밥그릇을 위주로 반찬과 국, 숟가락, 젓가락이 놓일 것이다. 그리고 어머니의 밥먹자는 소리나 숟가락 놓는 소리, 화장실에서 세수하는 물소리, 창밖에서 들어오는 아침 햇살 등이 사물에 덧입혀진 공감각적 이미지로 떠오를 것이다. 그리하여 아침밥상이라는 대상에 한 발 더 접근할 수 있다. 뿐만 아니라, 다른 사물이나 감각적 이미지들을 통해서 밥그릇의 의미를 더욱 확보할 수 있을 것이다.

이처럼 시의 밑그림을 이루는 시각적 이미지는 말하고자 하는 대상이 관념적 이미지냐, 지각 가능한 이미지이냐를 떠나서 그것들과 어울리는 소재는 대상과 연관되어 존재한다.

화가들은 '불안'과 '공포'라는 관념적 세계를 예술 작품으로 드러낼 때 붉은색의 색채와 투박하고 거친 데생, 한쪽으로 함몰된 구도를 취할 것이다. 또는 봄날의 돌잔치를 그림으로 그린다면, 색동옷이나 무지개의 색깔들을 사유사재로 변용하여 활기차고 싱그러운 모습을 그려낼 것이다. 마찬가지로 시에 있어서도 창작 주체가 드러내고자 하는 대상에 대하여 여러 가지 각도로 주변 소재를 찾아서 대상을 이미지화해야 하겠다.

김 종 덕

2008년 『시와 정신』 등단. 대학원 박사과정.

Ⅲ 체험과 시적 거리

1 시적 화자의 창조

우리들은 어떤 특정한 대상물이나 사건을 통해 새로운 감정이나 인식에 이른다. 이때 표현 욕구를 가지게 되고, 표현 욕구를 어떻게 형상화시키느냐에 대한 고민을 하게 된다. 시인들은 여러 날 밤을 지새워서라도 아름답고 의미 있는 작품을 형상화해 낸다. 우리들 또한 시인의 마음을 가지고 있으며, 시인의 작업을 흉내낼 수 있다. 그 흉내냄이 가장 감동적이고, 아름다운 행위가 아닐까 싶다.

시인은 자신이 체험한 내용을 독자에게 이야기하기 위해 시적 화자(Persona)를 창조해 낸다. 시적 화자는 표현하고자 하는 주제 의식을 드러내기 위해 소재를 사용한다. 소재를 통해 드러나는 상황과 사건은 시적 화자의 감정이나 인식을 표현하게 된다. 표현된 내용은 이미 시인의 체험 내용과는 거리를 가지게 되고, 체험을 드러내기 위해 시적 장치들은 유기적 관계를 가진다. 이때 시인과 독자, 시인과 표현된 작품 간에는 시적 거리를 느낄 수밖에 없다.

시인과 독자 사이의 거리를 최소한으로 좁히기 위해, 시적 화자는 시인을 대신하여 청자에게 말을 건다. 시인은 대리인을 내세움으로써 좀 더 마음 놓고 자신의 감정을 솔직하게 고백할 수 있다. 시적 화자는 여성일 수도, 남성일 수도 있다. 또, 어린아이일 수도, 어른일 수도 있다.[1] 시적 화자는 현재에 위치해서 과거와 현재, 또는 미래를 동시에 이야기할 수도 있다.

시인은 의미를 드러내기 위해 시적 화자의 시・공간적 배경을 만든다. 시적 화자에게 일정한 자격을 부여하기 위해서는 시적 화자가 어떤 위치에 서 있는가가 중요하다. 어떤 상황에서 어떤 대상물을 바라보고 있느냐에 따라, 거기에 합당한 표정과 태도를 취하도록 한다. 시적 화자는 특정한 상황에서 적합한 행동이나 태도를 청자에게 보여준다. 시적 화자는 시인의 대리인으로서 작품의 의미를 구체화하고, 적극적으로 실현하는 허구적인 인물이다.

시적 화자의 등장은 작가 – 작품 – 독자의 관계에서 상호 소통을 위해 반드시 필요한 존재이다. 작가의 상상력이 시적 화자를 통해 시적 대상을 구체화함으로써 객관성과 보편성을 획득하기 때문이다. 현대시에서는 시적 화자가 어떤 상황에 처했느냐에 따라 작품 전체의 분위기와 정조를 드러낸다. 시적 화자는 시인의 주제를 형상화하는 데 가장 먼저 시인이 생각하고 창조해 내야 할 대상이다.

1) 어조

시적 화자가 청자에 대해 갖는 어떤 태도를 '어조(tone)'라고 한

1) 혹자에 따라서는 시적 화자를 드러난 화자와 숨은 화자로 구분하여 논의한다. 홍문표, 『시 창작 강의』, 양문각, 1997, 207~218쪽.

다. 독자는 '어조'를 통해 청자에 대한 시적 화자의 목소리를 듣는다. 시적 화자는 청자가 누구냐에 따라 태도를 정한다. 청자의 사회적 수준, 지성, 감성, 나이, 시적 화자와의 관계에 따라 목소리를 달리 한다. 이때 시적 화자는 자신이 청자에게 대하는 태도를 통해 주제를 드러내게 된다.

리차즈는 '어조'를 의미, 감정, 의도와 더불어 시의 네 요소 중 하나라고 하였고 청자에 대한 화자의 태도라고 하였다. 그런데 이 어조는 시 속에서 화자의 주제에 대한 태도, 청자에 대한 태도, 화자 자신에 대한 태도로 나타나기도 한다. 코헨(B. B. Cohen)은 어조를 시인이 사물을 인식하는 차이 및 청자와의 관계로 규정하고 이를 다시 반의적, 풍자적, 객관적, 비관적, 냉소적, 낙천적, 희극적, 비극적 어조 등 여덟 가지로 나누고 있다[2].

시인의 목소리는 작품의 시제가 과거・현재・미래 중 어디에 속해 있느냐에 따라서도 정해질 수 있다. 작품 안의 시제에 따라 어조를 통한 문장 종결 형식이 결정되기 때문이다. 이렇게, 시적 화자의 목소리는 다양하게 작품 안에 등장한다. 다음의 작품에서는 시인의 목소리가 전체적인 작품의 분위기를 이끌어 가고 있음을 확인할 수 있다.

사과야 미안하다

사과 과수원을 하는 착한 친구가 있다. 사과꽃 속에서 사과가 나오고 사과 속에서 더운밥이 나온다며, 나무야 고맙다 사과나

---

2) 시의 책, 창문각, 1997, 210쪽.

무야 고맙다. 사과나무 그루 그루마다 꼬박꼬박 절하며 과수원을 돌던 그 친구를 본 적이 있다. 사과꽃이 새치름하게 눈뜨던 저녁이었다. 그날 나는 천 년에 한 번씩만 사람에게 핀다는 하늘의 사과꽃 향기를 맡았다.

눈 내리는 밤에 친구는 사과를 깎는다. 툭, 칼등으로 쳐서 사과를 혼절시킨 뒤 그 뒤에 친구는 사과를 깎는다. 붉은 사과에 차가운 칼날이 닿기 전에 영혼을 울리는 저 따뜻한 생명의 만트라. 사과야 미안하다 사과야 미안하다. 친구가 제 살과 같은 사과를 조심조심 깎는 정갈한 밤, 하늘에 사과꽃 같은 눈꽃이 피고 온 세상에 사과 향기 가득하다.

– 정일근, 「사과야 미안하다」 전문

위의 작품에서 시적 화자는 '나'로 등장한다. '나'는 내가 본 '친구'에 대해 이야기하고 있다. 내 '친구'는 사과에게 '고맙다'며 인사를 한다. 인사를 하는 것으로도 모자라서 '절'을 하며 다닌다. 내 친구는 사과꽃에서 사과가 나오고 사과 속에서 우리들의 삶의 양식이 나온다는 것을 이미 깨달았다. 그럼으로써 사과나무의 소중함을 알고 사과나무 한 그루에게 고마움을 표하고 있다. '사과꽃'은 매년 피어 향기를 품어내지만, 그 향기를 맡을 수 있는 사람은 '천 년에 한 번씩만' 존재하는 모양이다. 사람들은 눈 앞의 이익에 어두워 사과꽃 향기를 맡지 못하기 때문이다. 하지만, 시적 화자는 친구의 삶을 통해 깨달음을 얻고 향기를 맡는다.

'나'는 친구의 사과를 깎는 행위를 봄으로써 생명의 소중함을 한 번 더 깨닫는다. 사과나무는 일 년 간의 생명 활동의 보람으로서 사과를 얻어냈다. 사과의 생명 현상이나 인간의 생명 현상은 동일하다. 사과가 생명을 잃는 것을 대신하여 인간들은 왕성한 생명 활동을 연장할 수 있다. 사과는 인간들을 위해 기꺼이 자신을 희생한다. 사과의 희생을 알기에 친구는 사과를 혼절시킨 뒤 경건한 마음으로 사과를 깎는다. '나'는 사과에게 미안한 마음을 가지고 사과의 향기와 맛을 음미할 수 있다. 비로소 우리들은 사과의 살이 내 살의 일부임을 느끼고 눈꽃과 사과 향기에 풍요로움을 만끽할 것이다.

시적 화자인 '나'는 현재 시제로 이야기를 전달하고 있다. 자신이 과거에 본 것도 현재의 시점으로 변형시켜 전달함으로써 청자에게 현실감 있게 표현한다. 현재 시제에서 쓰여진 작품은 사실적인 느낌을 전달하고, 객관성을 띈다. 사과에 대한 고마움과 미안함의 감정은 청자들에게 지속적으로 전달된다. 시적 화자의 목소리는 따뜻하고 부드럽다. 고마움과 미안함이라는 정서를 전달하기 위해서 가장 적합한 방법을 취하고 있다. 목소리를 통해 시적 화자는 차분하게 깨달음에 대해 이야기 한다.

일월 아침 얼음빛 하얀, 성에꽃 흘러내린다
저 슬픈 마음 네 눈동자 속에서 흐른다
낙화를 슬퍼한 옛 시인들아, 나는 오늘
그 성에꽃들이 물이 되는 소리를 듣는가
반짝이는, 말없는, 붙잡을 수 없는 은빛 잎
창밖은 모래알이 떨고 있는 추운 아침
가질 수가 없으므로 살아 있고 아름다운
하늘과 마음만 얼지 않은 일월 한가운데
추위를 껴안고 함께 밤을 꿈꾼 소녀야,

너에게 모두 보여준 만다라를 다 보았니
해가 마당에 찾아오고, 성에는 흐르는 아침
동햇가 그 엄동설한을 잊지 말고 살아라
이불을 어깨에 둘러감고 바라보던 창얼음
물이 되어 흐르는 은빛 부처, 찬란한 햇살
그땐 내겐, 성에꽃을 부를 이름이 없었다

– 고형렬, 「성에꽃 눈부처」 전문

'성에꽃'은 추운 겨울 유리창에 아름다운 꽃의 형상으로 자신을 보여준다. '성에꽃'은 밤과 낮의 기온차에 의해 형상화된다. '성에꽃'은 다른 아름다움의 대상물과 마찬가지로 존재의 지속성을 가지지 못한다. '눈부처' 또한 사람들의 눈동자에 비치는 사람의 형상으로, 보는 이에 따라 보일 수도 보이지 않을 수도 있다. '눈부처'는 평범한 일상에서 눈 여겨 보지 않으면 전혀 신경 쓰이지도 않고, 볼 수도 없는 대상물이다. 하지만, 시적 화자에게는 상대의 슬픈 마음을 알 수 있는 마음의 통로이다. 마음의 통로를 통해 이 세상의 진정한 아름다움과 슬픔을 노래할 수 있다.

시인은 자신의 '만다라'[3]를 찾으려 한다. 자신의 눈으로는 볼 수 없는 만다라를 찾아내기 위해 소년과 함께 밤을 꿈꾼다. 이 소년은 시인의 아들인지도 모른다. 자식을 키우면서 자식의 순진무구함에 자신의 삶을 되돌아볼 수도 있었을 게다. 또한 자식이 참된 삶을 살

3) 〖불교〗 ① 부처가 증험한 것을 나타낸 그림. 우주 법계의 온갖 덕을 갖춘 것이라는 뜻에서 이렇게 이른다. 금강계 만다라, 태장계 만다라 따위가 있다. ② 부처나 보살의 상을 모시고 예배하며 공양하는 단. 신기철 · 신용철 편저, 『새우리말 큰사전』, 삼성출판사, 1990.

아가기를 소망하는 마음에서 '만다라'를 보여주고자 하는지도 모른다. 그 '만다라'를 본다고 해서 순간에 무엇인가를 소유할 수 있는 것은 아니다. '만다라'를 성취하기 위해서 더욱 더 큰 시련과 고통이 함께할 수도 있다. 그러나 시적 화자는 시인에게 물어보기도 하고, 소년에게 이야기하면서 스스로 이 만다라를 찾아 간다.

소년은 추위와 어둠을 두려워하지 않고, 성에꽃을 있는 그대로 볼 수 있는 존재이다. 또 '밤'이라는 악조건을 꿈을 꿈으로써 바꿀 수도 있는 존재이다. 시적 화자는 이 소년에게 계속해서 말을 건다. '소년아'하고 소년을 불러 세우고는 '만다라를 보았니', '잊지 말고 살아라' 하는 의문형과 명령형의 어투를 사용하여 소년에 대한 기대를 드러낸다. 이 소년의 모습은 아마 시적 화자의 지난날의 모습일지도 모른다. 그래서 '그땐' '성에꽃'의 진가와 아름다움을 미처 알지 못했기 때문에 현재의 슬픔에 젖어 있는지도 모른다. 작품의 서두에서 담담하게 사건을 객관화시켜 보여주다가 질문을 통해 깨달음의 과정을 얻게 된다.

이렇게 작품에서 시적 화자의 목소리는 다양하게 드러날 수 있다. 시인은 시적 화자의 상황에 따라 어조를 선택하여 청자에게 이야기한다. 앞의 작품에서는 대상물에 대한 고마움과 미안함, 안타까움을 감동어린 어조로 이야기했다. 또, 자신의 삶을 반성함으로써 느끼는 회한과 슬픔을 드러내기도 했다. 담담하고 객관적인 어조에서부터 출발해서 슬픔을 이겨내고 미래의 희망을 꿈꾸는 긍정적인 어조를 드러낼 수도 있다. 시인은 이렇게 한 작품 내에서도 다양한 목소리로 시적 형상화를 이루어 낸다.

2) 시적 화자의 위치

시적 화자가 시에서 어느 위치에 자리하고 있느냐에 따라, 대상을 바라보는 각도와 내용이 정리된다. 시적 화자는 대상물과 가까운 거리를 유지하면서 대상물과 밀착감을 드러내 보여줄 수 있다. 반면에 대상물과 일정한 거리를 유지하면서 대상물을 객관적인 시선으로 보여줄 수도 있다. 시적 화자의 위치가 다변적일수록 청자는 복합적인 내용에 주의를 기울여 의미를 파악해야 할 것이다.

시적 화자의 위치는 고정적일 수도, 변할 수도 있다. 시적 화자는 가까운 거리를 통해서 자신의 감정을 더욱 자세하게 드러낼 수 있다. 반면, 먼 거리에서는 대상물에 객관적 시선을 유지하면서 감정을 드러내지 않는다. 때로는 거리와 상관없이 대상물과의 정서적 일치를 드러낼 수도 있다. 시인은 시적 화자의 위치를 지정함에 따라 자신의 정서적 분위기를 드러낸다.

시의 리얼리티는 개별적 시점에 의해 나타나며 언제나 잠재적이다[4]. 휠라이트는 '시점적'이라는 용어를 통해 작가가 대상을 바라보는 위치와 거리를 드러내 준다. '시점'은 글을 쓰는 작가가 서 있는 위치를 뜻하는데, 이런 시점은 작가의 남다른 시각을 형성하고 개성을 드러낸다. 작가의 시점은 보편적이고, 일상적인 시점에서 벗어나 사물을 새롭게 본다. 사물에 대한 새로운 시각이 비판적일 때, 시적 화자의 태도는 객관적 거리를 유지함으로써 자신의 비판적 인식을 옹호한다. 다음의 작품에서는 시적 화자의 위치를 파악하기가 쉽다.

---

4) 이승훈, 『시론』, 태학사, 2005, 243쪽.

손에 닿을 거리, 나뭇가지에서 사마귀가 매미와 씨름하고 있다. 커다란 눈알 번들거리며 갈퀴 같은 손으로 목을 조르고 뒷다리로 몸통을 껴안은 채 땀 흘리고 있다. 피가 역류하는 듯 매미가 부르르 몸을 떨다 잠잠해진 사이, 사마귀는 날카로운 이빨을 매미의 뇌수에 꽂는다.

잠깐이었다. 한여름 더위를 쓸어주는 울음 소리와 오랜 세월 어둠 속에 있었을 매미의 전생이 떠올랐지만 손 내밀 수 없었다. 엄숙한 식욕이 모든 경전(經典)을 덮어버리는 시간이었다. 가지 끝에서 숨죽이며 지켜보는 고추잠자리의 눈망울 속으로 오랜 풍경들이 조용히 흘러갔다.

– 신덕룡, 「침묵」 전문

위의 작품에서 시인은 시적 화자의 위치를 분명히 노출시키고 있다. 시적 화자는 시간적으로 한여름 더위가 한창인 시점에 놓여 있다. 시적 화자가 이야기하고 있는 대상물을 바라본 것은 '잠깐' 동안이다. 작품 안에 시간 개념을 드러내는 것은 이것이 시적 화자의 정서를 드러내기 때문이다. '잠깐' 사이에 시적 화자는 매미의 생명이 다하고 다른 생명체에게 자신을 희생하는 삶의 정점을 보게 된다. 이 정점에서 자신의 생과 강자이면서 승리자인 사마귀의 생에 대해 생각이 미친다. 또, 매미의 전생과 마지막 순간에 대한 감정이 복합적으로 일어나게 된다.

공간적 개념이 드러난 시어로는 '손에 닿을 거리', '나뭇가지', '가지 끝'이다. 시적 화자는 매미가 사마귀에게 잡아먹히고 있는 장소에 서 있다. 손을 뻗기만 한다면, 충분히 매미를 구해 줄 수도 있는 위치에 있다. 사마귀와 매미가 씨름하고 있는 공간은 생존을 위한 치열한 전투의 공간이다. 누군가 희생하지 않는다면, 사마귀의 생명은 존속할 수 없다. 매미의 생명이나 사마귀의 생명은 모두 동등하다. 그 무엇의 생명이 더 소중하다고 할 수 없기에, 시적 화자는 어떤 행위도 취할 수 없다. 다만 그 순간을 조용히 지켜볼 뿐이다.

시적 화자는 그 약육강식의 삶의 치열한 공간에 깊숙이 자리하고 있다. 사마귀가 매미의 뇌수에 이빨을 꽂을 때, 그의 의식은 매미의 전생에까지 이른다. 매미의 어둠 속 세월까지 헤아려보면서 시적 화자는 식욕 앞에 깨달음도 무의미함을 인정할 수밖에 없다. 그것이 바로 자연의 법칙이며, 인간 또한 삶의 원리로서 따라야 할 '경전'이다. 시적 화자는 '고추잠자리의 눈망울 속으로' 풍경을 바라볼 수 있는 위치에 놓여 있다. 이렇게 자연물들과 가까운 거리를 유지함으로써 시적 화자는 자연물들과 호흡할 수 있는 조건을 갖추고 있다. 그럼으로써 시인은 자연의 일원으로서의 인간의 삶의 자세를 효과적으로 표현한다.

시인은 시적 화자의 위치를 드러내기 위해 시간적・공간적 배경을 설정한다. 그 배경을 통해 시적 화자의 역할을 정한다. 시적 화자의 위치에 따라 사물에 대해 이야기할 수 있는 범위도 부여한다. 그럼으로써 시적 화자는 자신의 이야기를 객관적으로, 또는 주관적으로 전달할 수 있는 자격을 부여받는다. 이렇게 시간적・공간적 배경은 작품의 형상화 방법을 보여준다. 다음의 작품에서는 구체적인 시간과 공간 개념이 등장하여 대상물의 상황을 보여주는 데 기여한다.

전남 여천군 쌍봉면 주삼리 끝자락

남해화학 보수공사현장 가면 지금도
식판 가득 고봉으로 머슴밥 먹고
유류탱크 밑 그늘에 누워 선잠 든 사람 있으리

이삼십 분 눈 붙임이지만 그 맛
간밤 갈대밭 우그러뜨리던 그 짓보다 찰져
신문쪼가리 석면쪼가리
깔기도 전에 몰려들던 몽환

필사적으로 필사적으로
꿈자락 붙들고 늘어지다가도
소혀처럼 따가운 햇볕이 날름 이마를 훑으면
비실비실 눈감은 채로
남은 그늘 찾아 옮기던 순한 행렬

– 송경동, 「꿀잠」 전문

위의 작품에서 시적 화자는 작품에 드러나지 않는다. 다만, 시적 화자가 바라보고 있는 인물만이 드러난다. 그 인물의 상황 제시를 위해 작품에서는 시간적 배경과 공간적 배경이 구체적으로 나타나고 있다. 공간적 배경은 '전남 여천군 쌍봉면 주삼리 끝자락 남해화학 보수공사현장'이다. 구체화된 지명은 시인이 드러내고 싶은 인물이 실재함을 증명하기 위해서이다. 독자들은 좀 더 구체적으로 인물을 찾아 나설 수도 있겠다. 독자들은 보수공사현장을 떠올리고 오수를 즐기고 있는 인물을 상상한다. '식판'에 밥을 먹는 일용직 일꾼들은 잠자리조차 거칠다. 그의 잠자리는 '유류탱크 밑 그늘'이다.

아니 '그늘'만 있다면, 어디든 찾아 잠결이라도 잠자리를 옮겨 간다.

선잠을 자기 위해 허용된 시간은 '이삼십 분'이다. 이 시간 동안에 느끼는 행복감은 그 무엇보다 달콤하다. '따가운 햇볕'이나, '신문쪼가리', '석면쪼가리'의 딱딱함도 그의 행복을 방해하지 못한다. 작품 안에 등장한 시간과 공간은 등장 인물의 상황을 적절하게 설명해 준다. 등장 인물은 공사장 인부이며, 우리 사회에서는 고단하게 살아가는 인물군에 속한다. 따라서 등장 인물은 살아가기 위해 노동하고, 노동 후의 식사와 선잠의 달콤함을 누릴 수 있다. 욕심부리지 않고 자신의 노동력으로 순순히 살아가는 인물을 바라보는 시적 화자는 작품 안에 등장하지 않는다. 다만, 시적 화자는 인물을 따뜻하고 아름답게 바라보고 있다.

이 작품에서 가장 '꿀잠'을 '꿀잠'으로 만들어 내는 것은 '그 맛'이다. 우리들이 살아가면서 가장 그립고 아름답게 떠올리는 것이 바로 '그 맛'이다. '그 맛'은 독자들의 머릿속에 각각의 형상으로 떠오를 수 있다. 맛난 음식, 맛난 영화, 맛난 책, 맛난 사람, 맛난 여행 등등을 떠올리면서 우리들은 살맛 나는 세상을 그린다. 시적 화자는 오수를 즐기는 노동자의 삶을 통해 노동의 땀맛을 아는 세상, 노동 후의 단잔의 맛을 아는 사람들의 세상을 그렸을 게다. 살 맛 나는 세상을 찾아 땀 흘리는 독자들을 기대할 것이다.

위에서 시적 화자의 위치가 드러나 있는 것과 드러나 있지 않은 작품을 살펴보았다. 시적 화자가 드러난 작품에서는 시적 화자가 구체적으로 처해 있는 상황이 드러나고, 시적 화자의 대상에 대한 감정은 복합적으로 드러났다. 반면에 시적 화자가 드러나지 않은 작품에서는 대상물인 인물의 상황을 드러내기 위해 시간적 배경과 공간적 배경이 기여했다. 따라서 시인은 인물이 처해 있는 상황을 구체화하고 등장 인물의 삶의 모습을 통해 청자들로부터 공감을 얻어낼 수 있었다.

2 시적 화자와 시적 거리

시인이 상황을 만들고, 그 상황 속에 화자와 대상 간의 거리를 설정하게 되면, 그 거리를 통해 작가는 대상과의 관계를 드러낸다. 시인은 작품 속 대상에 대한 감정을 직접적으로 드러낼 수도 있고, 숨기고 간접적으로 드러낼 수도 있다. 이처럼 실용적이고 일상적인 관심을 벗어난 시인의 사물에 대한 태도를 미적 태도(aesthetic attitude)라 하고 시인이 표현하고 있는 사물과의 거리를 심리적 거리[5](psychic distance)라고도 한다.

미적 거리나 심리적 거리는 우리가 작품을 읽을 때, 인물의 행위나 정서들이 실제 생활이나 일상적인 통념을 벗어나 일정한 거리에서 시적인 장치를 통해 보고 느끼고 생각하도록 만든다. 이와 같이 표현 대상과 심리적 거리를 적절하게 유지하는 행위는 예술의 특수한 효과를 발휘한다. 그 심미적 거리를 유지하기 위한 장치는 바로 객관적 상관물(objective correlative)이다. 때로 객관적 상관물이 물질적 대상물로 드러날 때에는 시적 화자의 대상물에 대한 호감도

5) 홍문표, 앞의 책, 220쪽.

나 인지도, 또는 정서의 정도를 표현한다.

관념을 직접적으로 드러내거나 감정을 적절하게 조절하지 못하고 직접적으로 드러낼 때에는 화자가 미적 대상과의 거리를 유지하는 데 실패했다고 본다. 그런데 작품 안에서 시적 화자와 대상물의 관계가 완전히 일치하는 경우도 보인다. 서정시가 자아와 세계의 융합된 갈래로 인식하는 측면에서는 당연시 될 수도 있다. 그럼에도 불구하고, 독자들은 서정시에서 대상을 파악하고 시적 화자와 대상과의 거리를 느낀다. 때로는 시적 거리보다는 시적 화자의 태도[6]적 측면이 호감도나 정서를 확연히 드러낼 수 있다.

1) 객관적 상관물

시인은 자신의 의도를 정확하고 효과적으로 전달하기 위해 매체가 필요하다. 자신의 감정과 생각을 표현하기 위한 매체로 객관적 상관물은 매우 유용하다. 객관적 상관물은 시인의 감정과 생각을 표현하기 위해 구체적인 사건이나 정황 및 대상을 통해 드러내는 장치이다. 이 장치는 구체적인 물체가 될 수도 있고, 어떤 상황으로 표현될 수도 있다. 그러나 청자들은 구체적인 물체로 드러날 때 가장 감각적인 인식에 가까이 다가갈 수 있다. 그 외에도 정황이나 사건으로 드러날 때에는 청자가 시적 상상력을 동원하여 시인의 의도

---

6) ① 몸을 가지는 모양이나 맵시 ② 정의(情意)가 나타난 외모 ③ 행동 ④ 일정한 안정도를 가지고, 어느 정도 지속하여 그것에 의하여 미래의 경험이 정해지는 어떤 심적 경향, 또는 어떤 활동의 준비가 될 심적 상황. 생활 경험을 통해서 서서히 학습된 것으로, 어떠한 가치 판단을 포함함. 태도가 언어적으로 표현된 것이 의견임. 신기철・신용철 편저, 앞의 책.

를 파악해야만 한다.

엘리어트는 "시인은 표현할 개성을 갖는 것이 아니라 어떤 독특한 매체를 갖고 있다[7]."고 설명한다. 이 때의 매체가 객관적 상관물이다. 이 객관적 상관물은 어떤 정서나 사건이 독립적으로 대상을 지시하는 형태가 아니다. 객관적 상관물은 그와 어울리는 배경과 상황에 부합하여 의미를 전달한다. 배경이나 상황은 시인의 창조물로서 청자들에게 정서를 체험할 수 있게 한다.

김소월은 「진달래꽃」에서 임에 대한 원망과 슬픔의 감정을 드러내기 위해 객관적 상관물을 등장시킨다. 객관적 상관물로 드러난 '진달래꽃'은 시적 화자와 정서적으로 밀접한 관련을 가지면서 시적 화자를 대치하는 대상으로 존재한다. 작품에서 시적 화자는 "나 대신 '진달래꽃'을 밟고 지나갈 테면 가 봐라"하고 호소를 한다. 이를 통해서 시적 화자와 대상은 일치되고, 시적 화자와 대상간의 거리는 사라지고 만다.

> 봄비 온 뒤 수련 뿌리에서 노래하는 새의 혀들 초록 잎잎이 올라온다. 수련이 노래한다! 잎이 무성해지더니 수련이 뿌리내린 연못에 개구리 한 마리가 입주했다. 개구리는 물밖에 나와 햇볕을 쬐더니 누군가 다가가면 인기척에 놀라 수련 잎 사이로 뛰어든다. 올해의 개구리는 작년 것보다 덩치가 작다. 나는 수련을 멀리서만 본다. 모란꽃 진 뒤 수련꽃 기다리는 것은 그걸 큰 보람으로 삼으려 함이다.
>
> – 장석주, 「모란꽃과 수련」 부분

7) T. S. Eliot, "Traditional and Individual Talent,"(1917), The Sacred Wood, p.58, 김영철, 『현대시론』, 건국대학교출판부, 1993, 152쪽, 재인용.

위의 작품에서는 모란꽃과 수련이 아름답게 피어있는 풍경을 설명하지 않고 묘사하고 있다.[8] 그러나 모란꽃과 수련만이 대상물로 등장하는 것이 아니다. '봄비 · 새 · 초록 잎 · 개구리'가 등장한다. 이 대상물들은 서로 연관 관계를 가지며, 서로의 아름다움을 빛나게 하는 존재이다. 정적인 식물들 사이에 '개구리 한 마리'의 동적인 움직임은 시적 화자의 인식 변화를 갖게 한다. 곧, '개구리가 작년 것보다 덩치가 작음'에 생각이 미친다.

시적 화자의 인식은 작품 안에 등장한 대상물들의 삶의 모습을 통한 깨달음이다. '모란꽃'이 싹을 틔워 봉우리를 맺고 꽃의 아름다움을 다한 뒤에는 안타까움 없이 사라지고, 다시 '수련'이 그 자리를 대신하는 것이 자연의 이치이다. 그런데 사람들은 특별한 즐거움을 찾아 분주하고, 짧은 삶의 시간들을 허비하게 마련이다. 하지만, 작품에 등장하는 대상물들의 삶은 그 존재했음만으로 보람을 느낄 수 있다. 작가는 깨달음을 드러내기 위해서 특정한 대상보다는 다양한 대상물을 나열하여 상황을 보여준다. 대상물 나열의 방법이 청자들에게 시적 화자의 깨달음의 과정을 느끼도록 하는 데 효과적이기 때문이다.

「진달래꽃」의 시적 화자가 객관적 상관물을 통해 감정을 드러냈다면, 「모란꽃과 수련」에서는 다양한 대상물들을 통해 그것들의 관계적 측면을 강조한다. 특별하지 않은 대상물들의 어우러짐으로 시적 화자는 '보람'에 대한 인식에 가까이 간다. '보람'은 특별한 행위

8) 우리들의 일상적인 언술은 대체로 설명적이고 주제 전달에서는 묘사의 방법을 주로 사용한다. 묘사란 사물이나 현상이 지닌 성질, 인상을 감각적으로 표현하는 인물이다.
황송눈, 『현대시 장작법』, 국학자료원, 1998, 106쪽.

뒤에 따르는 결과물로서 얻어지는 정서이다. 그러나 위 작품에서는 시적 화자가 어떤 행위를 통해 얻는 것이 아니다. 단지 '수련을 본다', '수련을 기다린다'는 행위를 통해 얻었다. 시인은 구체적이고 특정한 객관적 상관물 대신 다양한 대상물을 통한 상태를 표현하고 있다.

다음의 작품에서는 객관적 상관물을 통해 현대 사회를 비판하고 있다.

죽은 나뭇가지를 우적우적 씹어도
코뿔소는 죽지 않는다

뾰족한 죽음이 면상에 솟아올라도
코뿔소는 죽지 않는다

자살로 이끄는 소심증과 침울함
긴 우기에도 코뿔소는 죽지 않는다

동물원 우리 속에 백년을 모욕당해도
코뿔소는 죽지 않는다

코뿔소 마크를 단 코란도 자동차가
고비사막에서 실종돼도 코뿔소는 죽지 않는다

지상에 단 한 마리 남은
코뿔소를 인간이 멸종시켜도 코뿔소는 죽지 않는다

후세에 대대로 코뿔소라는
전설적인 이름이 전해진다

– 최승호, 「코뿔소는 죽지 않는다」 전문

이 작품에서 '코뿔소'는 이중적 의미를 지닌다. 하나는 생물체로서의 '코뿔소'이고 또, 하나는 상품화된 코란도 자동차에 달린 상징물이다. 여기에서 '코뿔소'는 객관적 상관물로서 시인의 의도를 드러내기 위해 기능한다. 시인은 '코뿔소'로 상징화되어 있는 코란도 자동차에서 '코뿔소'의 웅장함과 힘을 읽어낸다. 오히려 생물체로서의 '코뿔소'에서는 웅장함이나 막강한 힘을 찾을 수 없다. 죽은 나뭇가지를 먹고, 죽음의 상황에 부딪혀서도 죽지 않는 것은 거대한 자본주의의 산물인 상표로서의 '코뿔소'이다.

생물체인 '코뿔소'는 자본주의의 거대함에 밀려나 자살로 이끄는 '소심증과 침울함'을 겪고 있다. 어쩌면 죽음에 대한 자유조차 갖지 못하고 있는지도 모른다. 인간에 의해 멸종 위기에 몰려 죽음의 직전에 놓여 있으면서도 삶이나 죽음을 꿈꾸지 못하는 무기력한 존재를 의미하는 상징적 대상물이다.

이렇게 객관적 상관물은 시인과 시적 거리를 드러내기 위한 방법의 중심에 서 있다. 따라서 시적 화자가 대상물을 어디에 위치시켜 놓고, 어떻게 바라보느냐 하는 방법을 드러내기 위해 존재한다. 시적 화자와 대상물의 관계를 통해 시인과 시적 거리를 독자들은 느낄 수 있다. 「진달래꽃」이나 「코뿔소는 죽지 않는다」의 경우에서는 객관적 상관물이 특정한 대상물로 등장하여 주제를 형상화하였다. 그러나 「모란꽃과 수련」에서는 객관적 상관물이 특정한 대상물로 등장하기보다는 다양한 소재들의 관계와 상황을 통해 드러남을 알 수 있었다.

2) 시적 화자의 태도

시적 화자는 시에 등장하는 대상물이나 청자에 대해 어떤 태도를 취한다. 태도는 정의적 영역을 드러내는 것으로 작품에서 드러나는 어조나 미적 거리를 통해 형성된다.[9] 태도는 청자들이 시를 읽으면서 느끼는 느낌이나 분위기와 연관이 된다. 태도는 우리의 심리적, 정서적 반응을 모두 포괄하는 개념이기도 하다. 따라서 시적 화자의 욕망, 의지, 정서, 쾌감, 불쾌감, 가치관을 드러낸다.

시적 화자의 태도는 좀 더 폭넓은 개념으로 이해 가능하다. 태도는 시적 화자의 객관적 상관물을 대하는 어조나 분위기, 심리적 거리를 통해 드러난다. 따라서 태도라는 개념은 좀 더 복합적이다. 최근의 현대시에서는 이렇게 복합적인 태도가 주제를 형성하는 데 기여한다. 그것은 현대를 살아가는 사람들의 삶 자체가 복잡하고 개성적이기 때문이다. 따라서 다음의 작품에서도 시적 화자의 태도를 엿볼 수 있다. 시적 화자는 대상물과의 거리감을 통해 대상물로부터 긍정적인 의미를 찾아내고 있다.

고추밭을 걷어내다가
그늘에서 늙은 호박 하나를 발견했다
뜻밖의 수확을 들어올리는데

9) 어조는 때로는 자기 자신에 대한 시적 화자의 태도로 정의되기도 한다. 김준오, 『시론』, 삼지원, 1994, 173쪽.

흙 속에 처박힌 달디단 그녀의 젖을
온갖 벌레들이 오글오글 빨고 있는 것이 아닌가

(… 중략 …)

가을갈이를 하려고 밭에 다시 가보니
호박은 온데간데 없다
불꽃도 흙 속에 잦아든 지 오래다
자세히 들여다보니
그녀는 젖을 다 비우고
잘 마른 종잇장처럼 땅에 엎드려 있는 게 아닌가
스스로의 죽음을 덮고 있는
관뚜껑을 나는 조심스럽게 들어올렸다

한웅큼 남아 있는 둥근 사리들!

– 나희덕, 「어떤 출토」 부분

독자들은 이 작품에서 시인의 나눔, 공양의 의미를 발견할 수 있다. 화자인 '나'는 우연히 고추밭에서 그녀를 발견한다. 그녀는 늙은 호박이다. 그녀는 고추밭 그늘에 동그랗게 앉아 아무도 모르게 생명을 키워가고 있었다. 둥근 사리는 곧, 생명체이며, 그녀의 다음 생을 의미한다. 그녀의 죽음은 곧, 다른 생명체의 살아남이다. 죽음과 살아남은 이렇듯 자연의 순환 원리에 의해 계속적으로 우리를 지탱시켜 준다. 둥근 호박과 젖, 한 웅큼의 사리는 모두 둥글다. 둥금의 원리는 자연의 순환을 의미하며, 흙의 이미지는 생성과 소멸의 힘을 지닌 근원체로서 여성성을 의미한다고 볼 수 있다.

이 작품에서는 대비되는 상징물들이 등장한다. 남성성의 고추밭과 여성성의 호박, 또 자연을 대신하는 호박과 인간을 대신하는 '나'가 대비된다. 시적 화자인 '나'는 그 대상물들을 수확하기 위해 밭에 갔다. '나'는 그녀로 지칭되는 '호박'을 들어 올리는 행위로 거리감을 없앤다. 그러나 '호박'이 다른 생명체에게 자신의 몸을 희생하고 있는 것을 보고 그 자리에 놓음으로써 다시 거리감을 형성한다. 호박이 자연으로 회귀함으로써 시적 화자와는 시간과 공간의 분리라는 거리감이 형성된다.

이 작품에서 중요한 의미를 가지고 있는 '호박'과 시적 화자의 거리는 접촉함에서부터 시작하여 사라짐의 물리적 거리를 지닌다. 그런데 이 작품에서 주제를 파악하기 위해, '호박'의 사라짐과 새로운 생명체의 등장의 의미를 충분히 생각해 보아야만 한다. 시적 화자가 '호박'의 살신성인의 의미에 도달하면서 자연의 순환이나, 자연물인 '호박'을 통해 희생의 의미에 대해 다시 한 번 생각할 수 있다. 따라서 물리적 거리[10]의 변화는 곧, 시적 화자의 인식의 변화를 갖게 하고, 태도의 변화에 기여한다. 시적 화자는 호박의 희생에 대해 따뜻하면서도 애틋한 태도를 보여준다. 대상물의 희생을 통해 깨달음과 감동을 느끼기 때문이다.

---

10) 물리적 거리의 변화는 시적 화자의 심리적 거리를 반영한다. 심리적 거리는 미적으로 인식할 수 있는 마음의 상태이기 때문에 시를 창작하는 사람은 누구나 대상에 대하여 심리적 거리를 갖는다. 그러나 인식 주체자의 태도나 능력, 관점 등 여러 조건에 의해서 거리 조정이 달라진다.
소태일, 『알기 쉬운 시 창작 강의』, 나남출판, 1999, 137쪽.

어릴 때 채워놓은 목테가 목을 조여
누런 호박처럼 팅팅 얼굴이 부어오른 떠돌이 개를 티브이에서 본 적이 있다
목테를 끊어내고 보니 목덜미 벌건 살점에 흰 구더기가 소복하게 꿈틀거리고 있었지

도시 변두리 엠마누엘 관광농원
입장권 끊다 보니 일렬종대 메타세쿼이아가 보안등을 매달고 서 있다 굵은 못이 서너 개.
목울대를 뚫고 깊게 박혀 있고 그 아래 화상 입은 피부처럼 번들번들 미어져 잘룩한 자국은 현수막을 걸기 위해 채웠던 족쇄 흔적이었으리라

살아 있는 전봇대를 만들려고 한 것일까
관광농원 주인은 대못 박고 족쇄 채운 것도 모자라 우듬지를 죄다 날려버렸다 생장점을 빼앗긴 나무는 가지를 옆으로 뻗어 다시 우듬지를 만들었다.

그 바람에 곧게 자라야 할 줄기
기억 나은 곱이 있다

실어증 6개월 만에 처음 시 쓰던 날
쓰러지기 전 쓰던 시 단 한 문장을 다 짜지 못해
지우고 지우고 다시 지우던
그날,
회백색 뇌수에 들끓던 구더기 떼

검은 날개 달고 날아오르는 걸 눈부시게 바라보았지

– 장옥관, 「살아 있는 전봇대」 전문

위의 작품에서 시적 화자는 어떤 대명사로도 등장하지 않는다. 시적 대상물로 시인이 등장하는데, 그 시인이 바로 숨어있는 시적 화자일 수 있다. 이 시적 화자는 '떠돌이 개'와 '메타세쿼이아'의 삶에 대해 이야기한다. 이 두 생명체는 인간에 의해 자신의 삶을 살아가지 못하는 존재이다. 둘 다 인간들로부터 소외된 대상물로, 인간 행위에 의해 자신의 생명에 위협까지 받고 있다.

'떠돌이 개'는 주인이 없다. '어릴 때 주인이 채워놓은 목테'가 '목을 조여' 얼굴이 누렇게 '팅팅' 부어 있었다. 이렇게 부어오른 '떠돌이 개'를 바라보면서 시적 화자는 안타까움과 인간에 대한 혐오감을 느꼈다. 또, '메타세쿼이아'는 햇살을 받아 살아가야 함에도 햇살 대신 전등을 이고 살고 있다. 하늘을 향해 생명의 환희를 마음껏 펼치지 못한다. 생장점을 빼앗겨 높이 솟구치지 못하고 옆으로 가지를 뻗어본다. 그리고 다시 우듬지를 만들어 생명력을 이어가고자 한다.

두 대상물들의 상실감은 숨겨진 시적 화자에게로 옮겨 간다. 시인은 언어로 자신의 살아있음을 확인한다. 그런데 '실어증'을 앓고 있음은 시인으로서의 언어를 잃었다는 것이다. 다행히 6개월 만에 되찾은 언어로 시를 쓰게 된다. 시 한 문장의 완성을 위해 애쓰던 절박함은 가히 위의 두 대상물들이 생존하기 위해 몸부림치던 안타까움과 동질성을 갖게 된다.

이렇게 시인은 시적 화자와 대상물의 심리적 일치감을 통해 대상물들과 갖고 있던 물리적 거리감을 없앤다. 시적 화자는 대상물들의 고통을 이미 체감했으므로 그들의 모습을 안타깝게 바라보고 있다. 청자는 시적 상상력을 통해 대상물들과 심리적 일치감을 느낄 수 있다. 이를 통해 시적 화자는 대상물들에게 애정과 연민의 태도로 청자에게 공감을 얻어내고자 한다. 청자들은 자연물의 삶의 모습에서 스스로를 되돌아보고 새로운 인식에 도달한다.

김 성 란

저서 『현대시의 이해』, 『생(生)으로 뜨는 시 1』, 『생(生)으로 뜨는 시 2』, 『한국 현대 생태시 교육』, 한남대학교 문학박사.

Ⅳ 시어의 선택과 운용

한 줄의 글자와 공백으로 구성되는 시구는
인간이 삶을 흡수하고 명확한 말을 되찾아 내는
이중의 작용을 한다.
– P. 클로델

1 시 어

문학은 말과 글로 표현하는 예술이다. 때문에 문학에 있어서 가장 중요한 것은 말과 글, 즉 언어이다. 언어는 문학의 가장 중요한 재료이자 주된 목적이다. 뿐만 아니라 언어는 문학 외에도 우리 삶의 전반적인 부분을 차지하고 있으며 우리의 감정과 사상을 지배하는 중요한 요소이다. 언어는 정신을 지배하고 나아가 우리의 가치관까지 지배할 수 있는 힘을 가지고 있다.

문학 중에서도 시는 산문과 다른 형식을 지닌다. 시는 밀도 있는 단어 선택이 가장 중요하다. 산문은 많은 단어와 지면이 허락되지만 시는 최소한의 단어로 최대한의 의미를 전달해야 하기 때문에 언어 선택이 시를 좌우하는 중요한 관건이 된다.

시에서 쓰는 언어, 즉 시어는 고도의 함축과 밀도가 필요하다. 시에서 사용되는 부호 하나에도 호흡이 달라지고 전달되는 느낌이 달라지기 때문이다. 시어는 한 단어 고유의 뜻은 물론이요 맛과 소리, 그리고 향기까지 독자의 오감을 자극할 수 있어야 한다. 그렇기 때문에 시어를 선택하는 작업은 매우 어렵고 고도의 집중을 요구한다. 한 편의 시에서 가장 중요한 것은 시인의 의식을 감싸 안을 수 있는 단 하나의 시어이다. 그만큼 시에서 언어의 역할은 중요하다.

로만 야콥슨은 "시어는 선택의 축을 결합의 축으로 투사한다"[1]고 말한다. 수직적 선택은 하나의 단어가 다른 단어를 흡수하는 '은유'의 성립을 의미한다. 시어는 단순한 한 가지의 의미만을 내포하고 있어서는 안 된다. 하나의 단어에 여러 가지 말과 뜻이 담기고, 때로는 전혀 다른 의미를 만들어 내기도 해야 한다. 하나의 시어는 마술을 부리듯 상황에 따라 모습을 바꿔 나타나기도 한다. 때문에 시인은 시 안에 자신의 시어를 다양하게 만들고 녹여내면서 한 편의 시가 완성되기를 기다리는 것이다.

> 어릴 적엔 떨어지는 감꽃을 셌지
> 전쟁 통엔 죽은 병사들의 머리를 세고

---

1) Roman Jakobson, "Linguistics and Poetics" in Thomas A. Sebeok, eds, Style in Language, M.I.T Press, 1960. p.358.

지금은 엄지에 침 발라 돈을 세지
그런데 먼 훗날엔 무엇을 셀까 몰라

– 김준태, 「감꽃」 전문

이 시에서 시인은 '감꽃'이라는 시어를 선택했다. 화자의 어린 시절엔 셀 수 있을 만한 것은 모두 자연에 속한 것들이었다. 감꽃, 감잎, 나무, 새 등 어린 시절 화자는 주변에 있는 사물을 바라보고 관찰하면서 나 아닌 다른 것에 집중하고 살아왔다. 그러나 아이가 성장하면서 감꽃은 점점 물질이 되고, 또 다른 무엇이 되어 간다. 화자는 어린 시절 감꽃이 가장 아름답고 소중하다고 생각했지만 현재는 감꽃보다 돈을 비롯한 물질에 더 집중하고 있는 자신의 모습을 돌아보게 된다.

이 짧은 시편에서 각 행에 제시된 시어만으로도 독자는 화자의 성장 과정을 그릴 수 있다. 감꽃을 통해 독자는 시적 화자가 물질문명에 가깝지 않은 시골 출신이라는 것을 상상하게 된다. 또한 "죽은 병사들의 머리"를 보면서 한국전쟁 당시의 화자를 떠올리게 되고, '돈'이라는 시어를 보면서 현재는 도심 한 가운데서 물질문명 사회에 적응해 있을 화자를 떠올리게 된다.

이처럼 하나의 시어는 사전적인 의미뿐만이 아니라 다른 의미를 만들어 내면서 한 편의 시가 완성되는 것을 도와준다. 하나의 시어가 시대를 대표하고, 시인의 의식을 대표하는 중요한 주체가 된다. 때문에 시인은 단어의 사전적 의미와 시인이 의도하고 만들어 내는 개성적인 의미의 차이를 치밀하게 계산해야 하고 끝없이 고민해야 한다. 과연 어떤 단어가 자신의 시에 대표주자가 될 수 있을지 말이다.

2

시어와 일상어

우리가 사용하는 단어 중에 시가 될 수 있는 단어와 시가 될 수 없는 단어가 뚜렷하게 구분되어 있는 것은 아니다. 그렇지만 똑같은 단어를 사용하더라도 일상에서 쓰는 것과 시에서 쓰는 것은 의미가 확연히 달라진다. 일상적으로 사용하는 단어는 자신의 의사를 전달하는 도구로만 머물러 있을 뿐 그 이상의 의미를 유추해 내지 못한다. 일상어는 상대방에게 전달되는 동시에 소멸해 버리고 마는 것이다.

그러나 시어는 좀 더 깊숙하게 의미를 파고 들어갈 수 있다. 시에서 사용하는 언어는 의사소통의 목적뿐 아니라 곱씹어 볼수록 여러 가지 의미들이 우러나오기 때문이다. 즉, 시어는 A를 보여주면서 A를 설명하는 것이 아니라 B나 C를 생각하게 하는 것이다. 그래서 시어는 사전적 의미인 일상어와는 거리가 멀 가능성도 배제할 수 없다. 사실 일상어와 시인이 의도하는 사상의 거리가 멀수록 신선하고 좋은 시가 된다.

근본적으로 세계는 나에겐 공포였다
나는 독 안에 든 쥐였고,
독 안에 든 쥐라고 생각하는 쥐였고,
그래서 그 공포가 나를 잡아먹기 전에
지레 질려 먼저 앙앙대고 위협하는 쥐였다.
어쩌면 그 때문에 세계가 나를

잡아먹지 않을는지도 모른다는 기대에서 ……

오 한 쥐의 꼬리를 문 쥐의 꼬리를 문 쥐의 꼬리를
문 쥐의 꼬리를 문 쥐의 꼬리를 문 쥐의 꼬리를 ……

– 최승자, 「악순환」 전문

위의 시에 나타난 '쥐'는 우리가 알고 있는 '쥐'와 전혀 다른 의미를 가진다. 이 시에서 시인은 자기 자신을 쥐에 빗대어 표현하고 있다. "나는 독 안에 든 쥐였고, 독 안에 든 쥐라고 생각하는 쥐였고,"에서 '쥐'는 이 세계에 갇혀 있는 인간을 의미하는 것이다. 즉, '쥐'를 이야기하면서 쥐가 아닌 '인간'을 이야기하고 있다. '독 안'은 인간들이 살고 있는 세계를 의미할 수도 있고, 우리 모두가 갇혀 있는 육체를 의미할 수도 있다. '독'이라는 시어 역시 시 안에서 장을 담아 두는 독이 아닌 하나의 의미로 태어나게 된다. 시인의 시어 선택에 의해서 우리는 전혀 상관없어 보였던 '쥐'가 된다. 쥐가 되어 독 안에 갇혀 있음을 깨닫고 우리의 독에 관해 생각해 본다. 이것이 바로 시어가 갖는 수직적인 은유이다.

그러나 하나의 시어가 꼭 한 가지의 의미만을 갖는 것은 아니다. 같은 시어를 사용했다 하더라도 또 다른 의미를 가지는 경우도 많다. 시에서는 어떤 시어를 썼느냐 보다는 그 시어를 어떤 방법으로 표현했는가가 중요하기 때문이다. 시어는 시인의 개성에 따라 반죽되고 조각되기 때문에 시인의 역량에 따라서 얼마든지 다양한 의미를 가질 수 있다.

불을 딱 켜자 나의 지하 감옥, 그 속의 내 사랑하는 흑인이 벌

> 벌 떨었다. 이 밤, 창밖에서 들어 오는 헤드라이트 불빛에 내 방의 상한 벽들이 부르르 떨고, 수만 개의 아픈 빛살이 웅크린 검은 얼굴의 나를 들쑤시네. 첫눈 내린 날, 어디로 가버렸는지 흰 눈은 하나도 보이지 않고, 창밖으로 불 밝힌 집들. 밤은 저 빛이 얼마나 아플까.
>
> – 김혜순, 「쥐」 부분

이 시에서도 시인은 쥐에 관해 이야기하고 있다. 그러나 시인은 '쥐'라는 제목만 내세웠을 뿐 본문 어디에도 쥐에 관한 설명은 없다. 시인은 감쪽같이 쥐를 감추고 쥐로 인해 상상하게 만드는 그 이면의 것을 보여주고 있다. 어둑한 지하에 사는 쥐. 시인은 그 쥐에서 자신의 가슴 깊숙한 곳에 살고 있는 징글징글한 자기 자신을 발견한다. 자신도 모르는 깊은 곳에 어두운 표정으로 살고 있는 마음속의 무엇. 그 무엇은 어둠이고, 동시에 쥐다. 어둠에겐 빛이 적이고 두려움이기 때문에 어둠은 빛을 보는 순간 아파한다. 빛을 피해 달아나는 처절한 짐승 쥐, 그 쥐는 빛을 피해 도망가고, 빛을 밝힌 집들이 불청객처럼 불쑥 불쑥 나타날 때마다 또 도망간다.

같은 '쥐'를 말하면서 한 사람은 갇혀 있는 우리 자신에 관해 말하고 있고, 또 한 사람은 보이지 않는 내면의 어둠을 말하고 있다. 같은 시어를 사용하더라도 시인의 감수성과 자신이 처한 상황에 따라 얼마든지 다른 의미의 시가 탄생될 수 있는 것이다. 시어는 다면성을 가지고 태어나기 때문에 시인의 의도에 의해 자율적인 의미를 만들어 낼 수 있다.

그렇지만 다른 이미지로 그려진 이 두 시가 같은 분위기를 자아내고 있음을 알 수 있다. 그것은 표면적으로는 의미가 달라 보이는 시어지만 시인이 보고 느끼는 것은 인간의 근원적인 고독이라는 비슷한 이미지로 다가오기 때문이다.

단, 시가 아닌 산문에서는 얘기가 다르다.

> 나는 쥐를 보고 있다
> (… 중략 …)
> 처음에는 잘 손질된 정원수 사이로 뭉클뭉클 움직이는 저 더러운 잿빛 뭉치가 무엇인가 싶었다. 그러다가 어느 순간, 연한 수피에 쉴 새 없이 이빨을 갉작거리고 있던 쥐와 눈이 마주쳤던 것이다. 머리를 꺼덕일 때마다 그 반동으로 가지 꼭대기가 둔하게 휘청거릴 만큼 살찐 놈이었다.
>
> – 은희경, 「새의 선물」 부분

위의 두 시와는 달리 은희경 소설에 등장한 쥐는 우리가 알고 있는 바로 그 동물적인 쥐이다. 다리가 짧고 꼬리가 길고 하수구에 돌아다니는 그 쥐 말이다. 소설과 같은 산문에서는 대부분 직접적인 의미를 전달할 수 있는 일상어를 사용한다. 이렇게 일상어에서의 단어는 다른 의미를 가지고 있지 않고, 우리가 알고 있는 사전적인 의미 하나 만을 가지고 있기 때문에 시어와는 확연한 차이를 보인다. 일상어는 다면성이 아닌 일면성을 가지고 있다고 말 할 수 있다.

위대한 시를 만들어 내는 것은 시인의 몫이다. 시인의 감수성과 상상력이 빚어낸 언어적 마술이 좋은 시어를 만들어 내는 것이다. 언어는 생각을 담아내는 그릇이다. 얼마나 질 좋은 그릇을 만들어 내느냐는 얼마나 정성을 다 하느냐에 따라 달라진다. 시인은 끊임없이 사물을 관찰하고 경험하고, 상상해야 좋은 시어를 건져낼 수 있다.

시인의 생각을 담아낸다고 해서 모든 단어가 시어가 되는 것은 아니다. 시어 하나하나에 우리의 삶과 정서가 흡수되어야 한다. 거기에 적절한 자리에 들어간 적절한 시어는 완전한 시를 만들어 주는 역할을 한다. 시어의 선택은 시에 있어 가장 중요한 것이고, 시어에 따른 시의 성패는 당연지사이다.

3 시어의 선택

시어는 적재적소에 놓여야 한다. 좋은 시를 쓰기 위해서는 꼭 있어야 할 곳에 꼭 있어야 할 시어를 놓는 연습을 꾸준히 해야 한다. 고심 끝에 생각해 낸 시어는 시 속에서 다른 단어들과 유기적인 관계를 이루어야 한다. 만약 시의 흐름에 방해가 된다면 아무리 적절한 시어라고 해도 빼버릴 수 있어야 한다. 살리고 버리는 일도 좋은 시를 쓰는 데 중요하기 때문이다. 또한 시어 선택에 있어서 여러 가지 방법이 있지만 그 중 시를 더 완성도 있게 만들 수 있는 두 가지 방법에 대해 살펴보기로 하자.

1) 일탈의 시어

시어는 되도록 많이 보지 못한 낯선 시어를 끌어 오는 것이 좋다. 모두가 익숙한 시어는 읽는 이로 하여금 식상함을 주어 시를 읽는 흥미를 잃게 한다. 예를 들어 '쟁반같이 둥근달'의 경우, 달이 둥글다는 것은 모두 알고 있는 사실이다. 때문에 '쟁반같이'라는 비유적인 표현은 둥글다는 모습을 다시 한 번 강조하는 수식어밖에 되지 못한다. 또한 어린 시절부터 수없이 들어왔고, 익숙한 비유이다. 이러한 비유와 시어는 새롭지도 않을 뿐만 아니라 쓰지 않는 것이 더 효과적이다.

삭막한 집의 삭막한 방에 놓인 피아노
그 방은 바로 어제 내가 혁명을 기념한 방
오늘은 기름진 피아노가
덩덩 덩덩덩 울리면서
나의 고갈한 비참을 달랜다

벙어리 벙어리
식모도 벙어리 나도 벙어리
모든 게 중단이다 소리도 사념(思念)도 죽어라
중단이다 명령이다
부정기적인 중단
부정기적인 위협
— 이러면 하루 종일
밤의 꿈속에서도
당당한 피아노가 울리게 마련이다
그녀가 새벽부터 부정기적으로
타온 순서대로
또 그 비참대로
값비싼 피아노가 값비싸게 울린다

돈이 울린다 돈이 울린다

– 김수영, 「피아노」 부분

이 시는 1963년 발표된 작품으로 그 당시 피아노는 일반 사람들에게 낯설고 생소한 악기였다. 말하자면 피아노는 일부 부유층에서 누리는 특권이었던 것이다. 가난한 자신과는 거리가 먼 피아노라는 대상을 바라보면서 화자는 불만이 가득한 시선을 거두지 않는다. "기름진 피아노"는 위협적인 연주를 하면서 사념을 중단시킨다. 피아노 소리에 묻혀 절대적인 힘 앞에서 일반인들이 갖는 사상과 감정들은 모두 죽고, 말살당한다. 그래서 "값비싼 피아노"는 값싼 사람들과 다르게 "값비싸게 울리"는 것이다.

나와 피아노 사이에는 많은 공백이 있다. 빈부격차, 신분, 학벌 등등 우리 사회가 막 산업사회로 급변하는 시기에 평범하던 사람들은 그 공백을 메우지 못한 체 더 벌어지고 있었을 것이다. 단절된 너와 나는 피아노와 나처럼 어울리지 않는 것이며 먼 대상이다.

만약 시인이 당시 권력과 부르주아의 대표적인 상징물을 피아노가 아닌 '기타', 혹은 '드럼'으로 표현했다면 시적인 분위기는 어떻게 됐을까? 그렇다면 시적인 분위기는 지금의 피아노와 같이 선명하게 와 닿지 않았을 것이다. 시인은 당시의 상황과 감정을 대입시킬 수 있는 시어로 피아노를 선택했고, 피아노는 제자리를 찾아 감동을 불러 오고 있다. 이렇게 시어는 적당한 곳에 적절하게 배치해야만 힘을 갖고 참 의미를 갖는 것이다.

저 놈의 꽃들 또 피었네
먼저 핀 꽃들 지기 시작하네

나는 피는 꽃 안 보려고
해 뜨기 전엔 안 돌아오는데,
나는 죽는 꼴 보기 싫어
개도 금붕어도 안 키우는데.
나는 활짝 핀 저 꽃들 싫어
저 꽃들 지는 꼴 정말 못 보겠네
날마다 부고도 없이 떠나는 꽃들,
날마다 상여도 없이 떠나가는 꽃들

– 이성복, 「날마다 상여도 없이」 전문

시인은 죽음이 두렵다. 작은 생명이라도 죽어가는 것이 마음 쓰인다. 그래서 개도 안 키우고 금붕어도 키우지 않는다. 그런데 키우지 않는 꽃들이 날마다 죽는다. 시인은 그것이 마음 쓰인다. 그래서 시인은 꽃이 피는 것도 반갑지 않다. 언제고 피어 있는 꽃이 아니기 때문이다.

이 시가 우리에게 충격을 주는 것은 '꽃'이라는 대상물을 흔히 아름답고 긍정적인 시어로 사용했던 기존 시들과는 달리 부정적이고 죽어가는 것으로 표현한 발상의 전환에 있다. 또한 꽃과 상여를 연결하면서 죽어가는 꽃에 대한 시인의 마음을 한 단어로 표현해 놓아서 자세한 설명 없이도 시인의 의도를 알아챌 수 있다. 적절하고 낯선 시어가 들어가면서 하나의 단어는 시인만의 시어가 되고, 시인이 창조해 낸 공간에 자리잡는 것이다. 그것은 시인만의 세계이며 누구도 침범할 수 있는 독자적인 공간이다.

2) 향토어와 방언의 사용

방언과 향토어도 좋은 시어가 될 수 있다. 백석, 김소월, 김영랑 등 우리의 시단에는 이미 향토어를 이용해서 시를 짓는 시인들이 많이 있었다. 앞선 시인들 때문에 토속어를 시어로 사용한다는 것이 생소하게 보이지는 않는다. 방언과 토속어가 시를 쓰는 데 있어 좋은 보기가 되고, 적당한 시의 언어로 활용될 수 있다는 것을 여러 가지 시를 통해서 우리는 이미 알고 있다.

향토어는 그 고장의 단어이기 때문에 읽는 동시에 낯섦과 호기심이 생겨난다. 의도하지 않아도 자연스럽게 생소한 시어가 등장하게 되는 것이다. 시인이 선택한 낯선 시어를 보면서 독자들은 구체적인 단어의 뜻을 알지 못하더라도 정감 있는 의식의 흐름만으로도 시의 분위기를 읽어낼 수가 있다.

> 오리치를 놓으려 아배는 논으로 나려간 지 오래다
> 오리는 동비탈에 그림자를 떨어트리며 날어가고 나는 동말랭이에서 강아지처럼 아배를 부르며 울다가
> 시악이 나서는 등뒤 개울물에 아배의 신짝과 버선목과 대님오리를
> 모두 던져 비린다
> 장날 아침에 앞 행길로 엄지 따라 지나가는 망아지를 내라고 나는 조르면
> 아베는 행길을 향해서 크드란 소리로
> - 매지야 오나라
> - 매지야 오나라

새하려 가는 아배의 지게에 지워 나는 산으로 가며 토끼를 잡으리라고 생각한다.

맞구멍난 토끼굴을 아배와 내가 막어서면 언제나 토끼새끼는 내 다리 아래로 달어났다.

나는 서글퍼서 서글퍼서 울상을 한다

– 백석, 「오리 망아지 토끼」 전문

백석은 평안북도 정주 출생이다. 그래서 그의 시편에는 평북의 방언이 자주 등장한다. 이미 그의 방언은 많은 연구가 되었다. 하지만 여전히 백석의 시를 읽기 위해서는 평북의 방언을 어느 정도 인지하고 있지 않으면 해석이 어렵다. 시에서 오리치 — 오리를 꾀어 잡는 틀, 동비탈 — 뚝 비탈, 시악 — 고약한 심술, 엄지 — 어미말 등 몇 몇의 시어들은 풀이가 있어야 그 뜻을 이해할 수 있다. 하지만 구체적인 해석이 아니어도 아버지를 따라 장에 나가는 어린 소년을 상상해 볼 수 있다. 평북 방언 시어들이 시를 읽는 데 있어 걸림돌이 되는 것도 사실이지만 방언이 있기 때문에 따뜻한 봄날 아버지의 손을 잡고 장에 가는 어린 소년의 웃음과 토끼를 놓쳤을 때의 슬픈 얼굴을 우리는 더 실감나게 그려볼 수도 있는 것이다.

해석의 어려움 때문에 백석의 첫 시집 『사슴』은 여러 가지 비판을 받기도 한다. 요컨대, 현대화된 향토적 목가가 아닐까? "『사슴』의 작자가 시어 상에서 일반화되지 않은 특수한 방언을 선택한 것은 결코 작자 개인의 고의나 또한 취미도 아니다."[2]고 임화는 비판한다. 더불어 임화는 백석의 첫 시집을 '야릇한 방언 시집'이라고 폄

2) 임화, 「문학상의 지방주의 문제」, 『조광』, 1936.10, 65~67쪽.

하하기에 이른다. 그러나 백석의 첫 시집은 이런 비판과 더불어 많은 호평을 받게 되면서 주목을 받는다.

우리는 백석이 향토어를 사용했다는 사실에 시대적인 배경과 함께 맞물려서 생각해 봐야 한다. 일제 치하에서 그의 방언은 모국의 언어를 지키려는 노력이면서, 고향에 대한 기록으로 볼 수 있다. 철저하게 고향에 대한 묘사와 유년 시절의 회상을 기록하고 있으면서 그에 걸맞는 시어를 선택하기 위해 그는 방언이라는 묘책을 강구한 것이다.

위의 시에서 방언이 아닌 표준어를 사용했다면 시적인 분위기는 좀 더 경직되었을 것이다. 이 시가 입에 감기는 사투리의 맛을 잃고 지금보다 딱딱한 분위기로 읽힌다면 시의 성패에 있어서 당연 '패'가 됐을 것이다. 그렇지만 백석은 방언을 선택했고, 좋은 시어의 선택은 지금까지도 널리 읽히는 좋은 시를 남기고 있다.

이처럼 하나의 방언과 향토어도 좋은 시어가 될 수 있다. 또한 방언의 시어는 친밀감과 더불어 하나의 리듬을 만들어 내기도 한다.

> 오-메 단풍 들것네
> 장광에 골붉은 감잎 날아와
> 누이는 놀란 듯이 치어다보며
> 오-메 단풍 들것네
>
> 추석이 내일 모레 기둘리리
> 바람이 잦이어서 걱정이리
> 누이의 마음아 나를 보아라
> 오-메 단풍 들것네

– 김영랑, 「오-메 단풍 들것네」 전문

남도의 사투리를 즐겨 사용했던 영랑의 시 또한 방언을 하나의 좋은 시어로 쓸 수 있다는 것을 증명해 준다. 위에서 영랑의 시는 방언이 그대로 하나의 운율이 되고 리듬이 되고 있다. 이 시에서도 "오-메 단풍 들겄네" 라는 하나의 토속어가 그대로 반복되면서 하나의 리듬을 만들어 준다. '오-메'라는 사투리가 그대로 음악성으로 되돌아 오면서 시적인 분위기를 좀 더 자연스럽게 만들어 준다. 이 시를 소리 내어 읽으면서 자연스럽게 되풀이되는 후렴구는 그야말로 하나의 음악이 되기도 한다. 이러한 시적인 음악성은 이미 많은 시에서 나타났다. 김소월의 「엄마야 누나야」, 정지용의 「향수」 같은 시가 그런 대표시라 할 수 있다.

4 마무리

시는 언어를 절약해 최대한의 울림을 끌어내는 작업이다. 위에서 살펴 본 것과 같이 시어는 많은 고민과 생각 끝에 선택해야 한다. 하나의 단어를 선택하기 위해서는 촉수 끝에 모든 신경을 집중시켜야 한다. 때문에 시 짓는 어려움을 이수광은 다음과 같이 설명했다.

吟成五子句 用破一生心
吟安一箇字 撚斷幾莖髭3)

3) 이수광, 「시 짓기의 어려움」, 『우리겨레의 미학사상』, 보리, 175쪽.

해석해 보면 "다섯 자 글귀를 이루기 위해서, 일생의 정력을 기울여야 한다. 한 글자를 맞게 쓰기 위해 몇 갈래 수염이 많이도 끊어졌다"는 의미이다. 시에서 다섯 글자를 쓰기 위해 일생의 힘을 다 바치고 고민하는 것이 시를 짓는 어려움이다.

시는 인간의 사상과 감정을 담아내야 하고, 고도의 압축과 제한된 시어에 사상을 모두 담아야 한다. 이와 같이 시어는 시의 모든 것을 결정하는 중요한 역할을 하기 때문에 시어를 선택하는 것은 평생을 생각할 만큼 신중해야 한다.

시어는 신선하고 낯선 것으로 선택하되, 시 안에서 다른 시어들과 유기적으로 어울려야 한다. 그렇지 않으면 불청객이 된다. 시어가 주인이 되느냐 불청객이 되느냐 하는 문제는 수많은 퇴고 끝에 결정이 나기 때문에 좋은 시어를 선택하는 것은 많은 퇴고가 가장 적당한 방법이 될 것이다. 무엇보다 시어를 선택하는 데 있어 가장 중요한 것은 시인의 시 의식을 담아 낼 수 있어야 한다는 것이다. 표면적으로 아름다운 단어를 찾아 시에 녹여 내는 것은 손재주에 불과하다. 시어 하나하나에 시인의 정신과 혼을 담아 진정한 사상과 감정을 전달할 수 있을 때 진정성이 독자에게 전달되고, 그런 시어야만이 오래 살아 숨 쉴 것이다.

손 미

2009년 『문학사상』 등단. 시집 『양파 공동체』 등.

제 2 부

시 창작과 형상화

I 감각을 통한 시적 발상

1 시 창작에 필요한 시적 발상

시는 체험에서 출발한다. 체험에 의해 이루어진 이미지는 구체적 형상화 작용을 일으키며, 추상(抽象)보다 구상(具象)의 감각으로 이끈다. 상상력에 의한 새로운 의미의 확장도 출발은 '사실적 관찰'에서 시작된다. 체험의 축적은 공간과 시간에 따른 대상들을 섬세하고 예민하게 감각하거나 관찰할 때 이루어진다.

시 창작에 있어 스스로 느끼고 생각한 것을 있는 그대로 재현하는 데 머물면 안 된다. 어떠한 대상을 관습적으로 보기보다는 창조적으로 보아 새로운 의미를 이끌어 내는 것을 시적 발상이라고 한다. 이러한 발상은 개성적인 표현에 의해 구체화되어 시에 담기게 된다. 객관적 상관물을 통해 더 구체적으로 형상화할 때 시적 생동감이 표현될 수 있다. 황지우 시인은 시를 언어에서 출발하지 말고 '시적인 것'의 발견으로부터 출발해야 한다고 언급했다. 사실적인 인식의 깊은 이해에서 시적 발상이 표출된다. 이런 과정에서의 '시적인 것'은 그 대상을 장식적이지도 않고 현학적이지도 않으며 관찰을 통해 감각한 사실적 풍경과 심상을 작품으로 재구성해야 하는 것이다.

감각(感覺, sensation)은 외적 및 내적 감관에 가해진 자극으로 생긴 정신 현상이다.[1] 감각적 이미지는 여러 비유적인 기법이나 상징으로 만들어진다. 그것은 시인의 경험과 취향 및 기질에 따라 우연히 이루어지기도 하지만, 주된 표현은 감각 기관을 통하여 경험한 모든 감각 체험을 포함하여 정서를 환기시켜 준다. 정서는 개인적이고 주관적이지만 이미지가 환기된 정서는 생생한 새로움을 느끼게 한다. 이미지는 어떠한 체험이 구체적인 감각으로 마음속에 재생되는 상(象)을 말한다. 이미지가 한 작품에서 하나로 구성되거나 여러 개가 복합적으로 구성될 수 있다. 이때 복합적인 이미지들의 결합체를 이미저리(imagery)라고 한다. 이러한 이미저리가 시의 정서적 환기를 이루어 내며 상승적 효과를 얻게 만든다.

이미지는 시인의 내면에 감각적 체험이나 대상을 재구성하며 시적 발상을 실감나게 형상화해 준다. 이처럼 이미지는 시를 표현함에 있어 보다 효과적으로 드러내 주고 시적 분위기나 배경, 상황을 제시하여 일상적인 언어를 전경화(前景化, foregrounding)된 언어로 이끈다.

시의 이미지는 감각적 대상과 그 특징에 따라 분류된다. 시각·청각·후각·촉각·미각과 같은 감각으로 대상을 파악하거나, 근육감각으로 대상을 파악하거나, 공감각을 통해 대상을 파악하는 경우가 있다. 시각적 이미지는 지각 활동 중에 가장 많은 부분을 차지하

1) 김준오, 『시론』, 삼지원, 2000, 169쪽.

고 있으며, 시는 '문자로 그리는 그림'이라고 할 만큼 시각적 이미지가 가지고 있는 의미가 크다.[2] 청각적 이미지는 사물을 가청화(可聽化)로 그려주며, 기존의 상투적인 의성어나 의태어를 새롭게 변용하여 감각해 준다.[3] 미각적 이미지는 혀를 통해 이루어지는 미감(味感)을 나타내고,[4] 후각적 이미지는 코를 통한 냄새에 대한 감각을 표현한다.[5] 촉각적 이미지는 신체에 닿는 피부 감각을 나타낸다.[6] 또한 이러한 오감(五感)들이 동시적으로 이루어지는 공감각이 있다. 한 감각이 다른 감각을 불러일으키는 공감각적 이미지는 현대시에서 자주 사용되는 이미지이다. 단일한 감각의 이미지보다 공감각적 이미지는 더 많은 상상력을 표현할 수 있다.[7] 그 밖에 근육감각 이미지는 근육의 긴장과 움직임을 그려내면서 시의 생동감을 효과적으로 드러내 준다.[8] 어떤 감각적 이미지를 시인들이 주로 사용하는지를 이해하기 위해서는 비유적, 상징적 이미지를 포괄하여 시적 정서와 사상을 드러내는 것도 필요하다.

이와 같은 시적 이미지의 감각적 구조에 따라 하나의 감각에 새

---

2) 길은 한 줄기 구겨진 넥타이처럼 풀어져 (김광균, 「추일서정」 중에서)
3) 明明(명명)한 明明(명명)한 매미가 우네 (박재삼, 「매미울음에」 중에서)
4) 젊은 날/ 떫고 비리던 내 피도/ 저 붉은 단감으로 익을 수밖에는(허영자, 「감」 중에서)
5) 말이 사는 컴컴한 고방의 쌀독 뒤에서 나는 저녁 끼때에 부르는 소리를 듣고도 못들은 척하였다 (백석, 「고방」 중에서)
6) 젊은 아버지의 서느런 옷자락이 떠올라 (김종길, 「성탄제」 중에서)
7) 저렇게 캄캄하게 **울음**도 멎었으리라 (문태준, 「맨발」 중에서)
그녀의 **숨소리**가 느릅나무 껍질처럼 점점 거칠어진다 (문태준, 「가재미」 중에서)
8) 내 손에 호미를 쥐어다오/ 살찐 젖가슴과 같은 부드러운 이 흙을/ 발목이 시도록 밟아도 보고 좋은 땀조차 흘리고 싶다 (이상화, 「빼앗긴 들에도 봄은 오는가」 중에서)

로운 의미를 부여해 주는 경우, 감각이 집중되어서 이미지가 세밀해진 경우, 하나의 감각이 다른 감각으로 전이되어 재해석되는 경우, 꼬리에 꼬리를 무는 감각으로 연상되는 경우가 있다. 이런 다양한 감각이 시적 대상을 통해 어떻게 배치되고 활용되는지를 살펴보도록 한다.

2 다양한 감각어의 활용

1) 의미 부여의 감각 작용

사물에 대한 새로운 의미를 찾으려면 대상의 가치나 의미를 이해해야 한다. 이것은 한 대상이 다른 대상과 어떤 비슷한 성질을 가지고 있으리라고 추정하는 유추를 통해 이루어진다. 이러한 원리는 두 사물 사이의 유사성 또는 연속성에 놓인다. 유추적 대상을 발견하여 그 발견 행위를 이끌어 주는 것이 상상력이다.

상상력에 따라 시적 표현의 깊이가 달라진다. 일상적인 대상을 거리가 먼 대상으로 변용, 융합시켜서 시적 긴장을 탄생시킬 수 있다. 환유와 제유에서 드러나는 인접성과 직유, 은유, 상징과 같이 폭넓게 드러나는 유사성의 원리를 활용하여 의미 부여 감각을 만든다. 이질성 속에 동질성, 동질성 속에 이질성을 찾는 과정에서 새로운 표현이 만들어지게 된다. 이질성이 클수록 이미지 효과나 신선한 감동이 크게 다가온다. 순대를 통해 애인의 울음을 변비에 비유한 시인이 있다.

> 지금 애인의 울음은 변비 비슷해서 두 시간째
> 끊겼다 이어졌다 한다
> 몸 안을 지나는 긴 울음통이 토막 나 있다
> 신의주찹쌀순대 2층, 순대 국을 앞에 두고
> 애인의 눈물은 간을 맞추고 있다
> 그는 눌린 머리 고기처럼 얼굴을 눌러
> 눈물을 짜낸다
> 새우젓이 짜부라든 그의 눈을 흉내 낸다
> 나는 당면처럼 미끄럽게 지나간
> 시간의 다발을 생각하고
> 마음이 선지처럼 붉어진다 다 잘게 썰린
> 옛날 일이다
> 연애의 길고 구부정한 구절양장을 지나는 동안
> 우리는 빨래판에 치댄 표정이 되었지
> 융털 촘촘한 세월이었다고 하기엔
> 뭔가가 빠져 있다
> 지금 마늘과 깍두기만 먹고 견딘다 해도
> 동굴 같은 내장 같은
> 애인의 목구멍을 다시 채워줄 수는 없을 것이다
> 나는 버릇처럼 애인의 얼굴을 만지려다 만다
> 휴지를 든 손이 변비 앞에서 멈칫하고 만다
>
> – 권혁웅, 「애인은 토막 난 순대처럼 운다」 전문

시인은 일상적인 '순대'를 통해 이별의 순간을 묘사해 주고 있다.

'나'라는 화자와 애인이 놓인 공간은 순대국밥집이다. 애인이 우는 청각적 이미지에서 순대라는 시각적 이미지를 떠올린다. 순대는 돼지의 내장으로 긴 시간과 추억이 축적된 대상이 되고, 마치 변비처럼 압축되어 있다. 과거라는 시간은 먹어서 사라진 시간이다. 미래라는 시간은 아직 시원하게 나오지 않는 시간이다. 느리고 힘겹게 관통하는 그들의 축적된 시간은 쉽게 정리되지 않는다. 애인은 "두 시간째" 울다가 쉬다가를 반복한다. 애인이 힘겹게 울음을 짜내는 동안 '나'는 애인의 몸 안 울음통이 순대처럼 토막 나 있다고 생각한다. 그런 애인의 눈물은 미각적 이미지로 간이 맞춰진다. 탁자 위에 놓인 순대국밥엔 머리고기가 있다. "얼굴을 눌러" 근육감각 이미지로 애인은 "눈물을 짜낸다". 그의 눈은 "새우젓이 짜부라든" 모습을 닮았다. 애인의 눈물이 변비처럼 나올 때 '나'의 마음과 같아 괜히 미안해진다. 지나온 "시간의 다발"을 떠올리면 "선지처럼 붉어진" 시각적 이미지로 다가온다. "연애의 길고 구부정한 구절양장"처럼 우리에게 연애는 꼬불꼬불하고 험한 것이었다. 이렇듯 "융털 촘촘한" 행복이길 원했지만, 결국 토막난 시간에 불과하다. 촉각적 이미지로 "애인의 얼굴을 만지려다" 과거를 정돈하는 방법을 멈칫하는 순간, 깨닫는다. 지나온 시간을 회상하는 것은 미래를 사는 방법으로써의 의미 부여로 심층적 층위가 드러난다.

다음 작품에서도 평범한 사물이 특별한 의미나 효과를 얻는다. 자연물인 '감자'의 의미가 다른 대상으로 의미 부여가 되어 표현 형태가 '감자'라는 연결체로부터 어떻게 벗어나는지 살펴보도록 하자.

1
감자를 꺼내다 떨어뜨렸다
무서워서 온몸이 떨렸다
도대체 얼마나 화가 났으면
몸 곳곳에서 뿔이 뻗어나왔을까?

2
나는 무당처럼 몸을 떨며 발작을 했고
아버지가 나를 향해 엎드려 절했다
아버지의 이마에서 뿔이 돋아나고 있었다
아버지 뿔을 저리 치워요! 저리 가서 혼자 죽어요!

여름 내내 해는 독을 뿜어댔고
내 안의 암세포가 진하게 화장을 하자
치마를 벗은 뮤즈들이 꾸역꾸역 질 속으로 들어왔다
아버지는 자주 눈을 뒤집어까고 주먹으로 방바닥을 두드렸다
방바닥에선 아무것도 나오지 않았다
화려하게 발기한 소주병들이 집 안 어디에서나
서로 부둥켜안고 있었다
소주병들 사이를 비집고 들어가 덩달아 흘레붙은 아버지를 등지고
엄마는 어둠속에서 눈을 뱉어내고 있었다
엄마의 눈은 뱉어내도, 뱉어내도, 다시 생겼다
나는 물컹한 눈알들을 보이는 대로 밟았다
아침이 오면 순하게 구겨진 어린 남동생은
가방을 메고 등교했다

우리는 모두 흙속에 있었고, 밖에서는 간혹 꽃이 핀다고도 했다

– 박연준, 「싹이 난 감자」 전문

시인이 감각하는 사물은 '감자'를 통해 지각된다. 일반적인 감자가 아닌 싹이 돋아난 감자이기 때문에, 시인의 상상력으로 극적인 상황을 제시할 수 있다는 장점이 있다. 시의 소재에 대한 승화는 대상을 새롭게 하는 의미 부여로 이루어진다.

1에서 감자의 변형된 형상은 공포의 대상이 되어 '나'를 근육 감각 이미지로 떨게 만든다. 2에서 구체적인 공포의 대상이 등장한다. "싹이 난 감자"를 '뿔이 난 아버지'에 시각적 이미지의 유사성으로 비유하고 있다. 불안한 가계는 그뿐만이 아니다. 내 안에서 자라는 암세포, 발기한 소주병들, 소주병과 흘레붙은 아버지, 눈을 자꾸 뱉어내는 엄마, 구겨져 있는 어린 남동생이 있다. 불합리하고 부조리한 삶을 살아가는 가족의 고통스러운 감정이 복합적으로 등장한다. 알콜중독자이자 폭력적인 아버지는 분노의 '뿔'이 달려있다. 그 뿔 밑에서 '나'는 절망적인 암세포가 번지고, 엄마는 짓밟혀 있어 "눈을 빼어내"며 삶을 부정하고 있다. 아직 어린 동생은 그런 상처들 앞에서 구겨진 채 자란다. 이렇듯 싹이 올라 온 감자를 통해 고통스러운 가계의 모습을 의미 부여해 주고 있다.

이러한 시적 대상의 의미 부여는 의인법보다 의물법으로 표현할 때 결합이 새롭게 이루어진다. 의물법(擬物法)은 인간을 사물에 비유하는 것, 혹은 인간이나 생물을 무생물화하는 것을 말한다. 형태가 의인법과는 반대로 되어 있지만 뿌리는 역시 의인법으로 돌아가는 또 다른 표현법이다.[9] 같은 말을 다르게 바꾸어 나가는 연습이

필요하다. 특정한 대상에 자꾸 다른 감각 이미지를 대입시켜 나가면 잘 어울리는 감각 이미지가 나타나게 된다.

2) 초점화의 감각 작용

개인적인 체험을 공적인 언어 구조로 승화시켜야 시가 집중화된 감각으로 의미의 변형을 가져온다. 감각적인 초점화는 낯선 이미지로 이끌어 줄 수 있다. 영화에서 클로즈업되는 순간처럼 시적 대상에 대한 느낌이 세밀화된다. 아래의 작품은 미각과 촉각의 이미지로 초점화되는 과정을 잘 보여준다.

삼촌은 도축업자
사실 피 묻은 칼보다 무서운 건
삼촌이 막 잡은 짐승의 살점을 입에 넣어줄 때

입속에 혀를 하나 더 넣어준 느낌
입속에선 토막 난 혀들이 뒤섞인다
혀가 가득한 입으론 아무 소리도 낼 수 없다

고기에서 죽은 짐승의 체온이 전해질 때
나는 더운 비를 맞고 있는 것 같다
바지 입고 오줌을 싼 것 같다

---

9) 여자는/ 깜깜한 밤이다./ 흔들어도 깨지 않는 어둠이다./ 내가 만나려고 불을 켜니까/ 여자는 하얗게 부서져 내렸다./ 그런 후 다시 어둠이 밀려오고/ 어둠이 또다시 여자가 되는/ 알리바이, 너는 어디에 숨어 있니? (이수익, 「여자 · 2」 중에서)

차 속에 빠진 각설탕처럼
나는 조심스럽게 녹아내린다
네 귀와 모서리를 잃는다

삼촌이 한 점을 더 넣어준다면
심해 화산의 용암처럼 흘러내려
나의 눈물은 금세 돌멩이가 될 것 같다

– 이현승, 「따뜻한 비」 전문

5연으로 이루어진 위의 작품은 '삼촌'이 보여주는 행동, 즉 방금 잡은 고기의 살점을 '나'의 입에 넣어주면서 느끼는 감정을 구체적으로 표현해 준다. 하나의 문제를 중심축(통일성)으로 이미지를 전개해 나가면서 초점화시키고 있다.

이 시에서 시인은 '도축업자'인 "삼촌이 막 잡은 짐승의 살점을 입에 넣어줄 때"의 느낌 또는 감정을 기술한다. 일반인들은 무심코 넘겨버릴 평범한 한 때를 시인은 허투루 지나치지 않는다. 우리는 그가 말하는 '입속에 혀를 하나 더 넣어준 느낌'에 주목할 수 있다. 시인은 바로 그 특별한 순간 "바지 입고 오줌을" 싸고, "차 속에 빠진 각설탕"이 되어 녹아내릴 것 같은 감각을 지닌다. 시인은 자신을 놓치는 순간, '나'를 상실하는 순간 '더운 비' 또는 '따뜻한 비'를 맞는다. 필자는 이현승의 시를 읽는 독자들에게 그의 '따뜻한 감성' 혹은 감각을 눈여겨 볼 것을 주문한다. 더불어 시인의 시 세계에 내재된 따뜻한 감성이 어느 날 갑자기 행운처럼 등장하지 않았음에 유의해야 한다고 생각한다. 온기(溫氣)라는 감각은 오랜 기간 축적된 슬픔과 고통을 감내한 자만이 획득할 수 있는 산물일 것이기 때문이다.

이와 같은 일상적 상황을 통해 승화된 작품처럼 평범하게 놓인 일상적 사물이 시인의 상상력을 통해 새로운 사물로 태어나는 감각작용은 다음 작품에서도 살펴볼 수 있다.

> 말이 되지 않는다. 손아귀에 꽉 꽉 꽉 구겨 쥔 에이 포 용지를 냅다 방구석으로 던졌다. 어, 처박힌 종이 뭉치에서 웬 관절 펴는 소리가 난다. 뿌드드드 드드 부풀어오르다, 부풀어오르다, 이내 잠잠해 진다.
>
> 종이도 죽는구나
>
> 그러나 입 꽉 틀어 막힌 그 마음의 밑바닥에 얼마나 오래 눌어붙어 붙어먹었으면, 그리고 그 무거운 암흑의 산도(産道)를 얼마나 힘껏 빠져 나왔으면 그토록 환하게
> 뼈 부러지게 기뻤을까
>
> 누가, 날 구겨 한 번 멀리 던져다오

– 문인수, 「꽃」 전문

'종이'에 시를 쓰고 있는 시인의 체험을 통한 이 시는 총 4연으로 이루어져 있다. 제목이 '종이'가 아닌 '꽃'으로 제시되었다. 시인의 언어는 향기가 난다고 가정할 때, 독자는 그 향기에 취한다. "말이 되지" 않더라도 한참을 책상에 앉아 있다가 "관절 펴는 소리"가 나도록 시를 쓴다. 이런 청각적 이미지에는 시인이 쓴 시가 '꽃'이 되길 희망하는 감정이 담겨있다. 죽음과 삶의 경계에서 찬란하게 언

어들이 피어나기를 바라는 마음이 집중된다. 하얀 "에이 포 용지"와의 싸움을 이기기 위해 고군분투 중이다. 백지의 공포와 잘 써지지 않는 글 때문에 자꾸 백지를 구겨 던진다. 창작의 고통이 들어간 "꽃"의 시각적 이미지로 변주되고 있다. 구겨지는 청각적 이미지는 "뿌드드드 드드"하고 부풀어 오른다. 구겨짐이 펴짐으로, 압축이 부풀어 오름으로 전환된다. 그러다 죽음을 떠올린다. 역설적으로 '종이'는 "환하게" 절정을 보여주다가 죽는다. 시가 한 편 쓰이기까지 수많은 언어가 "무거운 절망, 기나긴 암흑의 산도"를 통과함을 너무도 잘 알고 있기에 힘껏 빠져나와 기쁨을 누려보는 것이다. 꽃도 마찬가지다. 한 송이 꽃 또한 "뼈 부러지게" 기쁜 발산(發散)이다. 시어의 감각적 울림을 가속화시켜 작품이 완성되는 과정을 꽃 피는 과정과 연결하여 시각적 효과로 초점화시켜 주고 있다.

또한 시를 초점화시켜 묘사할 때 입체적으로 풀어 나가야 한다. 그래야 독자가 호기심을 갖고 따라 들어온다. 예를 들어, "거리의 악사는 노래를 부른다"라고 표현하면 금새 독자들이 식상해 한다. "악사의 노래가 거리를 출렁이게 한다", "거리의 악사는 노래 속으로 들어간다"처럼 바꿔 표현해 볼 수 있다. 따라서 초점화시키기 위해 입체적으로 나타내는 편히 훨씬 효과적이다.

3) 재해석의 감각 작용

재해석은 기존의 의미에 전혀 다른 의미가 생성된다. 원래 사물이나 대상에 내포된 의미를 중심으로 다른 사물이나 대상이 가진 의미가 더해지는 것이라 볼 수 있다. 재해석이 이루어지면 새로운 의미를 낳는 힘이 생긴다. 이런 이미지가 시적 상황 아래 놓이게 되면 감각적 이미지로 의미화가 이루어진다. 이러한 시적 대상은 완벽한 구도와 공간을 보여줘야 한다. 묘사에 의해서든 비유에 의해서든 감각적 이미지들이 발생하면 이는 곧바로 시적 화폭을 형성하기 마련이다. 이때 시적 화폭이 구체적인 삶의 공간 혹은 자연 공간을 이뤄야 한다. 체험에 바탕을 둔 익숙한 경험의 공간을 낯설고도 새롭게 묘사해 보는 훈련이 필요하다. 여기서 삶의 체험이 구체적인 이야기로 이루어진다는 것을 잊지 말아야 한다.

뻐꾹새 한 마리가
쓰러진 산을 일으켜 깨울 때가 있다
억수 장마에 검게 타버린 솔숲
등치 부러진 오리목,
칡덩굴 황토에 쓸리고
계곡 물 바위에 뒤엉킬 때

산길 끊겨 오가는 이 하나 없는
저 가파른 비탈길 쓰러지며 넘어와
온 산을 휘감았다 풀고
풀었다 다시 휘감는 뻐꾹새 울음

낭자하게 파헤쳐진 산의 심장에
생피를 토해 내며
한 마리 젖은 뻐꾹새가
무너진 산을 추스려
바로 세울 때가 있다

그 울음 소리에
달맞이 꽃잎이 파르르 떨고
드러난 풀 뿌리 흙내 맡을 때
소나무 가지에 한 점 뻐꾹새는
산의 심장에 자신을 묻는다

– 김완하, 「뻐꾹새 한 마리가 산을 깨울 때」 전문

위 시는 청각적 이미지를 담고 있는 '뻐꾹새'가 작품의 전반을 구성한다. 시적 화자가 위치해 있는 곳은 자연적 공간이다. '뻐국새'의 울음소리가 모든 자연을 구원해 주듯이, 소외된 공간에 놓인 약자의 의식을 깨우는 상징의 소리로 재해석될 수 있다. "뻐국새 한 마리"는 황폐화된 자연물 속에 희망의 소리를 우렁차게 "휘감았다 풀고/ 풀었다 다시 휘감"아 던져놓는다. "낭자하게 파헤쳐진" 불모화된 자연은 '뻐국새'의 울부짖음으로 일으켜 세워진다. 폐허로 물든 '산'을 추슬러 세울 정도의 힘을 가진 뻐꾹새의 울음은 주변의 다른 자연물에게 생명을 불어넣어 준다. 이것은 불안 의식에 사로잡힌 현대인의 삶에 치열한 현실 인식을 불러일으킨다. 비극적 자연은 삶이 힘겨운 현대인의 정서를 반영하고 있다. 이런 현실적 상징은 자연물과 연관되어 나타나며, 이미지는 사회적인 무력감 앞에 던져진 주체가 "뻐꾹새"처럼 실존적 의식을 만들어 주는 주체가 되도록 돕는다. "한 마리 젖은 뻐국새" 울음소리의 강렬함은 무력한 현실에 지친 대상에게 강인한 생명력을 불어넣어 준다. 이러한 생명력은 시적 자아와 자연물 사이에서 팽팽하게 분출되는 감각 작용에서 시적 의미를 갖는다. 이처럼 태풍이 몰아쳤던 자연물이라 할지라도 시인의 상상력에 닿아 그 깊이와 넓이를 더욱 확장해 나가면서 재해석될 수 있다.

한편, 아래의 작품은 구체적인 삶의 공간에 놓여 있던 '의자'가 망가지면서 '저수지'라는 자연 공간에 놓이게 된 작품이다. 이렇게 삶의 공간에 있어야 할 '의자'가 자연 공간에 놓이게 되면서 이루지는 감각이 어떻게 재해석되는지, 다른 시간과 공간으로 이동하게 되면 그 대상은 어떤 변화를 이루게 되는지 보자.

낡고 다리가 부러진 나무 의자가
저수지 푸른 물속에 빠져 있었다
평생 누군가의 뒷모습만 보아온 날들을
살얼음 끼는 물속에 헹궈버리고 싶었다

다리를 부러뜨려서
온몸을 물속에 던졌던 것이다
물속에라도 뒷모습을 챙기고 싶었다

의자가 물속에 든 날부터
물들도 제 가만한 흐름으로
등을 기대며 앉기 시작했다
물은 누워서 흐르는 게 아니라
제 깊이만큼의 침묵으로 출렁이며
서서 흐르고 있었다

허리 아픈 물줄기가 등받이에 기대자
물수제비를 뜨던 하늘이

슬몃 건너편 산 그림자를 앉히기 시작했다

제 울음에 기댈 수밖에 없는
다리가 부러진 의자에
둥지인 양 물고기들이 서서히 모여들었다

– 유종인, 「저주지에 빠진 의자」 전문

사물에 표정이 있다면 사람들은 쉽게 버리지 못할 것이다. 정든 물건일수록 더욱 그렇다. 그러나 감정을 표현하지 못하는 사물은 대부분 버려질 수밖에 없다. 물론 애착은 있겠지만, 낡고 하찮아지면 "부러진 나무 의자"처럼 소홀하게 취급된다. '의자'는 온전한 가치가 있을 때 분명 제 역할을 다했을 것이다. "다리가 부러"지도록 누군가에게 숨은 열정을 모두 드러내 준 의자. 우린 누군가를 위해 의자처럼 안락을 준 적이 있었는지 물음을 준다.

'저수지'의 푸른 물속에 버려진 '의자'를 따뜻한 시선으로 치유해 준다. 다리가 부러진 그래서 버려진, 이제 아무에게도 소용없는 '의자'를 새로운 자연적 공간으로 데려가 품는다. 버려진다는 것은 폭력적이다. 마치 "평생 누군가의 뒷모습만" 바라보며 열심히 살다 쓰러져 간 사람으로 재해석되면서 그를 위로하듯 시각적 이미지가 제시된다. 버려지기보다 더 넓은 세계에서 필요한 존재로 재탄생된다. 망가진 사물에도 따뜻한 '뒷모습'은 있으니까. "저수지에 빠진 의자"에 물이 등을 기대며 앉기 시작한다. 등 기댄 물에 물고기가 찾아들어 함께 휴식을 취할 수도 있다. 다른 자연물들과 스며들어 새로운 삶을 찾는 '의자'. 그들에게 필요한 이웃이 되어 물을 앉히고, 산 그림자를 앉히고, 물고기를 앉힌다.

자연과 함께라면 의자는 쓸쓸하거나 외롭지 않다. 우리가 사는 세상도 마찬가지로 표현될 수 있다. 진정한 행복이란 어디에 있든, 무얼 하든, 소외되지 않고 필요한 존재로 남는 것. 그리하여 서로의 존재에 희망이 되어 주는 것으로 재해석된다.

4) 연상 이미지의 감각 작용

이미지를 나열하여 적어 나갈 때는 각각 동질성 속에서도 이질적인 이미지를 추출할 수 있도록 연상해야 한다. 너무 거리가 가까운 시어로 연상하면 변화가 없어 단조로움을 주며 신선함이 떨어진다. 극적 이미지 효과를 주기 위해서는 시적 대상의 이미지를 탄력적으로 이끌어 줄 수 있는 시어를 선택해야 한다. 설명적 나열이 아니라 이미지와 이미지 사이에 긴장이 필요하기 때문이다. 스스로 낯설게 느껴지는 시어라면 독자도 낯설게 느끼면서 호기심을 가질 수 있다. 어울리는 언어의 질감을 찾아서 작품의 흐름을 제시해줘야 한다. 연상 작용에 의해 선명한 인상을 줄 수 있는, 강한 인상을 남긴 시가 잘 읽힌다. 이미지가 좋으면 독자는 따라오게 되어 있다. 상상의 폭을 전위적으로 치고 나가야 긴장감 있는 내밀한 전개가 이루어진다.

> 피아노에 앉은
> 여자의 두 손에서는
> 끊임없이
> 열 마리씩
> 스무 마리씩
> 신선한 물고기가

튀는 빛의 꼬리를 물고
쏟아진다.

나는 바다로 가서
가장 신나게 시퍼런
파도의 칼날 하나를
집어 들었다.

– 전봉건, 「피아노」 전문

2연으로 이루어진 짧은 분량 안에 청각적 이미지를 시각적 이미지로 바꿔주는 연상이 가득한 시이다. 피아노를 치는 "여자의 두 손"은, 피아노 건반을 튕기는 손가락은 "열 마리" 물고기가 튀어 오르는 것과 같다. 또한 피아노 연주가 더욱 빨라지면 "스무 마리" 물고기들이 춤을 추는 것처럼 느껴진다. 경쾌하고 생동감 넘치는 청각적 이미지의 피아노 연주 소리가 시각적 이미지인 "신선한 물고기"로 연상된다. "튀는 빛의 꼬리를 물고"는 소리를 시각화한 공감각적 이미지라 볼 수 있다. 물고기가 많아질수록 '나'는 신선한 생명력의 공간인 '바다'를 떠올린다. 피아노 소리가 "파도의 칼날"이라는 감동적인 선율을 이동하면서 확대되고 있다. 이러한 연상 작용은 무의식에서 떠오르는 현상이다. 연상 이미지에 의한 시상 전개 과정은 피아노 → 여자의 두 손 → 손가락 → 물고기 → 바다 → 파도 → 칼날로 이어진다. 생동감 있는 피아노 연주가 주는 감동을 감각적인 이미지로 선명하게 제시해 준다. 또 다른 시를 통해 연상 이미지의 감각 작용을 살펴보면 아래와 같다.

못에 걸렸다
뛰어넘다가
목에 걸린 못 때문에
여기까지

키가 자라면
저걸 뽑아야지
박힌 자리를 더듬더듬 기억하며

저것만 빼면 살 것 같다

다시 만나자
사람들은 작별을 고하며 갔다

목에 걸린 못 때문에
나는 여기에 있고
너를 사랑한다

점점 피 냄새가
없어지고
속을 파내면서
발버둥 칠 때

툭-
목이 뜯기는

— 손미, 「못」 전문

'나'는 어딘가로 떠나고 싶지만 '못'처럼 박혀있다. 우리는 일상에 걸려있어서 쉽게 떠나지 못한다. '나'를 붙잡고 있는 것들이 너무 많아 길들여진 곳이 아닌 밖으로 탈출하는 일은 늘 어렵다. 언젠가 무심코 문지방을 "뛰어넘다가" 바지나 치마가 못에 걸린 적이 있었을 것이다. 찢어진 옷에 덜미를 잡혀 잠시 머물렀던 "더듬더듬 기억하며" 현실을 견딘다. 이것만 하면 여기를 떠나야지, 이것만 하면 여기를 벗어나게 될 거야라는 생각들로 점점 깊어지거나 점점 물렁해지고 있다. 그러나 시간은 흐르고 사람들은 현실에 잠긴다. 모두가 떠난 빈집에 박힌 못이 아무도 모르게 녹슬듯, "점점 피 냄새가" 없어지는 후각적 이미지가 연상된다. 우린 목을 움직여 다양한 사람들을 만난다. 몸 안에 숨은 씨앗을 찾기 위해 필사적으로 누군가를 찾는다. 내 안에 숨어 있는 씨앗의 위치를 발견해 싹을 틔우려면 가장 적합한 대상과 상황을 적용해야 한다. 늘 똑같은 상황에 머무른다면 우리 몸 안에 촘촘히 박힌 씨앗을 찾아내기 어렵다. '나'는 지금 현실적 공간인 "여기에" 못 박혀 있다. 몸에 걸려 있는 못을 빼고 목을 움직여야 할 때, 툭 목이 분질러지고 만다. 연상 이미지에 의한 시상 전개 과정은 못 → 목 → 몸으로 이어진다. ㅁ이라는 자음에서 동일하게 출발하여 유사한 모양의 이미지로 풀어나갔다.

연상 이미지에 대한 감각적인 훈련을 연습하면 이상의 작품들처럼 연상이 가능해진다. 연속을 통해 주제는 하나로 하고 그것에 대한 행위는 여러 가지가 있음을 알 수 있다. 또한 하나의 사물이지만 갖는 모양은 보기에 따라 여러 가지이다. 여러 감각적 이미지를 통해 사물에 대한 인식의 깊이를 발견하면 된다.

제한 없이 머릿속에 떠오는 단어를 3분 내에 20개 정도 적어보

자. 단, 생각을 중단하지 말고 가능한 빨리 적고, 연상 도중에 의식의 단절이나 비약이 생기면 그 부분을 표시해 두자. 20개의 단어를 다 적었으면, 이들 사이에 작용하는 연상의 과정을 추적해 보도록 한다. 단어로 연상하는 방법 말고도 그림으로 연상하거나 정서로 연상되는 사물이나 상황을 적어보면서 연습해 보는 것도 시적 발상에 도움이 된다.

3 감각의 구체적 인식

이미지의 가장 중요한 인식은 감각적 체험을 되살려 여러 감각과 관련된 심층적 이미지를 찾아내야 한다. 같은 말을 자꾸 다르게 바꾸어 나가는 노력이 필요하다. 특정한 대상에 자꾸 다른 이미지를 대입시켜 나가면 잘 어울리는 이미지가 나타난다. 시인의 체험과 정서에 의해 구체적 인식이 감각적으로 표현된다.

시 창작에 대한 감각을 키우기 위해 미세한 관찰자의 눈이 필요하고 다감각을 활용할 때 구체적 인식이 이루어진다. 이질적인 이미지들의 융합으로 새로운 감각적 사고를 만들 수 있다. 때로는 생각하기보다, 그냥 가만히, 유심히, 자세히 시적 대상을 보는 편이 훨씬 효과적이다. 차츰 그 대상에 대해 많은 것이 보이면서 더 깊고 다양한 생각에 다다른다. 그리고 무언가 느낄 것이다. 다시 말해, 보고 느끼는 것이 곧 생각하는 것이 된다. 평소 사물을 새롭게 보려는 노력이 중요하다. 어떤 사물을 보는 순간 또 다른 사물이나 정황이 떠올라야 한다. 이토오 게이이치 시인은 저서 『서정시 입문』에서 한 그루 나무를 관찰하는 차이에 대해 다음과 같이 단계화했다. 아래의 유형을 살펴보고 나는 어느 단계에 속하는지 생각해 보자.

① 나무를 그대로 나무로서 본다.
② 나무의 종류나 모양을 본다.
③ 나무가 어떻게 흔들리고 있는가를 본다.
④ 나무의 잎사귀가 움직이는 모양을 세밀하게 살펴본다.
⑤ 나무속에서 승화하고 있는 생명력을 본다.
⑥ 나무의 모습과 생명력의 상관관계에서 생기는 나무의 사상을 본다.
⑦ 나무를 통해 나무 그늘에 쉬고 간 사람들을 본다.
⑧ 나무를 매개로 하여 나무 저쪽에 있는 세계를 본다.[10)]

시적 대상에 따라 의미나 연결이 일상적 방식일 때는 일상적 문장이 된다. 본래 의미보다 구체화, 확대, 내면화할 때는 문학적 문장이 된다. 예를 들어, 설명하면 일상적 문장 "꽃이 피어 있다"를 문학적 문장 "꽃이 그녀의 미소처럼 웃고 있다"로 표현할 수 있다. "그녀의 미소처럼"이라는 비유가 담겨 "웃고 있다"가 구체적 감각화가 이루어졌다. 감정 묘사도 관찰로부터 이루어진다.

시 창작에 있어 체험은 있는 그대로 나타내기보다 구체적인 체험

---

10) ①~④단계 : 자연 시각적(외형적 관찰)
⑤~⑧단계 : 대상에 대한 의미화(내면적 관찰)

을 재구성하여 서정과 서사를 결합시켜 나타낸다. 이때 시 속에 숨어있는 기승전결이 담긴다. 시적 감각을 구체적으로 인식하기 위한 방법이 바로 체험에 대한 관찰인데, 거창한 것보다 일상적인 것을 대상으로 삼는다. 그 대상에 대해 전체를 살핀 후 지배적인 정황을 포착하여 부분을 내밀하게 관찰하는 것이 감각적인 시적 통찰에 이르는 시적 발상의 방법이라 볼 수 있다.

성은주

2010 《조선일보》 신춘문예 등단. 한남대 강사.

Ⅱ 시각적 이미지의 시적 변용

1

인간은 사물과 자연 등의 복잡한 형태를 지각할 때 온몸의 감각 기관을 활용한다. 시인은 그것들을 머릿속에서 단순화시키거나 혹은 용이하게 이해할 수 있는 형태로 바꿔 감각화한다. 유영희는 "머릿속에 담겨 있는 사고는 구체화의 형태를 띠지 못하는 경우가 많다. 사고를 눈에 보이는 매체로 전환했을 때, 진정한 의미에서의 주체의 세계에 대한 인식은 완성된다."[1]고 말한다. 이러한 지각 방식은 시적 표현에서 특히 긴밀한 작용을 갖는다.

시의 이미지는 시적 상상력을 구체화하여 독자에게 보여준다. 시인은 실체를 파악할 수 없는 추상적인 관념도 구체화할 수 있는 심성과 능력을 가지고 있기 때문에 이해하기 어려운 세계를 나름의 방법으로 표현한다. 시에 표현된 이미지는 우리의 고착화된 의식세계와 고정 관념에 충격을 던져주어 이전의 굳어버린 언어들을 새로운 옷으로 갈아 입힌다.

1) 유영희, 『이미지로 보는 시 창작교육론』, 역락, 2003, 137쪽.

2

시는 이미지의 저장고이다. 좋은 시를 읽은 독자는 시에 나타난 이미지를 통해 사물 혹은 세상에 대해 전율을 느끼거나 이전에 받지 못한 큰 감동을 느낀다. 조지훈은 「僧舞」를 완성하기까지 "구상한 지 열한 달, 집필한 지 일곱 달 만에 겨우 이루어졌다"[2]고 밝힌 바 있다. 우리는 조지훈의 시작 방식처럼 시는 쉽게 구상되고 집필되는 것이 아니라 고심의 단계를 오랜 시간 거쳐 완성되는 것임을 확인할 수 있다.

우리는 시인이 한 편의 시를 창작할 때 나름의 독특한 언어의 감각적 매개 수단을 필요로 함을 알 수 있다. 루이스(C. D. Lewis)는 문학의 이미지를 "언어로 만들어진 그림"으로 정의하고, 송수권은 "상상력이야말로 통찰에 의한 직관의 세계"라고 말한 바 있다. 또한 엘리어트(T. S. Eliot)는 "예술 형태에 정서를 표현하는 유일한 방법은 객관적 상관물에 의존한다"고 강조한다. 그의 말을 빌리면 "시는 사물과의 거리에서 객관화된 정서로 구조화"되는 것이다.

시를 읽을 때 자연스럽게 떠오르는 머릿속 그림(심상 내지 이미지)은 작품의 어휘와 운율 그리고 어조 등에 의지한다. 이러한 요소들에 기대어 대체로 시인들은 시의 효과를 극대화시키는 방법으로 이미지 기법을 활용한다.[3] 이미지의 분석은 감각의 종류를 따지는

2) 조지훈은 「僧舞」가 하루 아침에 이루어지지 않았음을 강조하면서 자신의 시작 과정의 상세한 내용을 『시의 원리』에 실었다.(조지훈, 『시의 원리』, 「시의 비밀」, 현대문학, 1993, 175~180쪽.

3) 이재훈은 「이형기 시 연구」에서 이형기의 초기시를 중심으로 이미지 유형

일이 기초 작업이 되어야 하며, 이것이 환기하려는 정서를 찾아내야 한다.

시각적 이미지(visual image)는 명도, 채도, 질감 등의 세심한 편차를 지니며 나타난다. 청각적 이미지(auditory image)는 기본적으로 시는 리듬이라는 청각적인 형상에 의존하지만 특정한 효과를 발휘할 때도 나타난다. 그 외 미각적 이미지(gustatory image)와 후각적 이미지(olfactory image)는 서로 밀접한 관련을 갖고 함께 나타나는 경우가 많다. 촉각적 이미지(tactile image)는 피부 감각, 전신 감각까지 포함하는 이미지군이다.

좋은 시 한 편을 꼼꼼히 읽은 독자는 그 시를 머릿속에 그릴 수 있다. 이미지 기법은 감각적 기능과 연관하여 시인의 정신세계를 구체적으로 보여준다. 즉, 시인은 내면세계를 표현하는 데 있어 감각적 이미지를 중심으로 한다. 특히 시각적 이미지와 청각적 이미지는 시인의 의식 세계와 의미를 전달하는데 그 효과가 탁월하다. 이미지는 작품 속에 구체적으로 존재하면서 의미를 전달함과 동시에 의미의 폭을 넓히기 때문이다.

다음에 작품 속에서 핵심적으로 작용하고 있는 시각적 이미지들의 효과에 대해 살피고, 시인이 지향한 의식 세계를 통해 작품을 읽는 우리들의 인식의 폭을 넓히도록 하자.

을 분석하였다. "시에서의 이미지는 전달하고자 하는 시인의 관념이나 독특한 감수성을 보다 구체적으로 전달하는 방법이다. 즉, 이미지가 시인의 내면과 객관적 상관물로 등가를 이루고 시인으로 하여금 그 이미지에 존재를 쏟아넣게 한다."(이재훈, 「이형기 시 연구」, 중앙대학교 석사논문, 2000. 38쪽.)

3

이미지는 내면세계와 경험의 감각화로 이루어진 산물이다. 특히 감각적 이미지[4)]는 감각 기관에서 이루어진 정신의 발현이다. 이것은 하나의 사상이나 정서가 감각을 통해 심리 현상 속에 독특한 인상 체계를 형성한다. 이미지 표현을 살피면 그것이 모두 감각적 사고와 관련을 맺고 있음을 알 수 있다. 즉 'mental imagery'라고 불리는 감각 이미지와 연관된다. 즉, 시인이 자신의 사고를 감각적 사고로 전환하기 위해선 관념적인 표현을 구체화시키는 작업이 이루어져야 한다.

감각적 이미지는 단순한 의미의 전달이나 관념의 도구가 아니다. 이것은 상상 그 자체로 쓰이면서 어떤 감각적 분위기를 연출한다. 감각적 사고는 시인의 의식 세계에서 확대된 의미망을 새롭게 구체화하여 표현한 것이기 때문이다. 시의 대부분의 이미지는 우리가 보고, 듣고, 느끼고, 지각할 수 있는 것으로 표현되는 경우가 많다. 그것은 시인이 인지한 세계를 독자 역시 그러한 감각 기관들을 자극할 수 있다는 말이다. 감각적 기관들을 활성화하는 일차적인 태도가 시를 창작하려는 자의 기본이라 해도 과언이 아니다.

시인들이 주로 시에 기대는 감각 기관은 시각과 청각이다. 시각적 이미지는 대상의 모습을 구체화시킴으로써 주제 의식을 선명히 드러낼 수 있다. 또한 청각적 이미지는 시각적 이미지와 함께 주로

4) 이미지는 일반적으로 감각적 이미지, 비유적 이미지, 상징적 이미지로 나누어진다. 두 개 이상의 다른 감각이 합해진 형태를 공감각이라고 한다.

다뤄지는데, 그것은 대상을 바라보는 시인의 시각을 좀 더 명료하고 생동감 있게 표현하여 주제를 효과적으로 표출하기 위함이다. 즉, 이 두 감각적 이미지를 통해 눈앞에 선명히 그려지는 시의 구체성과 생동감이 감각과 정서를 환기시킬 수 있다.

다음 세 편의 시에서 자연물을 대상으로 하여 그것을 객관적으로 응시한다. 특히 임강빈의 「冬木」은 겨울나무를 바라보는 시인의 시각적 이미지가 주도적이다.

한 뿌리에서 자란
나뭇가지
그 가지와
가지 사이에 생긴 間隔
겨울엔 너무 빤히
그것이 보인다
바람 끝에
멈추는 寂寞이
내 뼈마디를 흔들어 주곤 한다.
줄곧 나는
왜 한 나무만을 보아왔을까.
한 뿌리에서 자라
그 가지와
가지 사이에 생긴 間隔
그 사이로
하루를 오르내리는
비탈길이 보인다.

밤을 한층 춥게 하는
별이 보인다.

– 임강빈, 「冬木」 전문

이 시 「冬木」에서 화자의 내면 목소리는 잔잔한 어조로 표출된다. 화자가 '冬木'을 통해 내면의 진실된 심정을 차분한 목소리로 전달함으로써 이 시의 분위기를 효과적으로 전달한다. 화자는 겨울나무 가지 사이에 생긴 '간격'을 바라보고 있다. 화자는 겨울의 고요와 쓸쓸함을 통해 내면의 세계를 깊이 되새긴다.

화자는 잎사귀들이 무성했을 때 미처 바라보지 못한 마른 나뭇가지 사이의 간격을 바라보고 있다. 화자는 "왜 한 나무만을 보아왔을까" 회한의 심정을 토로하며 대상과의 관계 맺음에 충실하지 못했음을 깨닫는다. 화자는 하루하루 숨 가쁘게 오르내린 생을 되짚으며 '가지'와 '가지' 사이의 거리를 통해 존재의 '비탈길'을 객관적으로 주시한다. 즉, 화자는 "가지 사이에 생긴 간격 그 사이"에서 '비탈길'을 오르내리는 자신의 모습을 발견한다. 화자가 걸어 왔던 생은 비탈길처럼 고달프고 험난하다. 그러나 시인은 어둔 밤 자신으로 하여금 세상을 감싸 안으려는 '별'의 자세로 그 거리를 극복하고자 한다. 화자는 거리의 간격으로 생긴 쓸쓸함과 적막감을 극복하려는 의지를 '빛'으로 형상화하여 보여준다.

화자의 시점은 눈을 통해서 이동한다. '줄곧' '한 나무'만 보아 온 화자는 겨울나무의 초라하고 황량한 나무의 가지들에 눈을 돌린다. 시인의 내면이 직접 눈을 통해 구체적으로 잘 드러난다. 또한 독자가 시에 객관적으로 개입하여 상상과 의식의 폭을 넓혀준다.

그대 보이지 않는 것은
없어진 것이 아니라
수미산이 가려 있기 때문이리

그대 미소가 보이지 않는 것은
없어진 것이 아니라
잎새에 가려 있기 때문이리

그대 목소리가 들리지 않는 것은
없어진 것이 아니라
바람 속에 묻혀 있기 때문이리

아 두고 온 얼굴을 찾아
하늘로 솟구치는 몸부림
그대 가슴에 뚫린 빈 항아리에
담고 담는 반복이리

– 최원규, 「달」 전문

이 시는 서술어 '~ 때문이리'의 반복 어조로 운율미를 갖추며 내용의 층위를 점점 확장시킨다. 눈에 보이지 않는 형상을 보고자 하는 화자의 시각이 점층적으로 확장된다. 점점 확대되는 화자의 시각은 상승 지향적이다. 즉, 화자의 눈은 먼 곳(수미산)에서 가까운 곳(잎새)으로, 그리고 초자연적인 것(바람)으로 이동한다. 그러나 화자는 눈을 통해 형상의 진실을 볼 수 없음을 깨닫는다. 결국 화자는 '두고 온 얼굴'을 찾아 '빈 항아리'에 화자의 '몸부림'을 '담고 담'

는다. 이러한 '반복' 행위는 화자가 본질의 형상을 쉽게 볼 수 없다는 것을 거듭 깨닫고 있음을 말한다. 이것은 오로지 실체의 부정을 통해 본질의 깨달음에 닿을 수 있음을 의미한다.

'달'이라는 초자연적인 물체를 바라보면서 화자의 눈은 반복적으로 움직인다. '얼굴' 즉 달은 화자가 초자연적인 것에 대한 경이로움과 그리움의 대상이다. 초탈할 수 없는 그 곳은 '빈 항아리'이며, 그 곳은 화자가 담고 담아야 하는 대상이다. 즉, 생의 본질을 깨달기 위해 끊임없는 노력이 이어지는 길이다.

> 네 손을 잡고 돌계단을 오르고 있었지.
>
> 돌계단 하나에 석등이 보이고
> 돌계단 둘에 석탑이 보이고
> 돌계단 셋에 극락전이 보이고
> 극락전 뒤에 푸른 산이 다가서고
> 하늘에는 흰구름이 돛을 달고 마악
> 떠나가려 하고 있었지.
>
> 하늘이 보일 때 이미
> 돌계단은 끝이 나 있었고
> 내 손에 이끌려 돌계단을 오르던 너는
> 이미 내 옆에 없었지.
>
> 훌쩍 하늘로 날아가 흰구름이 되어버린 너!

우리는 모두 흰구름이에요, 흰구름.
육신을 벗고 나면 이렇게 가볍게 빛나는
당신이나 저나 흰구름일 뿐이에요.
너는 하늘 속에서 나를 보며 어서 오라 손짓하며 웃고
나는 너를 따라갈 수 없어 땅에서 울고 있었지.
발을 구르며 땅에 서서 울고만 있었지.

– 나태주, 「돌계단」 전문

나태주의 시 「돌계단」에서도 서술어미 '~고'의 반복 어조로 인해 시의 운율미를 획득한다. 이 시는 앞의 시와 마찬가지로 세계를 바라보는 시인의 눈이 상승 지향적이다. 석등 → 석탑 → 극락전 → 푸른 산 → 흰구름으로 시각의 이동이 매우 동적이다. 감각의 실체는 사실적 현상물에서 점차 초자연적인 곳으로 향한다. 화자의 시각이 의도적으로 층위화되고 있음을 알 수 있다. 이것은 현실을 초탈하여 바라보려는 시인의 의식을 암시하고 있다.

화자는 '너'와 손을 잡고 '돌계단'을 오른다. 화자의 눈앞에 하나하나의 현상들을 보면서 '극락전'에 오르고 하늘가에 닿는다. 그러나 '하늘'이 보일 때 함께 손을 잡고 오른 '너'는 '흰구름'이 된다. '육신'을 벗고 가볍게 빛나고 있는 삶 저 편의 '너'는 세속에서 느끼는 허무감과 치열한 경쟁의 손을 놓은 이상향의 세계이다. 힘들게 오른 돌계단 끝에서 화자는 비로소 손잡았던 세속의 문제를 깨닫고 그가 지향하는 삶의 자세가 초탈적임을 알게 된다. 그리하여 초자연 속에서 세속의 문제를 벗어나고자 하지만 이상향의 세계를 따라갈 수 없음에 '울고만 있'다. '울고 있었지', '울고만 있었지'라는 과거 시제와 조사의 강조를 통해 화자가 과거에 이상향의 세계를 간절히 바라고 있었음을 보여준다. 화자는 현실 세계에서 실현하지 못한 이상향의 세계에 대한 동경을 안타까운 어조로 드러내고 있다.

4

세 작품은 시각적 이미지를 통해 시인의 의식 세계를 표현한다. 그리고 대상의 이미지를 구체적으로 형상화하여 동적인 미적 효과를 얻고 있다. 시인이 눈으로 본 세계는 그가 극복하고자 하는 세계이다. 극복의 세계는 세 시인 모두 현상 세계 너머의 이상적 세계를 꿈꾸는 자세로 나타난다. 이러한 자세는 현실에 대한 문제 의식과 연관된다.

시인들이 현실을 인식하는 자세는 각각 구체성을 획득하여 독자로 하여금 객관적인 눈을 갖게 한다. 독자는 세 편의 시를 꼼꼼히 읽을 때 감각과 정서를 환기하며 시의 묘미를 맛볼 수 있을 것이다. 시를 읽고 감각적 이미지를 이해할 수 있는 능력을 갖추고, 이 능력을 바탕으로 독자가 자신의 삶을 성찰하고 새로운 삶을 설계할 수 있게 되는 것은 매우 중요하다.

박 송 이

2011년 ≪한국일보≫ 신춘문예 등단. 한남대학교 강사.

Ⅲ 시 창작의 비유 원리와 기법

1 비유의 개념과 원리

시적 표상의 가장 기본이 되는 형태인 비유는 인간의 언어로서 축적되며, 사전적 의미로는 어떤 현상이나 사물을 그와 비슷한 다른 현상이나 사물을 끌어대어 표현하는 일이다. 비유는 우리가 어떤 특별한 의미나 효과를 얻기 위해 일상적인, 또는 보편적인 단어의 의미와 그 단어의 연결체로부터 벗어나는 표현 형태를 사용할 때 많이 사용하는 수사법 중 하나이다. 우리가 시에서 탐구하는 것은 자연이나 현실 생활에서 맛볼 수 없는 독특한 체험의 형태이다. 시는 그것을 가락이나 심상으로 구현할 수 있고 그 표현 매체를 언어로 삼는다. 그러니까 시는 그 말들을 아주 독특하고 기능적으로 사용하여 체험의 묘미를 효과적으로 달성할 수 있어야 한다.

시 창작의 원리인 비유는 수사적 기교나 장식에 그치는 것이 아니라 자신이 발견하고 창조해낸 의미나 진실, 그리고 새로운 세계를 시적 공간에 형성해 놓는다. 그리고 이것은 시인의 상상력과 직관에서 나오는 불꽃이며 빛이다. 즉, 비유적 언어를 통해서 자신만이 새롭게 발견하고 창조한 사물의 모습과 의미를 드러내 놓는다. 여기에는 상상력과 개성과 독창성이 바탕이 되므로 비유야 말로 시 창작의 가장 중요한 원리가 된다고 할 수 있다.

비유 형성의 가장 기본적인 원리는 유추이다.[1] 유추란 한 대상이 다른 대상과 어떤 부분에 있어 비슷한 성질을 가지고 있으리라고 추정해 내는 추리 작용을 말한다. 비유의 근거로서 수사적 용어를 사용한다면 비유는 원관념과 보조관념의 결합으로, 비유의 근거는 유추, 즉 두 사물 사이의 유사성 또는 연속성에 있다.

그대는 겨울엔 따스한 난로 이었어
그대가 떠날 때는 몰랐지만 그 후
추위에 몹시도 떨어야했지

그대는 봄날엔 곱디고운 꽃동산 이었어
그대가 떠날 때는 몰랐지만 그 후
더위에 심하게 시달려야했지

그대는 바다에 가면 밀물 이었어
그대가 떠날 때는 몰랐지만 그 후
썰물처럼 저만큼 허탈함만 남았지
우러러 보이는 높은 하늘
가을의 아름다운 빛깔에서

1) 김용직 · 장부일, 『현대시론』, 한국방송통신대학교 출판부, 2007, 123쪽.

모두가 지울 수 없는 그대의 몸짓이었음을
이제야, 알아보며 뜨겁게 미소 짓는다

– 박종국, 「그대는」 전문

위 시에서 '그대'는 원관념이요, '따스한 난로', '곱디고운 꽃동산', '밀물'은 보조관념이다. 원관념에 여러 가지 보조관념을 결합시켜 비유를 형성하고 있다. 그런데 이러한 비유를 이루는 원관념과 보조관념은 각기 다른 이질적인 대상들이다. 우리는 여기에서 서로 다른 대상들이 어떻게 서로 결합할 수 있는지, 즉 서로 결합할 수 있는 근거가 어디에 있는지 살펴볼 필요가 있다. 이를 통해서 우리는 비유의 원리를 발견할 수 있기 때문이다.

이질적인 대상이 서로 결합하여 비유를 만들 수 있는 근거는 바로 동일성 내지 유사성에 기인하는 것이다. 그러니까 각기 다른 사물의 이질성 속에서 발견한 동일성 혹은 유사성이 비유의 원리가 되는 것이다.

「그대는」은 관념적이면서도 주관적인 시이다. 이 시에 대한 느낌은 고정의 틀에 박혀 있는 것이 아니기 때문에 수시로 변화하는데 그래서 난로 같이 따스한 느낌이 드는가 하면 때로는 곱디고운 꽃동산으로 때로는 시원한 밀물과 썰물로서 허탈함을 갖게 한다. 이러한 주관적인 느낌들이 '그대'라는 대상에서 받는 인상과 서로 닮았다. 즉, 서로 동일성을 지니고 있는 것이다. 물론, 이러한 동일성의 발견은 과학적 법칙을 찾아내는 것처럼 객관적인 논리에 기초하지 않는다. 이는 상상력을 통해서 얻어지는 것이다. 그래서 비유의 바탕에는 반드시 상상력이 깔려 있게 된다.

달리고 있었다
눌리는 현기증에 명치끝 아려 와도
소리에 귀 기울이며
혼돈에 온몸 요동을 친다
수없이 헝클어진 내 안의 뿌리
끝없이 달렸지만
난, 그 안에 있었다

소리치고 있었다
가슴속 핏덩이가
무게 되어 달려와도
인내의 쓰라림으로
구석구석 채찍질 하며
내 안에 쏟아지는 빗줄기
끝없이 소리쳐도
난, 그 안에 있었다

어둠 이고 달리는 욕망의 내력들

– 이혜경, 「바퀴」 전문

좋은 비유에는 대상에 대한 새로운 이미지를 만들어 내는 힘이 있다. 우리가 '바퀴'라는 대상을 생각할 때 무엇인가를 향해 열심히 달리고자 하는 역동적인 운동성을 떠올리게 된다.

위 시에서는 '바퀴'로 부터 '욕망'이라는 새로운 이미지를 보여주고 있다. '욕망'은 누리고자 탐함으로써 부족을 채우려고 바라는 마음이다. 늘 달릴 것을 준비하는 바퀴를 이 '욕망'에 비유함으로써 에 전에는 결코 느낄 수 없었던 확장된 이미지를 '바퀴'에서 발견하게 된다. 이처럼 시는 비유를 통해서 이전의 낡은 이미지도 새로운 것으로 거듭나게 할 수 있는 것이다.

2 비유의 종류와 기법

1) 단일 비유

단일 비유는 비유가 작품 전체를 지배하는 것이 아니라 부분적으로 쓰이는 것인데, 시인이 그 의도를 직접적으로 드러내기를 원할 때 쓰인다.

> 수면을 박차고 오르는 가창오리를
> 물보라가 따라 붙는다
>
> 저수지에 빠뜨린 제 그림자에게
> 덜미를 잡힌 가창오리
> 날개가 일으킨 파문이
> 목에 걸린 동아줄처럼 조여든다
>
> 가창오리 그림자 흔들리는 만큼
> 물그림자 흔들린다.

가창오리 그림자 업고 가라앉는 물그림자
바닥까지 잠긴 가창오리 그림자

물의 지옥에서 누가 자꾸 끌어당기는가
빈 몸뚱이만 물 위에 떠서
하염없이 발을 젓고 있다

– 고영, 「그림자」 전문

언뜻 보아도 나타나는 바와 같이 이 작품에서 주제어에 해당되는 것은 '그림자'이다. 이 작품은 거의 전편이 이 주제어를 비유로 제시해 놓은 것처럼 보인다. 그림자는 가창오리가 날개를 저을 때마다 가창오리의 덜미를 잡고, 그 파문은 물보라가 되어 가창오리의 목에 걸린 동아줄처럼 조여 온다. 그 파문은 물그림자를 흔들리게 하고 그 물그림자는 저수지 바닥, 고통의 심연까지 가창오리를 끌고 간다. 고통이 소용돌이치는 물의 지옥에서 누군가가 자꾸 끌어당기는데, 가창오리는 그 고통의 바닥에 빠지지 않으려고 필사적으로 물위에 떠서 발을 젓고 있다.

첫째 연에서 다섯째 연까지의 주제는 역시 그림자인데, 형식상 다섯째 연은 비유가 아니라고 할 수도 있다. 그러나 앞에서 이미 '그림자'는 심하게 의인화되어 있으므로 이 부분 역시 그 함축적 의미는 순수한 상태의 진술로 그치지 않는다. 이처럼 비유가 작품 전체를 지배하는 것이 아니라 부분적으로 쓰여진 비유를 단일 비유(單一比喩)라고 한다.

2) 확충 비유

확충 비유는 작품 전체가 비유로 이루어지면서 비유와 비유 사이에 그 나름의 유추 관계가 빚어지고 그에 따라 의미, 심상의 작용이 이루어지는 비유이다. 주로 시인이 정서나 가락을 총체적으로 자아내고자 할 때 쓰인다.

꺼내기 힘든 말들의 깊은 한숨
가슴에 물 흐르는 소리 들리는 사람
만나러 떠난다
할 말 너무 많아 말을 아끼는
표정만 가득한 사람 키우는 새벽
하얀 언어들이 난무하는
이른 봄 산책길에서
그를 만난다

– 이희영, 「서리꽃」 전문

이 시는 우리가 제목을 알 수 없다면 도대체 무엇을 시화한 것인지 모호하게 구성되어 있다. 이 작품에 제재가 되고 있는 것은 제목에 나타난 '서리꽃'이다. 그리고 여기서는 작품 전체가 '서리꽃'을 표상하기 위한 비유로 되어 있다. 구체적으로 그것은 2행에서 "가슴에 물 흐르는 소리 들리는 사람"이라든가 "표정만 가득한 사람"으로 전이가 이루어졌다. 시의 첫 행에서 마지막 행까지 '서리꽃'을 비유로 제시하고 있는 것이다. 이와 같이 작품 전체가 비유로 이루어지면서 비유와 비유 사이에 다시 그 나름의 유추 관계가 빚어지고,

그에 따라 의미와 이미지의 상승 작용이 이루어진다. 이런 비유를 우리는 확충 비유라고 한다.

서정시의 기본 원리에 입각하여 정서나 가락을 총체적으로 자아내고자 할 때 확충 비유를 많이 쓰며,[2] 대체로 시 창작에서는 확충 비유를 많이 쓰는 것이 바람직하다고 할 수 있다. 그만큼 폭넓은 의미의 확대와 시적 묘미를 자아낼 수 있기 때문이다.

3) 직유의 종류와 기법

직유란 두 가지 사물 또는 관념을 '같이, 처럼, 듯이, 인양, 같은, 만큼, 같고' 등의 연결어로 결합하여 표현하는 비유이다. 이것은 시적 기능의 가장 기본적인 형식이라고 할 수 있다.

직유는 관계사로 직접 결합되므로 비유의 정도가 명확하고 명시적인 반면, 비유의 밀도가 약한 것이 약점이라고 하겠다. 비유의 정도가 명쾌한 만큼 우리의 상상력이 개입할 여지 또한 차단될 수 있는 것이다. 따라서 새로운 사실을 발견하여 참신한 체험을 가능케 하는 은유보다는 저급한 비유 양식으로 이해되기도 한다.

그러나 직유만으로 구성된 작품은 드물고 직유와 환유, 그리고 은유 등이 서로 교환 작용하여 생동감 있는 문맥을 형성할 뿐만 아니라 확장된 직유 형식으로 단순성을 극복하고 있으므로 크게 염려할 것은 아니라고 하겠다. 직유는 논자에 따라 여러 종류로 세분하기도 하나 크게 단순 직유와 확장 직유로 나눌 수 있다.

---

2) 김용직 · 장부일, 앞의 책, 145쪽.

(1) 단순 직유

단순 직유는 원관념과 보조관념의 관계가 비교적 간결하여 그 의미를 파악하기가 용이하다. 그러나 이것이 즉각적이고 단편적이기만 한 것은 아니다. 다만 확장 직유에 비하면 상대적으로 단순한 형식을 갖추고 있는 것은 사실이다.

> 님의 입술 같은 연꽃이 어디 있어요
> 님의 살빛 같은 白玉이 어디 있어요
> 봄 호수에서 님의 숨결 같은 잔물결을 보았습니까
> 아침볕에서 님의 미소 같은 방향을 들었습니까
>
> – 한용운, 「님의 얼굴」 부분

이 시는 '님의 얼굴'을 주된 모티프로 형상화시키며 매우 개성적으로 표현을 하고 있다. 미인의 입술을 전통적으로는 '앵두 같은 입술'로 표현하지만 여기에서는 '연꽃 같은 입술'로 표현했는데, 그것도 바꾸어 교묘하게 "님의 입술 같은 연꽃이 어디 있어요"라고 표현하였다. "살빛 같은 백옥이 어디 있어요" 역시 일상적인 표현이 아닌 원관념과 보조관념이 치환된 상태다. "아침볕에서 님의 미소 같은 방향을 들었습니까"는 '미소'라는 시각적 이미지의 시어를 "방향을 들었습니까"라고 표현함으로써 청각화하고 있다.

만해 한용운의 시 「님의 얼굴」은 님의 아름다운 얼굴을 여러 가지 사물을 통해 표현함으로써 님을 향한 절대적 사랑을 표현하고 있다. 이렇게 보면 단순 직유도 그리 간단치 않다는 것을 확인하게 된다.

(2) 확장 직유

확장 직유는 원관념에 여러 보조관념이 결합되어 단순 비유 체계를 보다 입체화・다양화하는 것을 말한다.[3] 따라서 유추 관계를 이해하는 것은 그리 간단한 일이 아니며 보다 다각적인 조명 감각이 요청되는 것이다.

오늘 차디찬 보도블록 위에서 만난
너는 막 터트린 꽃술의 꽃가루 같고
너무 향긋해
코가 뒤집어지는 것 같고

아니 번쩍이는 물고기 같고
물이 출렁이는 폭포수 같고
혹은 깊은 밤
문득 변하는 바람소리 같고

— 이혜경, 「조그만 사랑」 부분

'너'는 1연에서 "막 터트린 꽃술의 꽃가루"로, 2연에서는 '물고기', '폭포수', 변덕스런 '바람'으로 비유된다. 이는 그만큼 '너'에 대한 파악이 쉽지 않음을 말해주는 것이다. "문득 변하는 바람소리" 같다는 것은 이를 잘 드러내준다. '너'에 대한 실체 파악이 불가사의한 것은 이질적인 보조관념들이 유사성과 상이성의 원리에 의해 입체적으로 결합하여 '너'의 실체를 보조적으로만 드러내고 있기 때문이다. '너'

3) 김학동・조용훈, 『현대시론』, 새문사, 1997, 114쪽.

에 대한 직접적인 진술 없이 '너'를 환기하는 여러 대상을 비유하고 이를 나열할 뿐이어서 우리의 상상력은 그만큼 강한 자극을 받게 되는 것이다. 사랑하는 '너'를 마주한 '나'의 심리 상태가 하나로 고정되지 않고 다양하고 생동감 있게 표현됨으로써 사랑의 감정이 입체화된 것이다.

확장 직유는 이처럼 하나의 원관념에 여러 보조관념이 결합되어 그 의미의 진폭을 크게 하는 것이 특징이다. 위의 작품에서 '~같고'라는 매개어만 없다면 위의 비유 양식은 은유의 기법과 유사할 정도로 체험의 진폭이 크다고 말할 수 있다.

4) 은유의 원리와 기법

시에서 은유는 단순한 의미 전달의 차원에서 그치는 것이 아니라 이미지의 새로운 발견은 물론이고 새롭고 경이로운 체험을 가능케 하는 시의 형성에 깊게 관여한다는 것을 알 수 있다.

새로운 의미 체계를 형성하기 위해서 은유는, 유사성에 기초한 동일성의 원리를 기본으로 하면서도 때로는 비동일성의 원리가 적용되어 긴장과 대립을 동반하게 된다.[4] 유사성을 단순한 동일성으로만 설명할 수 없는 이유 또한 유사성 자체가 차이를 동반하는 것이기 때문이다. 우리가 쌍둥이를 보고 닮았다고 느낄 수 있는 것은 무의식적으로 '닮음'에 앞서 '차이'를 전제하고 있기 때문이라고 해도 과언이 아니다. 이처럼 은유는 차이와 유사성을 통해 조화와 갈등의 미학을 창출하는 것이다.

---

4) 김학동 · 조용훈, 앞의 책, 149쪽.

(1) 동일성의 원리

우리가 시에서 은유를 거론한다는 것은 유사성과 인접성을 염두에 두는 것이다.[5] 직유를 설명할 때 언급한 것처럼 원관념(tenor)이란 드러내고자 하는 사상이나 정서를 의미하고 보조관념(vehicle)은 원관념을 드러내는 수단이나 표현 매체를 의미한다. 원관념과 보조관념이 '~처럼', '~같이', '~듯이'의 매개어로 결합되면 직유로, 매개어 없이 'A는 B이다.'의 형태로 결합되면 은유로 파악한다.

따라서 시에서 중요한 것은 은유가 단지 단순한 의미 전달에 있는 것이 아니라, 직유에서 살핀 것처럼 원관념과 보조관념의 다양한 결합에 따라 새로운 미적 체험과 새로운 의미의 창출까지 확장되는 데에 있다고 하겠다.

비유의 형식이 단순 비교가 아니라 A가 B가 되는 전이의 형태로 나타나므로 의미의 함축과 울림의 진폭이 매우 큰 것이다.

가는 비여 가는 비여
가는 저 사내 뒤에 비여
미루나무 무심한 둥치에도
가는 비여
스물도 전에 너는 이미 늙었고
바다는 아직 먼 곳에 있다
여윈 등지고 가는 비
가는 겨울비
잡지도 못한다 시들어가는 비

— 김사인, 「비」 전문

5) C. Brooks & R. P. Warren, 『*Understanding Poetry*』, New York : Holt Rinehat & Winston, 1976, 555쪽.

이 시에서의 원관념은 '비'라는 것을 쉽게 파악할 수 있다. 문제는 이러한 원관념을 드러내는 보조관념일 것이다. 비는 작품에서 "이미 늙은 비", "여윈 등지고 가는 비", "시들어 가는 비" 등으로 비유된다.

우리는 이와 같은 'A=B'의 동일화에서 겨울비에 대한 정서를 시각적으로 리드미컬하게 구사하고 있다는 것을 알 수 있다. 이것은 절제된 언어의 표현으로서 수척한 사내의 쓸쓸한 정서가 숨어있는 서정적 분위기를 느낄 수 있다.

'비'라는 단순한 물질을 물질로서 인식하지 않고 시인의 정서가 투사된, 시상전개법으로서 가버리는, 혹은 이별한 사내의 등 뒤에 내리는 비를 표현하고 있다. 이것은 겨울비를 통해 이별 또는 사랑을 표현한 것으로서 극도의 함축과 절제미를 자아내고 있는 경우이다. 자연과 인간의 교감이 절정을 이루며 겨울비 속을 걸어가는 수척한 사내의 쓸쓸함과 안쓰러움이 극도의 서정성으로 표현되고 있기 때문이다.

그만큼 은유는 작품 속에서 우리의 상상력을 자극하고 새로운 의미를 창출하는데 필수적인 요소로 작용하는 것이다. 그만큼 시적 표현과 형상화에서는 은유가 중요한 원리로 작용하는 것이다.

(2) 비동일성의 원리

은유는 차이성 속의 유사성(similarity of difference)을 필요충분조건으로 하나 오히려 유사성보다는 차이성을 강조함으로써 새롭고 신선한 이미지를 창조한다.[6] 이때는 원관념과 보조관념 사이의 결합이 이질적으로 이루어지므로 팽팽한 긴장 관계가 조성된다. 마치

6) 김학동 · 조용훈, 앞의 책, 151쪽.

수소 원자와 산소 원자가 결합되기 이전과 결합된 후의 물의 상태가 이질적인 것과 같은 이치이다.

言語는, 의식의
먼 강변에서
출렁이는 물결소리로
차츰 확대되는
空間이다.
출렁이는 만큼 설레는,
설레는 江물이다.
神의
안방 문고리를
쥐고 흔드는
건방진 나의 폭력이다.
광장에는 나무들이
외롭기 알맞게 떨어져
서 있다.

– 오규원, 「現像實驗」 부분

이 시의 기본 문맥은 "A(언어)는 B(무엇)이나."의 동일성의 구소로 형성된다. 언어는 '공간'이고 '강물'이고 '폭력'이라는 구조로 구성된다는 것이다.

그런데 이처럼 기본적으로는 동일성의 구조로 시가 구성되어 있으면서도 우리가 위의 작품에서 낯설고 이질적인 체험을 전달받게 되는 것은 앞서 진술한 것처럼 '언어'가 '공간', '강물', '폭력' 등과 같은 전혀 유사하지 않은 이미지들과 난폭하게 결합되어 생경하고 돌발적으로 이루어져 있기 때문이다. 이와 같은 돌발적인 결합은 기존의 언어가 갖는 혹은 내포하는, 생각의 차원으로부터 상식적인 거리를 뛰어넘어 새로운 이미지를 형성한다.

또한 각각의 보조관념들도 유사성 없이 언어를 생경하고 이질적인 관념으로 비유하면서 원관념화되고, 또한 이것이 새롭게 보조관념화된다. 즉, 언어가 공간이고 공간이 강물일 때, 공간은 언어의 보조관념이기도 하면서 한편으론 강물의 원관념이 되기도 한다. '언어'는 '출렁이는 물결소리로 확대되는 공간'이며, 이 '공간'은 "출렁이는 만큼 설레는 강물"로 비유될 수도 있는 것이다.

따라서 이미지들은 서로가 서로에게 간섭하고 교류하며 동심원을 무수히 그려내어 새로운 의미망으로 확산되는 것이다. 이것은 이미지의 신선함을 증가시키는 것은 물론이고 시상의 깊이를 확대함으로써 독자의 상상력이 심화되게 하여 체험의 폭을 신장시킨다고 하겠다.

이 시에서 발견되는 비동일성의 원리는 보다 큰 충격적 효과를 발휘하여 우리를 작품 자체에 집중하게 한다. 원관념과 보조관념이 빚어내는 시적 긴장은 사물을 보는 인식을 보다 새롭게 한다. 시는 우리의 경험을 특수하게 하고, 개성적이고 참신한 체험을 가능하게 하며 우리를 역동적인 상상의 세계로 초대하는 것이다. 현대시에서의 은유는 동일성의 원리에서 비동일성의 원리로 전환하려는 강한 충동을 늘 간직하고 있다.

이혜경

2007년 『문예연구』 등단. 한남대학교 문예창작학과 겸임교수.

Ⅳ 상상력과 이미지
– 강은교 시를 중심으로

1 상상력과 이미지

인간의 사유는 '개념 사유'와 '형상 사유'의 두 영역으로 나눌 수 있다. 전자는 주로 철학이나 과학, 논리학 등에서 개념을 통해 이루어지는 과학적 사유를 말하며, 후자는 형상을 통해 이루어지는 예술적 사유로서 모든 예술이 이에 속한다. 시에서 형상화를 이루는 '형상 사유'의 중요한 요소는 상상력과 이미지이다. 이미지는 독자의 상상력에 호소하는 방법으로써 시인의 상상력에 의해 그려지는 언어의 그림이기도 하다. 그렇기 때문에 이미지는 상상력이 바탕이 되고, 상상력은 바로 이미지의 인식이며 문학의 구성력[1]으로 작용한다. 즉 이미지는 '물상(物象)과 자아의 대응 방식'이다.

시를 구성하는 요소로서 과거에는 음악적 요소인 운율과 리듬을 중요시해 온 반면에, 현대시는 이미지를 중시하는 경향을 보이고 있다. 따라서 한 편의 시에서 이미지를 완전히 이해하고 그 기능을

1) 윤재근, 『문예미학』, 고려원, 1980, 227쪽.

파악하기 전에는 시를 옳게 읽었다고 할 수 없다.[2] 시는 여러 이미지의 상호 조화로운 결합 상태로서, 한 작품의 구조를 지배하는 복합적 관계로 나타나기 때문이다. 즉, 시적 이미지란 감각적 성질을 지니고 있는 생명적인 유기체라고 할 수 있는 것이다.

이미지는 시적 인식의 한 방법으로서 단순히 시각적인 것만이 아니라, 수많은 과거 감각의 지적인 재생을 의미하며 시적 인식에서 이룩된 유기적 생명 혹은 체험의 심상화라 할 수 있다.[3] 나아가 이미지란 상상력의 발현 상태이며 상상력 그 자체라고도 하겠다.

요컨대 이미지는 시적 사고와 인식의 기본 수단이 되므로, 모든 시는 그 자체가 하나의 이미지라고 할 수 있는 것이다. 이미지의 종류는 여러 가지로서 다른 요소들과 유기적인 결합을 이루어 기능한다. 그러한 기능은 크게 제재의 환기, 화자의 정조, 사상의 외면화, 독자의 태도 지시[4]등으로 파악할 수 있다.

시어로서 이미지의 객관성은 그 자체의 독단적인 교감을 이루어 시인과 독자의 상상력을 연결해 준다. 독자의 문학적 상상력 속에

---

2) J. R. Kreuzer, *Elements of poetry,* The Macmillan Company, 1955, 134쪽.
3) 김재홍, 『한국 현대시 형성론』, 인하대학교 출판부, 1985, 18쪽.
4) 이승훈, 『시론』, 고려원, 1979, 24~25쪽.
첫째, 시 속의 화자가 말하고 있는 제재를 현시한다. 둘째, 제재는 축어적 이미지에서 비유적 혹은 상징적 이미지로 전환되며, 화자의 진술을 통해 주어진 제재가 다른 제재와 대조됨으로써 이미지는 제재이며 동시에 상징이 되기도 한다. 셋째, 이미지들은 시 속에서 하나의 유추가 된다. 곧 축어적 양식에서 벗어나 순전히 비유적 양식의 기능을 나타낸다. 넷째, 이미지의 취급을 통해 시인은 세부의 선택과 비교를 통해서 독자들에게 시적 상황을 암시하려는 것과, 동시에 시적 상황 속의 다양한 여러 요소들에 대한 독자들의 반응을 유도한다. 다섯째, 독자의 기대를 인도하고 환기하는 방법으로서의 기능을 나타낸다.

서는 이미지가 스스로 새로운 뉘앙스를 만들어 내며 상징적 긴장 체계를 형성하게 된다. 그러므로 이미지가 표현이나 표상으로 지속적으로 나타나면 상상력의 체계를 형성한다.

강은교의 시에는 대지 · 신체 · 식물 · 광물 · 천체 이미지가 중심을 이루고 있다. 대지 이미지는 물과 바람, 산과 바다, 대지와 광야 등 지상의 이미저리 군을 광범위하게 지칭하는 개념이다. 신체 이미지는 신체적인 특징을 통해 나타나는 모든 이미지들을 대상으로 한다. 식물 이미지는 대지에 뿌리를 두고 사는 모든 식물을 대상으로 하며 그것들이 시에 반영되었을 경우이다. 광물 이미지는 바위, 철 외에 부정적인 이미지로 통하는 현대 문명이나 시인이 작품 속에서 드러낸 부정적 의미의 사물을 토대로 분류하였다. 예를 들면, '도시'와 그 도시를 이루고 있는 '집'이나 '벽' 또는 '문' 등은 화자가 벗어나고자 하는 사물이기에 광물 이미지로 분류한다. 천체 이미지는 하늘과 해, 달과 별, 구름과 무지개 등 천상의 이미지 군으로 이루어지는 상상력의 범주를 의미한다.

2 상상력과 이미지 구조

1) 대지 이미지

대지 이미지는 물과 바람, 산과 바다, 대지와 광야 등 지상에 속하는 이미지들을 광범위하게 지칭하는 개념이다. 강은교의 시에는

'파도, 바람, 바다, 지구, 강물, 길, 땅, 늪, 산, 연기, 무덤, 들판, 개펄'을 통해 대지 이미지가 나타난다.

일반적으로 '산'은 솟아오름의 상승 지향성을 갖는다. '산'은 인간의 삶 속에서 정신의 기둥이나 살아 있는 정신의 한 상징으로 이해된다.[5] '산'은 현실의 고통스런 삶이나 혼돈으로부터 벗어날 수 있게 해주는 극복의 힘을 지니고 있다. '산'은 견딤과 일어섬을 통해서 지상의 흐트러지기 쉬운 삶, 고달픔과 외로움으로 무너지기 쉬운 육신의 삶에 정신적 기둥을 세우려는 인간 의지를 반영한다. '산'은 지상의 삶이 처한 고통과 속박을 벗어나서 더 높은 정신의 영역에 도달하려는 초극 의지를 나타낸다.

'바람'은 전통적 우주 진화론에 의한 4원소의 하나로서 공기의 움직임을 의미한다. 공기는 어디에나 스며들며 아주 조그만 빈 공간이라도 채울 수 있다. 그것은 활동하는 공기, 실체를 느낄 수 있는 공기인 것이다. '바람'은 확실히 있으나 붙잡을 수 없는 존재를 의미한다. '바람'은 숨쉬기와 더불어 정신을 나타내며, '부드러움', '순수성'과 '열광', '활기'를 주는 특성을 지니기도 한다.[6]

'강'은 자연과 시간의 창조적인 힘과 연관되기 때문에 양가감정의 상징으로 나타난다. 한편으로는 토양에 대한 비옥함과 끊임없는 물의 공급을 의미하며, 다른 한편으로는 되돌릴 수 없는 시간을 표시하여 손실과 망각의 의미를 드러낸다.[7]

---

5) G. Bachelard, 민희식 역, 『불의 정신분석 초의 불꽃』, 삼성출판사, 1990, 454~468쪽.

6) 아지자 올리비에르 · 스크트릭, 장영수 역, 『문학의 상징 · 주제 사전』, 청하, 1989, 19~23쪽.

7) J. E. Cirlot, *A Dictionary of symbols,* Routledge & Kegan, 1983, 274쪽.

강은교가 그의 상상력을 마무리 짓기 위해 만나는 죽음의 실체는 그의 시에 자주 나타나는 '무덤'이다. 죽음의 대표적 실체로서의 '무덤'은 고립, 어둠, 침몰, 망각 등의 속성을 띠고 있다. '무덤'은 음울하고 거역할 수 없고 사람들로부터 망각된 세계인 것이다.

다음은 강은교의 아홉 번 째 시집 『시간은 주머니에 은빛 별 하나 넣고 다녔다』(2002)에 나타난 대지 이미지의 예다.

① 바다는 가끔 섬을 잊곤 하지 –「바다는 가끔」

② 몰운대 풀잎이 길을 건너네 –「몰운대 풀잎이 길을 건너네」

③ 그 검은 안경을 쓰고 / 구부정하게 서서 지구를 붙들고 있구나

–「꿈의 천성도」

④ 한 무덤이 두 무덤의 나부끼는 속눈썹일 줄이야

–「짧은 눈물이 긴 눈물의–향가풍으로」

프랑스 시인 프랑시스 퐁쥬의 「물에 대하여」라는 시를 통해 물의 속성을 엿보면 다음과 같다. "나보다 아래, 항상 나보다 아래, 물은 있다, 나는 언제나 시선을 떨어뜨리고서 물을 바라본다. 땅바닥처럼, 한 조각의 땅바닥처럼, 땅바닥의 한 변형처럼, 하얗고 반짝거리며 형상이 없고 서늘하고 수동적이지만 중력이라는 단 한 가지 그의 악습에 있어서는 무엇보다도 고집스럽다. 그 악습을 만족시키려고 갖가지 유별난 방법들을 동원하여 싸고돌고 뚫고 들어가고, 침식하고 침투한다" 여기서 보이는 물은 중력이라는 단 한 가지 그의 악습에 무엇보다도 고집스러운 질료다. 그 질료적 가치는 언제나 아래에 있으면서 싸고돌고 뚫고 들어가고 침식하고 침투한다. 물은 중력에 의해 낙하하며 사물을 뚫고 들어가 무화시키려는 완만한 진

행형의 죽음이다.

2) 신체 이미지

강은교 시에서 신체 이미지는 '살, 발(맨발), 뼈, 피, 수염, 눈물, 머리카락, 이빨, 그림자'를 통해 나타난다. 다음은 강은교 시에서 많은 빈도수를 차지하는 '눈물'에 대한 설명이다.

'눈물'은 물의 변형이다. 물에서는 모든 것이 용해되고 모든 형태가 없어지며 존재를 상실한다. 물은 일상적인 죽음으로 혼돈이나 소멸의 상태에 속해 있다. 물은 태초에 있었고 대지보다 앞서서 존재하였다. 태초의 물로 용해되는 것은 무로 돌아감을 의미한다. 죽음이란 물 자체이며 죽음의 물은 모든 형태를 해체하고 파괴한다.[8] 그래서 물은 불과 인간들의 무덤이다.[9] 그러므로 '눈물'은 곧 죽음이다. '눈물'이 걸어가지 않고 뛰어가면서 삶의 세계를 떠나가고 있다. '눈물'이 걸어가지 않고 뛰어간다는 것은 물이 시간과 연관성이 있음을 보여준다. 시간은 살아있는 눈물과 비슷하여 자연의 시계에서 떨어지고 흐르는 물과 같다.

시인은 신체 이미지를 통해 내면의 고통을 드러내고자 했다. 빈번하게 등장하는 신체 이미지인 '피', '살', '뼈', '눈물'을 통해 아픔을 보여준다. '피'가 품고 있는 붉고 불길한 이미지를 통해 암울한 현실을 나타낸다. '살'은 그 현실에서도 살아야만 하는 운명을 드러낸다. '뼈'는 죽음 이후에 찾아오는 살에 대한 불안한 희망을 보여준다. '눈물'은 이 모든 것을 아우르고 있다. 어디에도 희망이 보이지 않는

8) M. Eliade, 이은봉 역, 『종교형태론』, 1982, 273쪽.
9) G. Bachelard, 이가림 역, 『물과 꿈』, 문예출판사, 1980, 114쪽.

현실과 미래에서 시인은 모든 사물들이 눈물을 흘리게 한다.

3) 식물 이미지

강은교 시에서 식물 이미지는 다양할 뿐만 아니라 광물 이미지와 매우 분명한 대조적 성격을 드러낸다. 대개 식물 이미지는 긍정적 성격을 띠며 광물 이미지는 긍정과 부정의 두 가지 특성으로 나타난다. 이 점은 그의 대지에 대한 이해와 관련이 깊다.

즉, 식물 이미지는 대지에 뿌리를 내리고 살아가며 수직 상승의 힘을 지니기 때문에 긍정적 의미를 갖는다. 반면에 광물 이미지의 부정적 측면은 문명의 이기, 자연 파괴를 상징한다. 강은교 시에서 식물 이미지는 '풀(풀잎), 꽃(꽃밭, 국화꽃, 꽃잎, 벚꽃), 나무, 사과, 칡(칡덩쿨, 칡밭), 갈대' 등에서 나타난다. 강은교 시에서 식물 이미지 가운데 '나무'는 중요한 의미로 부각된다.

다음은 첫 번째 시집 『허무집』(1971)에 나타난 식물 이미지의 예다.

> ① 우리가 키 큰 나무와 함께 서서
> 우르르 우르르 비오는 소리로 흐른다면 -「우리가 물이 되어」
> ② 풀에도 그림자가 있다 -「그림자에게 부치는 노래」

일반적으로 '나무'는 그 수직적 특성으로 공기의 상징적 음역의 일부를 만드는 반면에, 그 뿌리 내림으로 땅의 몸짓인 생생한 변천을 요약하고 있다. '나무'는 지속과 비옥의 상징이며, 계절의 변화에도 버티고 인간보다 오래 산다. 견고한 자애로움을 지니는 '나무'는 안정과 영원성을 부여하며 삶과 변신의 상징으로 인해 우주의 축소

판[10]이 된다.

'나무'는 침묵한다. 소리 없이 몸짓으로만 자신의 생각을 표현한다. 나뭇가지를 흔들고, 나무에 맺힌 아침 이슬을 빛을 통해 자신을 드러낸다. 나무는 "아무도 없이" 흔들리고 고개를 젓는다. '나무'는 끊임없이 재생하는 생명의 원천, 모든 형태의 모태로 인식하고 있다. 살아있는 존재로서 끝없이 번식하는 것이다.

시인은 "풀에도 그림자가 있다"라고 말하고 있다. 실체가 없으면 그림자도 없다. 태양의 빛에 따라 그림자가 변해가듯 이미지도 시간의 흐름에 따라 변화한다. 그림자가 시작하는 곳에 그것을 만들어낸 실체가 있고, 그림자가 끝나는 지점에 자신을 키워낸 세상이 있다. 그림자는 실체가 아니고 세상에 존재하는 어떤 사물도 아니지만, 나름대로의 자신의 모습을 간직하고 있다. 이렇듯 시인은 '풀'에도 그림자가 있음을 상기시키면서 작은 것에도 영혼이 있음을 암시하고 있다.

시인은 식물 이미지를 통해 작은 것에도 영혼과 희망이 있음을 보여주고자 했다. 끊임없이 재생하는 생명의 원천인 나무, 그림자가 있는 풀, 많은 길을 품고 있는 숲, 벼랑에서도 필 수 있는 꽃을 통해 그것들을 드러내고 있다.

4) 광물 이미지

강은교 시에서 나타나는 광물 이미지로는 '모래, 도시, 이불, 바위, 돌, 소금, 사슬, 배, 벽, 종, 지붕' 등이다. 그 중 대표적 광물 이

10) 아지자・올리비에르・스크트릭 저, 장영수 역, 『문학의상징・주제사전』, 청하, 1989, 50～55쪽.

미지로 '바위'와 '돌, 모래'가 등장한다.

다음은 첫 시집 『허무집』(1971)에 나타난 광물 이미지의 예다.

바다로 가는 소금들의
빠른 발자욱도 보인다

-「황혼곡조 사번」

바슐라르는 "바다의 물은 비인간적인 물로서, 인간에게 직접적으로 유용한 것이라는 원소의 첫 번째 의무를 다하지 못하고 있다"고 지적하면서, 바닷물보다 담수가 우월하다는 것을 강조한다. 그는 "바다를 짜게 한 것은 일종의 타락에 지나지 않는다. 소금은 몽상, 즉 부드러움의 명상, 가장 물질적이고 자연스러운 몽상 중의 하나에 족쇄를 채우는 것"이라고 말하기도 했다.

하지만 강은교의 시에서는 '바다'가 어떤 물보다도 순결한, 부끄러움조차 훼손되지 않고 남겨진 하나의 '원천'으로 등장한다. 그의 시에서 모든 물은 바다를 향해 흘러가지만, '바다' 자체가 고정된 종착점은 아니다. "바다는 모든 여자의 자궁 속에서 회전한다"라고 시인은 시를 통해 말하고 있다. 바다는 잠시도 가만히 누워 있지 않고 끊임없이 회전하는 것이다. 바다가 어떤 부름을 받고 존재를 옮겨 가듯이, 사람들도, 모래들도, 뼈들도, 심지어는 소금조차 바다의 부름에 달려가고 있는 것이다. 그 부단한 움직임은 곧 살아있음의 증거이며, 바다가 영원한 생명력을 갖게 되는 이유가 된다.

바슐라르의 표현처럼 '소금'은 더 이상 가장 부드럽고 자연스러운 몽상에 족쇄를 채우는 물질이 아니다. 소금 역시 다른 물질들과 마찬가지루 바람소리에 날라져 온 '살'의 일부이다. 소금은 바다를 타락시키는 것이 아니라 모래와 마찬가지로 바다에 의해 운반되어지면서 동시에 바다를 운반하는 물질인 것이다. 소금으로 인해 바다는 지극히 '인간적'인 의미를 내포하게 된다.[11]

5) 천체 이미지

천체 이미지는 '하늘'과 '해, 달과 별, 구름과 무지개' 등 천상의 이미지 군으로 이루어지는 상상력의 범주를 말한다. 강은교 시에서 주로 나타나는 천체 이미지로는 '햇빛, 하늘, 구름, 비, 허공, 우주, 불, 달, 바다, 별, 안개, 어둠, 번개' 등이 있다. '태양'은 '햇빛'으로 나타난다.

강은교에게 '어둠'은 특별한 의미로 다가온다.

> 나는 그때 다섯 살이었어요 / 아무것도 뵈지 않았어요 / 대문을 여니 눈이 발목까지 빠졌죠 / 길이 없었어요 / 캄캄함이 사방에서 달려들었어요 / 나는 한참 동안이나 서서 내 뺨에, 허리에 달라붙는 캄캄함의 조각들을 떼어내고 있었죠 / 식구들은 어둠 길게 누운 방 안에서 나를 기다릴거예요 / 양초를 사올 나를 말이죠 / 길고, 흰 주홍빛 불꽃 / 그런데 내 앞에는 벽돌밖에 없었어요 / 튼튼히 늘어선 벽, 눈속에 아랫도리를 파묻고/ 영차 어영차 세상을 밀고 있었어요 넓적다리까지 빠졌죠, 쯧쯧 이런 / 머나먼 나라를 향하여
>
> ―「머나먼 나라」 전문

11) 나희덕, 「물과 불, 그리고 탄생」, 『강은교의 시 세계』, 천년의 시작, 2005, 104~105쪽.

다섯 살의 '나'는 어둠 속에 있는 식구들을 위해 혼자 집을 나선다. 눈이 가득 쌓인 겨울밤, 아이가 혼자 마주한 세상에는 아무 "길이 없었"고, "캄캄함이 사방에서 달려 들었"다. 무섭도록 "튼튼히 늘어선 벽"만이 앞을 가로막았다. 다섯 살의 '나'는 그 벽에 맞서 "영차 어영차 세상을 밀고" 나간다. 이 시련은 짧고 단순한 것이지만, 온갖 고난과 죽음의 위협을 뚫고 부모를 살릴 약수를 구해오는 바리데기의 여정을 닮아 있다. 바리데기처럼 '나'는 식구들을 위해 "길고, 흰, 주홍빛 불꽃"을 갖고 집으로 돌아와야 하는 것이다. 하지만 '어둠'과 '벽'을 헤치고 길을 가기란 쉽지 않다. 더구나 세상의 어둠은 다섯 살의 여자아이가 '양초' 몇 개로 없앨 수 있는 종류의 것이 아니다. 이를 반증하듯, 위 시는 어린 '나'가 어떻게 집으로 돌아와 불을 밝히는지를 생략한 채로 끝이 난다. 어린 '나'의 마음에 새겨진 것은 불꽃이 아닌 '어둠'이며, 어둠이 불러일으킨 외로움과 두려움인 까닭이다. 겨우 다섯 살의 나이에 대면한 세상의 어둠은 강은교의 내면에 짙게 착색되어 이후의 삶에서 다양한 의미로 변화한다. 존재를 둘러 싼 위험, 단절, 죽음 등을 의미하는 '어둠'은 '벽'과 동일한 상징으로, 어둠과 허무의 검은 심연의 강은교 시에서 가장 강렬한 풍경의 하나로 자리잡는다.[12)]

---

12) 김수이, 「'그 여자'의 오래된 말들」, 『강은교의 시 세계』, 천년의 시작, 2005, 62~63쪽.

3 이미지의 의미 구조

1) 신체와 광물 이미지의 결합과 허무주의

강은교의 시집 『풀잎』과 『빈자일기』 등에 나타나는 강은교의 초기 시들은 죽음에 대해서 자발적으로 순응하는 태도를 취하는 것이 아니라, 죽음과 대면하고 있는, 그럼으로써 삶을 비극적으로 바라보는 비극적 시들이 대부분이다. 이들 작품들은 소극적 의미에서의 허무주의를 드러낸다.

> 조금 컸을 때 나는 내 집을 떠났다. 아무것도 나를 씻어주지 않아서 점점 나는 더러워졌다. 나는 걷는 법을 배웠다. 누가 내 발에 끊임없이 채찍질해서, 나는 달렸다.
>
> 지나간다
> 길들이.
> 헤매는 눈먼 창들이.
> 허리 꺾인 꽃들이
> 넘어지며 처녀들이.
>
> 어느날 나는 별을 바라보면서 울기 시작했다. 내 발은 쉴 곳이 없었다. 걷고 걸어도, 뛰고 뛰어도 아침에 지은 집은 황혼이면 무너졌다. 아직 멀었습니까! 나는 외쳤다.
>
> –「헤매는 발들을 위한 노래」 부분

강은교는 물의 이미지를 중심으로 이미지들 간의 상호 교감으로 펼쳐지는 시의 확대된 미적 인식에 도달하고자 했다.[13] 그의 시 세계는 주로 '비, 강, 바다, 안개, 눈물' 등의 질료로 표상되는 물의 이미지를 통하여 운명의 한 유형으로 분석된다. 물은 유통하는 이미지의 공허한 운명, 미완성된 꿈의 공허한 운명, 미완성된 꿈의 공허한 운명이 아닌 존재의 실체를 끊임없이 변모시키는 운명이라고 표현한다.

이 시의 잘린 문맥을 연결해 보면 '집'을 떠나온 존재들의 불구적인 현세의 공간과 그들이 그리워하는 캄캄한 수세기 전의 '집'의 모습이 대조적인 풍경으로 정리된다. "아침이면 웃으며 물이 나를 씻었고 밤이면 지는 해가 내 발을 따스히 덮어 주었"던 "흐르는 물가"로 형상화되고 있는 '나의 집'은 타자성이라곤 찾아볼 수 없는, 존재와 세계의 리비도가 자연스럽게 흐르는 신비롭고 불가해한 세계를 표상하는 한편, 집을 떠난 존재가 편입된 곳은 "누가 내 발에 끊임없이 채찍질해서, 나는 드러나듯 '항상 전진'의 명령만이 지배하는 세계이다.

2) 식물과 천체 이미지의 결합과 생명성

강은교는 현대의 산업문명 사회에서 소외되기 쉬운 작은 사물과 생명들에 대한 관심을 보이며 그의 내면 공간에 반영되는 사물의 세계에 집중하고 있다.

13) 최정석 · 남근희, 「강은교의 시 세계-물의 이미지를 중심으로」, 『여성문제연구 제18집』, 효성여자대학교 한국여성문제연구소, 1990.

그의 시에서 모든 존재는 죽음, 비애, 절망, 고뇌에 찬 존재로 그려진다. 또한 그의 시는 생명이 스스로 존재하는 자연법, 소멸과 창조를 동시에 불러일으킨다. 그러므로 빈곳에서 다시 새로운 번성을 순환하는 범신론의 다원적 질서를 천착하고 있다고 말한다.

다시 말해, 현대 문명의 위기를 허무와 고독의 숨결을 통해 묵시적으로 보여줄 뿐만 아니라, 삶의 현실을 넘어서 존재의 진리를 추구하고자 하는 시민의 구도적 자세를 반영하고 있다.

시인에게 일상이란 어떤 의미에서는 타락하고 속된 세계로서 거부의 대상이라 할 수 있다. 다음의 시에서 일상의 무의미함을 무의미함으로 방치하지 않고 다시 살아 숨 쉬도록 만들려는 의도가 보인다.

> 햇빛이 '바리움'처럼 쏟아지는 한낮, 한 여자가 빨래를 널고 있다. 그 여자는 위험스레 지붕끝을 걷고 있다, 런닝 셔츠를 탁탁 털어 허공에 쓰윽 문대기도 한다, 여기서 보니 허공과 그 여자는 무척 가까워 보인다, 그 여자의 일생이 달려와 거기 담요옆에 펄럭인다, 그 여자가 웃는다, 그 여자의 웃음이 허공을 건너 햇빛을 건너 빨래통에 담겨 있는 우리의 살에 스며든다, 어물거리는 바람, 어물거리는 구름들, 그 여자는 이제 아기 원피스를 넌다. 무용수처럼 발끝을 곧추세워 서서 허공에 탁탁 털어 빨랫줄에 건다. 아기의 울음소리가 멀리서 들려온다. 그 여자의 무용은 끝났다. 그 여자는 뛰어간다. 구름을 들고.
>
> —「빨래 너는 여자」 전문

시인이 이처럼 한 여자를 현실적 삶의 한 복판에 등장시켜 시적 주체로서 행위하도록 한다는 것부터 무언가 새로운 감각을 엿보게 한다. 그에 동반된 언어 역시 기존의 관념성을 모두 털어버리고 평이하며 간결한 문체 속에 움직이고 있다. 옥상 위에 '위태롭게' 서서 '무용'하듯 빨래를 널고 있는 여자는 허공의 하늘과 맞닿아 있고, 그곳을 스치는 바람에는 그 여자의 일상이 담겨 있다. 이 여자는 이토록 매일 위험 속에서 삶의 일상을 겪고 있지만, 그것은 일상의 중압감으로부터 벗어난 곳에서 음미하는 위태로움이요, 더구나 생활의 찌든 때를, 그 껍질을 벗고 난 '우리의 살'을 십분 만끽할 수 있는 넉넉한 웃음과 함께 묘한 행복감을 동반하는 것이기도 하다. 빨래를 탁탁 털어 널고 아이의 울음소리에 다시 일상으로 뛰어가는 이 여자의 생동감 속에서 우리는 충실하게 자신에게 주어진 일상을 묵묵히 견뎌내고 고통을 스스로 치유해 나가며 현실의 억압과 모순으로부터 해방될 수 있는 구원의 힘, 그 순간의 손길을 느낀다.[14]

> 일어서라 풀아
> 일어서라 풀아
> 이 세상 숨소리 빗물로 쏟아지면
> 빗물 마시고
> 흰 눈으로 펑펑 퍼부으면
> 가슴 한아름
> 쓰러지는 풀아

인용시 「일어서라 풀아」는 강은교 시인이 1979년에 발표한 작품이다. 김수영의 「풀」이래 풀뿌리의 상상력이 빚은 끈질긴 민중적

---

14) 박윤우, 「존재탐구로부터 존재인식으로 이르는 길」, 『강은교의 시 세계』, 천년의 시작, 2005, 137~138쪽.

생명력의 문제를 다시금 제시한 것으로 여겨진다. 인간이 사는 삶의 터전에 지천으로 널려있는 풀은 사소하고 보잘 것 없는 것이다. 그럼에도 불구하고 이 풀의 배후에 자연의 엄격한 원리가 이어져 있다. 말하자면, 풀은 보잘 것 없는 것들의 보이지 않는 힘이요, 쓰러져도 살고 되살아서 마침내 일어설 수 있는 뭇 생명의 상징인 것이다.[15)]

위의 시를 살펴보면 대표적 식물 이미지인 '풀'은 대표적 천체 이미지인 '흰 눈'과 결합하여 강한 생명에의 의지를 보여주고 있음을 알 수 있다. '풀'은 빗물과 흰 눈에 의해 끊임없이 쓰러져야만 하는 운명을 타고 났다. 풀은 쏟아지는 빗물을 마셔야 하고, 펑펑 쏟아지는 흰 눈을 가슴으로 안아야만 한다. 그러나 풀은 그러한 시련에 의해 조금씩 강해진다. 태양에 의해 빗물이 마르고 눈이 마르고 나면 풀은 다시 일어선다. 그 반복을 통해 '풀'은 바위보다 강해질 수 있는 것이며, 살아남을 수 있는 것이다. 그러므로 풀을 쓰러뜨리는 '빗물'과 '흰 눈'은 풀을 해치는 부정적 이미지가 아니다. 거친 현실을 살아낼 수 있도록 단련시키는 상생의 이미지인 것이다.

만약 풀이 온실 속에 자라났다면 강한 생명력을 대표하는 이미지가 되지 못했을 것이다. 여러 시인들이 풀을 이용해 생명력을 대변하는 이유가 거기에 있다. 풀은 광활한 대지 위에서 바람, 비, 눈을 통해 자신을 단련시킨다. 그렇게 단련됨으로써 풀은 그 속에 찬란한 푸른 꿈을 간직할 수 있는 것이다. 시인은 이로서 천체 이미지와 식물 이미지의 결합을 통해 끈질긴 생명성을 드러내고 있다.

---

15) 송희복, 「허무와 신생, 그 아득한 틈새, 혹은 여성성의 깊이」, 『현대시학』, 1995.

3) 대지와 천체 이미지의 대립과 여성성 및 신화성

강은교 시의 주제가 포괄적으로 암시하고 있는 바는 남성, 여성의 구분이 없는 인간 전체의 보편적 경험을 작품으로 형상화하는 것이다.[16] 여성적 삶의 영역에 있는 막연한 부분을 밝혀주고, 남성과는 다른 존재론적 차이를 확연히 구별하게 하는 여성 언어를 발견해 냄으로써 여성의 글쓰기가 본질적으로 남성의 글쓰기와 다르다는 여성미학을 제시한 작가이다.

자신을 드러내기 위한 힘 그것은 어머니, 모성으로서의 자연, 힘의 근원으로서의 힘을 말하며 변화시키는 힘으로 여성의 잠재적 창조력을 드러내며, 발전하는 기술 문명에 따라 파멸의 위기로 치닫고 있는 우리 인류에게 소생될 수 있는 문학적 대안을 제시하고 있다.

강은교는 「바리데기의 여행노래」를 통해 여성성과 신화성을 드러낸다. 대지 이미지를 나타내는 '바람'과 천체 이미지를 나타내는 '햇빛'은 서로 대립 구조를 갖고 있다. '바람'은 유동적인 존재로서 안에 머물지 못하고 밖에 체류하는 남성을 의미한다. '햇빛'은 부동의 존재 이미지만 그 안에서 끊임없이 회전하여 에너지를 생성하는 여성을 의미한다.

'바람'은 햇빛이 없고 구름이 많은 날이면 더욱 거세게 날뛰며 혼란을 야기 시킨다. '바람'은 인간을 상징하는 '모래'를 이리저리 끌고 다니며 갈등과 혼란을 야기시킨다. 이에 '햇빛'은 '바람'을 누르고 '모래'와 대지를 안정시킨다.

강은교는 이러한 메시지를 무속 서사시 '바리데기' 신화를 이용해

16) 김효중, 「페미니즘 비평론에서 본 강은교의 시 세계」, 『효성여자대학교 논문집』 제45집, 1997.

나타내고 있다. 바리데기는 오구대왕의 일곱째 딸로 태어나지만 오구대왕으로부터 버려지고 노부부의 보호 아래 키워진다. 마침 오구대왕이 병들게 되자 생명수를 찾아 죽음을 감행한 저승으로의 여행을 떠난다. 저승에서 무장수라는 주술적 보호자를 만나 결혼해 아이를 낳아 바치는 시련을 겪고 마침내 생명수를 길어온다. 하지만 바리데기는 아버지를 구한 후 그의 체제에 입성하지 않고 자립을 위해 길을 떠난다. 이런 설정은 가부장제에 동참하는 신화시대의 여성과는 구별되는, 능동적이고 주체적인 생상자로서의 여성으로 강조된다. 아버지로 표상되는 남성 중심적인 체제에 편입되는 것을 거부하고, 그녀 자신이 선택한 길에 오르는 바리데기는 새로운 여성성을 보여준다.

강은교 시에 나타난 다섯 가지 이미지들은 서로 다른 의미들을 나타내고 있지만, 그들 내부를 살펴보면 이미지들 간에 대립과 대응을 통해 의미의 역학적 관계를 보이고 있다. 그 역학적 구조를 통해 강은교 시에서 허무성, 생명성, 여성성, 신화성의 의미도 찾을 수 있었다.

윤 선 아

2004년 『시를 사랑하는 사람들』 등단. 대학원 박사과정 수료.

V 시의 화자와 청자

1 발신자와 수신자, 화자와 청자의 관계

시를 쓰는 일도 화자가 청자에게 말하는 방식의 하나로 이해할 수 있다. 시 창작에 있어서의 시인도 가상의 등장 인물의 입을 빌려 현실의 상황이 아닌 상상을 통해 창조해 낸 새로운 상황을 말하는 것이다.

그러므로 실제의 시인과 시에서 화자의 목소리는 구분하여 읽어 내야 할 것이다. 시인은 시에서 일정한 태도와 목소리를 지니는 시적 화자(persona)로 변형되어 등장한다. 시적 화자는 시에서 그에게 어울리는 목소리를 가지고 있으며 그것에 어울리는 역할을 한다. 시인은 그의 의도를 전달하기 위해 적절한 화자를 설정하여 그의 목소리로 시에 등장하게 되는 것이다. 바로 이 목소리와 역할은 시적 화자의 개성을 드러낸다.[1)]

1) 김준오, 『시론』, 문장, 1982, 119쪽.

한 편의 시는 시적 화자의 목소리(tone)와 역할에 의해서 세계와의 관계를 나타내며 시의 성격을 드러낸다.

I. A. 리처즈는 이 목소리를 화자의 청자에 대한 태도로 정의했다. 즉 어조는 시에 있어 간접적으로 태도를 표현하며, 태도는 톤을 결정하고 톤은 태도를 반영하는 것이다. 그리고 태도란 시인이 전하려는 내용에 대한 화자를 통한 견해이며, 그 내용에 대해서 이해하고 있는 바를 반영하는 견해를 의미하기도 한다. 그러므로 시에 나타나는 시적 화자의 모습을 살핌으로써 시인의 세계와의 관계를 파악할 수 있는 것이다.

일반적으로 서정시는 개인의 체험을 토대로 한 내적 고백의 장르라고 인식되어 왔다. 따라서 서정시는 서사시나 극 양식과는 다른 특성을 지닌다.[2)]

그러나 적어도 이 세 가지 양식이 담화(discourse)의 일종이라는 점에서는 공통성을 갖는다. 극 양식이나 서사 양식은 물론이고, 서정 양식도 화자와 청자 사이에 언어를 통해 진행되는 의사소통의 일종이다. 물론 시에 따라서 상대방에게 강한 메시지를 전달하려 할 때 더욱더 강력한 대화의 상황이 설정되기 마련이다. 반면에 때에 따라서는 화자와 청자가 시의 문맥에 잘 나타나지 않고 의미 안에 스미어 있는 경우도 있다.

시가 사물이나 물질과 같은 즉자적 존재가 아니라, 살아 움직이는 기호체로서 작용하기 위해서는 화자와 청자가 말을 주고받는 대화적 상황이 설정되어야 한다. 따라서 담화의 시각으로 규정하고자 한다면, 서정시 또한 대화적 구도가 기본적으로 상정되어야 한다.

---

2) E. Steiger, 오현일 · 이유영 역, 『시학의 근본개념』, 삼중당, 1978, 17~19쪽.

한편, 바흐친은 모든 담화가 연극이라는 견해를 제시한 바가 있다.[3] 그에 의하면 시적 담화도 시인과 독자 그리고 작품 속의 인물들이 기본적인 배역으로 존재하는 작은 연극으로서의 성격을 지닌다.

그리하여 각 작품은 어느 것이나 독특한 화법을 가지고 있다. 화법이란 화자의 목소리이면서 동시에 말을 엮어 나가는 방법이기 때문에, 작품의 어조와 형태의 결정에 큰 영향을 미치게 된다.[4] 시에서 화자의 어조가 시인의 인격과 태도, 그리고 청자와의 관계를 직접적으로 나타내게 되는 것도 여기에 기인하는 것이다.

시를 하나의 메시지 전달 과정으로 이해할 때, 중요한 요소는 시인과 독자 그리고 그들 사이에 오가는 메시지이다.

이미 야콥슨은 이러한 관점에서 문학을 언어학적 소통 구조로 밝혀 놓은 바 있다. 그는 문학을 발신자와 수신자 사이의 전언(message)의 전달로 파악하였는데, '전언'이라는 말을 사용하여 수신자의 능동적인 역할을 중요시하지는 않았다. 그러나 바흐친은 야콥슨이 사용한 '전언'이라는 용어를 '언술(담화)'로 이해함으로써 발신자와 수신자, 담화 내부의 화자(시적 화자)와 피화자(청자)의 관계가 진정한 대화의 관계라고 주장하였다.

S. M. 체트먼[5]은 자품 안에서의 하자와 청자의 관계를 좀 더 세부적으로 분석하고 있다. 한 편의 시를 예로 들어서 설명해 보자.

---

3) T. Todorov, 최현무 역, 『바흐찐: 문학 사회학과 대화이론』, 까치, 1987, 83쪽.
4) 정효구, 『현대시와 기호학』, 느티나무, 1987, 18~24쪽 참조.
5) S. M. Chatman, *Stort and Discourse*, Cornell University Press, 1978, 151쪽.

어머니는 집 가까운 콩밭에 김을 매시고 저녁이 되어서야 맨발로 호미와 고무신을 들고 돌아오셨지요 우물가 빨랫돌 위에 고무신을 닦아 놓으시고, 하루의 피로를 씻으시던 저녁, 땅거미가 내릴수록 더욱 희게 빛을 발하던 어머니의 고무신. 어머니의 땀 밴 하루가 곱게 저물면 이제 막, 우물 안에는 솔방울만한 별들이 쏟아지고 갓 피어난 봉숭아도 살포시 꽃잎을 사리는 것이었지요

지금 우물은 자취 없이 사라지고 말았는데, 싱싱한 꿈 길어올릴 두레박줄 내릴 곳 없는데, 이제는 그곳에 서보아도 뒷산 솔바람 소리도 들리지 않는데, 나의 저 어린 시절 어머니의 흰 고무신이 빛나던 저녁, 우리 집 우물에서 솟아나던 별들은 다 어디로 간 것일까요

– 김완하, 「별들의 고향」 전문

위의 시에는 아래와 같은 실제 시인과 내포 시인, 화자 그리고 청자, 내포 독자와 실제 독자의 관계가 드러나고 있다. S. M. 채트먼은 이미 텍스트 안에 화자와 청자의 대화가 기본적으로 상정되어 있다고 설명하고 있다.

Real Author	김완하
↓	
Implied Author	시인 김완하
↓	
Narrator	화자(소년)
↓	
Narratee	청자(어머니)
↓	
Implied Reader	독자
↓	
Real Reader	A

위에 인용한 시 「별들의 고향」에는 두 개의 목소리가 나타난다. 이 시는 2연으로 구성된 산문시로 1연의 시적 화자는 소년으로 등장하며 청자는 어머니이다. 1연에서 시인은 자신의 유년을 회상하고 있다.

시적 화자는 어린 날의 한 순간을 떠올리면서 유년의 목소리를 통해서 이 시에 등장한다. 시인은 어머니와 함께 했던 어린 날의 한 순간을 너무도 간절하게 그리워하고 있다. 2연에 이르면 시인의 목소리는 현재 시인의 목소리로 옮겨간다. 그러나 이 시가 어린 날의 어머니와 고향에 대한 그리움을 전제로 하고 있기에 어조는 경어체를 쓰고 있다. 1연의 청자보다 2연의 청자는 독자 일반으로 확대되어 나타난다.

이 시의 주제는 1연과 2연 사이의 변화 속에서 파악할 수 있다.

1연과 2연 사이의 시간은 적어도 20여 년으로 이해할 수 있다. 고향의 우물이 사라짐으로써 그 안에 비치던 별들이 사라졌다고 하는 아이러니와 이 시의 어조는 동심적 발상에서 출발하였다는 점을 의미하는 것이다. 「별들의 고향」은 과거와 현재 사이의 시인의 삶과 환경의 변화를 보여줌으로써 현대인들이 상실한 자연과 고향의 문제를 제기해 주는 것이다.

현대에 와서는 문학 행위 속에 독자의 참여를 대단히 중요하게 여기고 있다. 재래의 문학 감상에서는 독자들이 독서 행위에서 수동적 관망의 자세로 시인에게 귀를 기울였다면, 이제는 직접 텍스트 안으로 파고 들어가 능동적이고도 적극적으로 의미를 찾기 위해 노력한다. 그만큼 독자의 주체적이고도 능동적인 자세가 중요시되고 있는 것이다. 그만큼 문학 텍스트를 읽는다는 사실은 작가와 독자와의 대화라는 점이 강조되는 것이다.

시에서의 담화는 화자와 청자를 기본적으로 전제한다. 서정적 양식도 이러한 담화의 한 형태로 파악할 수 있는 것이다. 따라서 시에는 화자와 청자의 말을 주고받는 대화적 상황이 마련되어야 하는데, 이것을 통화 체계라고 한다.

이러한 관점으로 시 이해의 통로를 모색한 사람은 로트만(Iu. Lotman)이다. 로트만은 시의 통화 체계를 두 가지로 제시하였다. 그는 시의 통화 체계를 나-나(I-I) 통화 체계와 나-남(I-YOU, HE, THEY) 통화 체계의 두 가지로 파악하였다.[6] 나-나의 통화 체계는 화자인 내가 나 자신과 내적인 대화를 나누는 경우인데, 독백의 통

6) Iu. Lotman, 유재천 역, 『시 텍스트의 분석: 시의 구조』, 가나, 1987, 131～147쪽 참조.

화 체계로 이루어진 많은 작품들이 여기에 관련되어 있다. 나-남의 통화 체계는 통화 질서의 대표적인 형태로, 화자의 메시지가 공간을 이동하여 청자에게 전달되는 통화 체계이다.

그러나 시인마다 각자가 즐겨 사용하는 통화 체계는 서로 다르다. 따라서 시인이 어떤 통화 체계를 사용하고 있으며, 구체적으로 화자와 청자가 어떻게 대화를 나누고 있느냐에 따라 텍스트의 성격은 매우 달라지게 된다.7)

2 화자와 청자 관계 설정의 중요성

시도 화자가 청자에게 전달하는 메시지의 일종이며, 어떻게 그 상황을 이끌어 가느냐 하는 것이 곧 그 시의 성패를 좌우하는 관건이 되기도 하는 것이다. 처음 시를 쓰기 시작하면서 화자와 청자의 관계를 설정하여 한 편의 시를 완성시키려는 노력은 시 창작에 접근하는 또 하나의 방향이 될 수 있는 것이기에 대단히 중요하다.

일반적으로 서정시는 개인이 체험을 토대로 한 내적 고백의 장르로 인식된다. 서정시는 직접적인 발언이나 강력한 메시지의 전달에 목적을 두지 않고, 상황의 제시나 정서적인 분위기를 통해서 독자들로 하여금 느끼게 하고 정서적으로 젖어들게 한다. E. 슈타이거가 서정적 양식을 회감(回感)의 방식으로 이해한 까닭이 여기에 있는

7) 정효구, 『현대시와 기호학』, 느티나무, 1987, 31~100쪽.

것이다.[8)]

시는 체험을 토대로 쓰여지기 때문에 그 체험의 시간적 토대는 과거이고 그것을 회상하면서 출발한다. 시를 쓰는 사람이 자신의 과거를 회상하면서 현재의 시각에서 바라볼 때 시에는 두 겹의 목소리가 겹쳐 등장하게 된다.

구멍 난 검정 고무신 두 짝 사이로 바라본 하늘
고무신 안에 골 좁게 놀던 중태기 새끼는
어느새 새어
고무 타는 연기처럼 하늘에 놀고 있었다

피라미처럼 튀는 소의 암내를
어쩌지 못해
고삐 놓친 두 손바닥에는 마른 쇠똥 자국만
남아 있었다

채소밭에 뿌린 분 냄새가
지독히 올라오는 이른 밤
외양간 암소의 똥구멍에서 연신 진이 나오고
후드득, 아비의 불호령

비 올려는데, 소여물 빨리 주지 않고 뭐해

소 풀 뜯기기가 지겨워진 아이는

---

8) E. Steiger, 오현일・이유영 역, 앞의 책, 17~127쪽.

막 나기 시작한 겨드랑이 털 올만
소매 속으로 만지작거리다가
후드득, 머리에 빗방울이 떨어졌다

– 윤선아, 「소나기」 전문

이 시는 유년의 체험을 토대로 과거를 회상하는 자세를 보여주고 있다. 화자의 나이는 십대의 초반에서 중반에 이르는 때로 미루어 짐작할 수 있다. 이 시는 화자와 청자의 관계에서 상대에게 말을 거는 대화의 방법이 아니라, 회상을 통한 자기 자신과의 내적인 대화로 이루어진다.

그러므로 이 시의 통화 체계는 현재의 '나'가 과거의 '나'를 통해 자신에게 이야기하는 나–나(I–I) 통화 체계라고 할 수 있다. 그리하여 자신의 과거를 떠올려 보고 추억하는 자세를 취하게 되는 것이다.

시적 화자는 자기 내면에 간직되어 있는 과거를 들추어내면서 그 공간으로 돌아가고픈 과거지향적인 자세를 내비친다. 이러한 시들은 굳이 상대에게 어떠한 메시지를 강하게 전달하려는 것이 아니라, 독자들에게 상황을 넌지시 제시해 주는데 머문다.

이 시는 시인이 겪어온 지난 시간의 성장체험을 다루고 있다. 시인은 유년의 화자로 등장하여 유년으로부터 청년기루 나아가는 시점에서 경험한 한 순간의 풍경을 보여준다. 이 시의 목소리는 다른 사람들에게 향하지 않고 지난 순간의 나와 맞닿아 있다. 이 시를 읽는 독자들은 시인이 제시하는 체험의 순간으로 이끌리면서 각자의 성장 체험을 회상하게 되는 것이다.

이 시 제목 '소나기'는 매우 암시적이다. 그것은 황순원의 소설

'소나기'와도 연상되어서 읽히기 때문이다.

문학은 작품 간에 상호 텍스트적인 관계에 놓여 있다. 이 시에서도 황순원의 '소나기'에서 소녀와 소년 사이의 이성에 대한 눈뜸의 의미를 환기시키는 부분이 있다. 4연의 "비 올려는데, 소여물 빨리 주지 않고 뭐해"라는 아버지의 불호령에도 소년은 "막 나기 시작한 겨드랑이 털 올만 / 소매 속으로 만지작거리다가"에서 엿보이고 있다. 그것은 소년이 성적으로 눈뜨게 되는 상황의 암시를 통해 우리에게 다가오기 때문이다.

따라서 이 시의 제목 '소나기'는 대단히 중요한 이미지이면서 매우 적절한 것으로 파악할 수 있다. 이 시에서 "후드득"이라는 부사는 떨어지는 "아비의 불호령"과 "빗방울"에 동시에 연결되어 읽히면서 이 시를 더 흥미롭게 하고 있다.

구두굽이 빠지도록 바쁘던 오후, 잠시
달걀후라이 두 개를 부쳐 놓고
맛소금이 없어
굵은 왕소금을 빻았다

열기가 오른 후라이팬에는
배고픔이 소금처럼 튀어 오르고
노른자 위로 풍기는 기름내처럼
내 마음의 서러움 방안을 메웠다

마땅한 반찬이랄 것도 없는 밥상을
정성스레 들고 다정한 방에 놓고

하나님 감사합니다
눈물이 왈칵 쏟아지던 오후, 잠시

달걀후라이 두 개가 마음처럼 굳어질 때까지
저녁 무렵, 붉은 태양이 초췌하게 지는
아무런 말도 내게 건네지 않는
태양을 나와 함께 야속하게 바라보았다

– 홍미경, 「오후 그리고 태양」 전문

이 시에서 시적 화자는 자신의 하루를 돌아보고 있다. 굳이 화자와 청자를 분명히 하여 메시지를 전달하려 하지 않고, 일기를 쓰듯이 자신의 내면으로 들어가 사유하는 내용을 뇌이고 있다.

이 시 또한 나-나 통화 체계로 드러난다. 시적 화자는 스스로 경험한 삶의 한 순간을 형상화하였다. 따라서 화자가 자신의 내면으로 목소리를 나직이 전달하고 있다. 시적 화자는 20대 초반의 여성으로서 자취 생활을 하는 자신의 체험을 통해 삶이 주는 고독감을 형상화한다.

1연 "구두굽이 빠지도록 바쁘던 오후, 잠시 / 달걀후라이 두 개를 부쳐 놓고 / 맛소금이 없어 / 굵은 왕소금을 빻았다"라는 상황은 근근이 차려진 밥상을 의미한다. 구두굽이 빠지도록 바쁜 일상과 거기에 비해 너무나도 초라한 밥상, 그것은 맛소금 대신 왕소금을 빻아놓은 상황으로도 압축된다.

시적 화자는 배고픔을 메우기 위해서 밥상을 차리고 '달걀후라이'도 두 개를 부쳐놓았다. 그리고 홀로 그 밥상 앞에서 수저를 들다가 너무나도 사람이 그리워, 누군가 함께 식사하는 훈훈한 삶이 그리워서 눈물을 떨구는 생의 절절한 순간을 보여주었다.

이 시의 3연 3행과 4행 "하나님 감사합니다 / 눈물이 왈칵 쏟아지던 오후, 잠시"에서 화자의 감정은 절정에 달한다. 초라한 밥상을 차려놓고 그것을 혼자서 먹으려 할 때 먹기 위해 사는 것인지, 아니면 살기 위해 먹는 것인지 묻게 되는 순간의 애절함을 우리는 이 시에서 읽을 수 있다.

이 시에서 화자에게 다가오는 일상의 적막감이나 삶의 어려움은 그 원인이 분명치 않다. 그것은 사회적 삶으로부터 야기되었다고 하기보다는 인간으로서의 존재론적인 고민 쪽에 더 가까운 듯하다. 그러므로 그것은 대단히 막연한 것이기도 하다. 화자는 누구에게 말할 수 없는, 그만큼 홀로 삶을 감당해 갈 수밖에 없는 외로움 속에서 자기 자신의 내면으로 깊이 다가서기 위해 노력한다. 이 시는 결국 자기 자신만이 스스로를 부축하고 나아갈 수밖에 없다는 인식에서 깨닫는 절실한 자기애의 한 순간을 보여주는 것이다. 이 시의 장점은 자신의 체험 속에서 구체적인 상황의 제시를 통해 독자들이 함께 공감할 수 있도록 하고 있다는 점이다.

이른 아침 가방을 어깨에 메고
힘차게 골목길 나서다
지긋한 할아버지가
손수레 끄는 것을 보았다
나는 무거운 가방을 메고서도
할아버지의 손수레 밀어 드렸다

수레는 한결 빠르게 언덕을 올랐다

우리의 수레에 싣고 가야 할 것이
무엇인가
생각하며 이것저것 더 많이
담아보았다

그래도 손수레는 거침없이
비탈길을 올랐다

– 김기연, 「손수레」 전문

이 시를 쓴 학생은 자신이 경험한 삶의 아름다운 순간을 시로 표현하였다. 시적 화자는 가방을 들고 골목에 나서다 할아버지가 끌고 가는 손수레를 발견한다. 할아버지의 수레를 밀고 함께 언덕을 오르면서 서로 따뜻하게 돕고 사는 삶의 아름다움을 깨닫게 된다. 화자는 할아버지가 끄는 손수레를 밀어드리면서, 이렇게 서로가 서로를 밀어준다면 우리는 얼마나 아름답게 함께 사는 사회를 만들 수 있을까 하는 생각을 펼치고 있다.

이 시는 단순하기도 하지만 진실로 우리에게 필요한 것을 제시해 주고 있다는 점에서 가치를 인정할 수 있다. '쉬운 시가 좋은 시다'라 할 때 이 시는 그 점을 시사해 주고 있다.

위의 시는 나-나 통화 체계를 취하고 있다. 그러면서도 시적 화자는 개인적인 정서를 벗어난 사회적 삶에 대한 인식을 엿보여 준다. 이점이 이 시에서의 성공을 이끌어 내는 중요한 열쇠가 되고 있다.

이 시는 1연에서의 '나'가 2연에 이르면 '우리'로 확대되어 나타난다. 그것은 우선 '나'와 '할아버지'를 아우르는 것이지만, 사회 전체로서의 '우리'를 의미하기도 하는 것이다. 개인적인 삶을 사회적인 관계에서 파악하려는 노력이 이 시의 세계를 넓히고 있는 것이다.

이 시가 갖고 있는 따뜻함과 삶에 대한 건강한 의식은 여기에서 기인한다. 이 시를 나-나 통화 체계로 파악할 수 있지만, 청자로서의 '나'는 '우리'로 해석되어야 한다. 그만큼 시적 화자의 사회인식 태도는 곧 그의 시에 반영되는 것이다.

눈이 부셔요

온종일 머리 위에 햇볕을 이고 사는
내 영혼에 커튼은 없습니다

나는 회전할 수 없는 삶을 비틀어
고된 몸 뉘일 곳 찾는 붉은 눈동자
나그네처럼 이곳 저곳 기웃거려 보았지만

애기 숨결 연하게 톡 터지는 도라지꽃 아래
푸른 손바닥 드리워 그늘 된
느티나무 한 그루밖에는 보질 못 했어요

눈이 부셔 눈
질끈 감아버렸습니다

아름다운 가시면류관
햇빛 받으며 뜨겁게 타 들어가던 날
거룩한 아버지 마지막 햇빛마저 산산이 쪼개어

아들 몸 붉은 눈물방울로 씻어주었다는데

왜일까요

내 영혼에는 그 무엇 드리울 것 없이
산 중턱 그리운 뻐꾸기 소리 밀려난
짐승의 이빨 무서워라, 번뜩이는 흙먼지 일어나는 소리
어디선가 쓰러지는 고층빌딩 사이 찢어진 햇볕이고

더 아래로
시린 살갗 터 기어가는 뱀 몸뚱아리 같은

아, 내 영혼에 커튼은 어디 있을까요

– 오진원, 「영혼의 창문」 전문

이 시는 나-님 통화 체계를 취하고 있다. 이 시에서는 시를 쓴 학생의 종교적 분위기를 읽을 수 있다. “거룩한 아버지 마지막 햇빛마저 산산이 쪼개어 / 아들 몸 붉은 눈물방울로 씻어주었다는데”에서 기독교적인 포즈가 나타난다.

그러므로 이 시는 상대에게 전달하는 청자로서의 메시지로 읽을 수 있다. 신앙인으로서 살아가는 ‘나’는 화자로서 청자인 ‘하나님’에게 인간적인 고뇌를 피력하고 있다.

이 시에서의 화자는 청자에게 경어를 쓰고 있다. 이 시의 어조는 어린아이 입장에서 부모님에게 간청하는 듯한 분위기를 보여준다. 시적 화자는 청유형의 목소리를 통해 상대에게 간청하고 있다. 이러한 행위는 '하나님' 앞에서 인간이란 그가 아무리 높은 위치에 있을지라도 어린아이에 지나지 않을 것이기 때문에 자연스럽다. 이 시는 기독교적 입장에서 자신의 삶에 대한 갈등을 노래하고 있다. 시적 화자는 아무리 노력을 하여도 인간으로서의 그 한계를 벗어날 수 없다는 존재론적 인식을 통해 "아, 내 영혼에 커튼은 어디 있을까요"라고 표현하였다.

시의 언어와 기도의 언어는 서로 통한다. 그것은 진실한 자기 사유를 드러낸다는 점에서 그러하다. 아주 간절한 기도는 그대로 시가 될 수 있다는 점에서 시 쓰기의 한 비밀을 발견할 수도 있는 것이다. 이 시에서의 청자는 '하나님'이다. 종교적 성숙을 향해 가면서 겪는 자아 갈등과 고통을 넘어서려는 의지가 이 시에는 곡진(曲盡)하게 배어 있는 것이다. 그래서 이 시는 우리에게 더욱 더 절실하게 다가온다.

3 나-남의 통화 체계와 청자의 다양성

요즈음의 시들은 주로 자신의 개인 체험을 바탕으로 개인적인 정서나 상상의 세계를 표현하고 있다. 그것은 지금 우리 시대가 거대 담론이 사라진 상황에서 미시담론으로 빠져 있는 결과이기도 하다. 그리하여 개인의 내면에 일고 있는 정감의 내밀함이나 섬세함을 표현하기는 하지만, 대 역사・사회적인 문제들에 대한 관심과 형상화에는 소홀한 감이 없지 않다. 그만큼 시에서 메시지를 강조하지 않는지도 모른다. 물론 시에서 메시지는 독자들에게 강요할 사항이 아니다.

그러나 모든 시인들이 개인의 사생활이나 자신의 감정과 정서만을 노래하고 그 시대 사회 상황의 문제에 대해서는 외면하거나 보다 보편적인 주제를 통해서 민족이나 인류에게 전달하려는 메시지가 약화되는 것은 다시 생각해 보아야 할 문제라 할 수 있다.

그러한 점에서 우리는 다시 신동엽 시인의 「껍데기는 가라」라는 시를 재삼 음미해 볼 필요가 있다고 판단한다.

껍데기는 가라.
四月도 알맹이만 남고
껍데기는 가라.

껍데기는 가라.
東學年 곰나루의, 그 아우성만 살고
껍데기는 가라.

그리하여, 다시
껍데기는 가라.
이곳에선, 두 가슴과 그곳까지 내논
아사달 아사녀가
中立의 초례청 앞에 서서
부끄럼 빛내며
맞절할지니

껍데기는 가라.
漢拏에서 白頭까지
향그런 흙가슴만 남고
그, 모오든 쇠붙이는 가라.

―「껍데기는 가라」 전문

위 시는 신동엽의 시적 특성을 두루 갖추고 있는 작품이다. 우선 이 시는 강한 어조가 율격과 맞물려 즉각적으로 침투력을 형성할 만큼 직정적이다. 또한 이 시에는 '껍데기'와 '알맹이', '아사달'과 '아사녀', '중립의 초례청', '흙가슴'과 '쇠붙이' 등 그의 시 전반의 핵심어가 종합적으로 나타난다. 그리고 이 시는 어조와 핵심어가 일체화되어 완벽한 구조를 이룬다.[9] 이 시에서 시적 화자의 목소리는 강하게 시의 문맥 위로 깔리면서 강력한 전달을 꾀하고 있다. 그것은 이 시가 어느 개인이나 몇 사람을 대상으로 한 것이 아니라, 시를 읽는 누구에게라도 그 메시지를 전달하려는 의지에서 기인하고 있다.

따라서 이 시는 나-남 통화 체계로 이해된다. 이 시는 특히 '껍데기'의 상징에 의해서 시대를 초월하여 리얼리즘의 성취를 보여주고 있다는 평가를 얻고 있다.[10] 그것은 어느 시대에도 존재하는 모순에 대한 비판적 인식에 기초한 상징으로서, '껍데기'의 상징성은 시대를 초월해서도 의미를 드러낼 수 있는 까닭이다. 그만큼 이 시의 메시지는 강력하면서도 시적으로 상징성을 지니고 있는 것이다.

이 시의 청자는 어느 특정한 대상에 국한되어 있지 않다. 세상의

9) 김완하, 『신동엽 시와 삶』, 푸른사상, 2013, 225쪽.
10) 백낙청, 『민족문학의 새 단계』, 창작과비평사, 1990, 364~365쪽.

삶 가운데서 비본질적인 것, 가식적으로 꾸미고 치장하는 것, 순수한 알맹이의 삶을 왜곡시키는 것이면 모두 여기에 해당한다. 따라서 이 작품은 어느 일정한 사람만을 대상으로 하여 전달하려는 메시지를 담고 있지 않다. 그것은 사람뿐이 아니라 제도나 이념 등 모든 모순들도 함께 지향하고 있다. 그만큼 이 시의 의식은 특정한 사실을 지향하는 것이 아니라 인류 전체를 대상으로 하고 있는 것이다.

신동엽의 시에 나타난 서정성은 단순한 서정이나 순간적인 서정이 아니다. 그의 시에서는 개인적인 체험일지라도 그것이 보다 구체적인 민족의 역사적 사실로 객관화되어 나타난다. 또한 그는 시에서 무엇인가를 끊임없이 이야기하려고 시도하고 있다. 그의 시는 담화 형식을 통하여 독자들에게 메시지를 강하고도 직접적으로 전달하려고 노력했다. 그는 직접적으로 "시란 바로 생명의 발언인 것이다"[11]라고 하였다.

신동엽의 시에서는 강한 담화지향성을 발견할 수 있다. 그는 시에서 담화 구조를 통하여 독자와의 공감 영역을 극대화하고자 꾀하였다.

뿐만 아니라, 그의 시에는 대개의 경우 화자가 생략되어 있기도 하다. 그의 시는 화자의 개인적 체험의 특수성보다는 민족 전체의 보편성을 지향하고 있는데, 이는 민중시의 한 특성으로도 이해할 수 있다. 그의 시는 거의 나-남 통화 체계를 취하고 있다.

그의 시는 개인과 개인간의 의사소통이 아니라 민중 전체를 지향한다. 그는 시적 담화 속에서 민중이라는 집단을 그 실체로 하여 개인적 화자는 문맥 속으로 숨겨 나타낸다. 이점에서 그의 시는 강한

11) 신농엽, 『신동엽전집』, 창작과비평사, 1975, 356~357쪽.

민중성을 획득하고 있는 것이다.

신동엽의 시는 나-남 통화 체계 가운데서도 청자의 다양함을 발견할 수 있다. 그의 시에서의 청자는 '너 → 당신 → 사람들 → 조국 → 인류'로 확대되어 가는 담화 방식으로 나타난다. 그러므로 그의 경우 개인적인 것으로 보이는 경험도 항시 역사 · 사회 현실과의 연관을 가지며, 나아가서는 인류사의 차원으로까지 연결되는 것이다. 그의 시적 담화는 '나 → 우리 → 민족 → 인류'로 확대되어 가는 동심원적 구조로 파악된다.[12] 이 점은 그가 '시는 우주적 발언'이며 '시인은 인류 발언의 선창자(先唱者)'라고 주장했던 데에 뿌리를 두고 있다. 바로 이점이 신동엽이 인식한 시의 사회적 기능이며 시인의 역할이었던 것이다.

이러한 사실은 아울러 우리들에게 이 시대의 시 쓰기라는 문제를 함께 생각해 보도록 한다. 우리 사회에서 점점 시의 위력은 약화되어가고 있는 듯하다. 그럼에도 불구하고 시를 쓰고자 하는 사람들이 날로 많아지고 있으며, 실제로 시가 많이 쓰여지고 있다. 그렇다면 이러한 아이러니는 어떻게 이해해야 할 것인가. 모두가 시의 독자보다는 시 창작의 주체로 서려는 것이 아닐까. 그럴 수 있다고 본다. 또 한편으로 시가 점차 하향식 평준화되어 가고 있는 것은 아닐까. 그렇다고도 판단된다. 그리하여 깊은 감동을 주는 시들이 적은 것이다. 강한 감동으로 독자들을 사로잡는 시가 나올 때 시의 가치는 제 자리를 찾을 수 있을 것이다.

시는 본래 다소 어려운 것이다. 시란 고급 예술로서 전 국민이 시에 관심을 갖고 시를 생활화하는 상황으로 가기는 어려울 것이다.

---

12) 김완하, 「신동엽 시의 담화 구조」, 『한남어문학』 20집, 1995, 437~449쪽.

그러므로 시인들은 독자들의 반응이나 독서 시장의 동향으로부터도 일정한 거리를 두고 자기만의 세계를 끊임없이 추구해 가는 것이 중요하다. 삶과 시, 이 사이에는 현실 논리가 버티고 있다.

그러나 시를 쓰고자 하는 학생들은 생이란 좀 더 다른 차원에서 접근해 볼 수도 있다는 점을 인정해야 한다. 정신의 깊이를 향한 자기 몰입과 치열한 시정신을 통한 새로운 세계로의 지향을 통해서 우리 삶은 얼마든지 풍요로워 질 수 있는 것이다. 자기만의 진실을 꿰뚫어 내려는 노력과 마음의 풍요를 진정으로 누리는 삶이란 얼마나 아름다운가.

자본주의 앞에 굴복해 버린 정신, 생명에 대한 외경과 존중의 자세가 희박해져 가는 시대에 그것들을 단호하게 부정하면서 일어서려는 것이 시 정신이다. 그러한 의지를 갖는 사람만이 시를 쓸 수 있다. 시 정신, 그것을 간직하는 것만으로도 우리들의 삶은 새로워지며 풍요로워지는 것이다.

김완하

한남대학교 문예창작학과 교수. 1987 『문학사상』 등단. 시집 『허공이 키우는 나무』 외.

제 3 부

시 창작 현대기법

I 시 창작과 패러디의 실제

1 패러디의 개념

패러디란 익살·풍자의 효과를 위하여 원작의 표현이나 문체를 자기 작품에 차용하는 형식이다. 패러디는 단순한 모방의 차원이 아니고, 패러디의 대상이 된 작품과 패러디를 한 작품이 모두 새로운 의미를 가지게 된다는 점에서 표절과 구분될 뿐만 아니라, 어떤 인기 작품의 자구를 변경시키거나 과장하여 익살 또는 풍자의 효과를 노린 경우가 많다. 린다 허치언이 주장하는 패러디는 근대의 자아 반영의 중요한 형식으로 바라본다. 그 이유는 모방이 되는 작품과 비평적 거리를 두고 있기 때문이다. 그 거리가 패러디 작가의 창조성과 작품의 당대를 향한 의도를 명확히 해준다[1]고 린다 허치언은 말하고 있다.

또한 패러디는 근대 예술가들이 아이러니한 재기호화를 통해 과거와 접촉하게 되는 하나의 중요한 방법이다. 패러디에서 보여주는

1) 린나 허치언, 김상구·윤여복 역, 『패러디 이론』, 문예출판사, 1998, 191쪽.

아이러니는 소위 세련된 표현의 한 형식이다. 그러므로 패러디는 그 실행자(작가)나 해석자(독자)에게 요구하는 것을 감안할 때 매우 세련된 장르이다.

아이러니와 패러디는 두 개의 차원에서 작동하는데 일차적, 표면적 전경과 이차적, 암시적 후경이다. 그러나 아이러니와 패러디 모두에 있어서 후자는 그것이 발견되는 맥락으로부터 의미를 얻게 된다. 아이러니와 패러디의 최종적인 의미는 이들 의미의 층들이 포개 놓여 있다는 것을 인식하는 데 있다. 형식과 실용적 효과 그리고 정신의 이러한 이중성이 패러디로 하여금 문학과 음악, 건축, 시각 예술에 있어서 현대적 자아 반영의 중요한 양식이 되게 한다.

2 패러디를 통한 시 창작

다음은 정현종의 시를 통해서 생각해 본다.

사람들 사이에 섬이 있다.
그 섬에 가고 싶다.

–「섬」 전문

정현종 시인의 「섬」은 이단 구성으로 이루어진 작품이다. '섬'이 갖는 의미는 다중적으로 해석될 수 있다. 그것은 '섬'이 갖는 상징성 때문이다. 이른테면 고립, 비밀, 절망, 이상, 희망 등 사람들 사이에 있는 거의 모든 것이 '섬'으로 해석될 수 있다. 하지만 이 해석들은 둘째 행에서 가고 싶은 소망과 만나면서 위의 것들 중에서 친화적인 부분만 해석하도록 한다. 그리하여 인간 소외가 심화되어 가고 있는 탈근대 도시의 사회에서 살아가고 있는 세대들에게 '섬'은 인간 관계를 회복하게 해주는 장소가 된다. 결국 시인이 가고 싶어하는 '섬'은 현실과 분리된 공간이다. 그러나 사람들 사이를 이어주는 가교의 역할을 하는 장소가 된다.

사람들 사이에 벽이 있다.
그 벽을 허물고 싶다.

–「벽」 전문

위의 시는 정현종 시인의 '섬'을 '벽'으로 바꾸어 패러디한 것이다. 인간 소외가 심각하게 이루어진 탈근대 도시의 사회에서 살아가고 있는 세대들 사이에는 벽이 있다. 탈근대 도시 사회에서 살아가고 있는 세대들은 이웃 간의 의사소통이 이루어지지 않게 되면서 단절의 상태에 빠져 있다. 그 이유는 농경 사회의 문화처럼 공동체적인 유대 관계가 절실하게 필요로 하지 않는 개인주의의 사회로 변화되어졌기 때문이다. 농경 사회의 문화에서 살아가고 있었던 세대들은 정착 생활을 하면서 생산에 기반을 둔 삶을 살아왔다. 농경 사회의 문화에서는 봄, 가을로 찾아오는 농번기에는 많은 노동력을 필요로 하였다. 많은 노동력을 확보하기 위해서는 이웃 간에 거리를 두고 살아가면 안 되었다. 그렇기 때문에 이웃에게 허물이 있다손 치더라도 그것을 가족처럼 감싸주며 사이좋게 지내며 살아왔다.

하지만 탈근대 도시의 문화에서 살아가고 있는 세대들은 산업화가 이루어지면서 신선한 목초지가 있는 곳을 찾아 떠돌아다니는 유목민처럼 직장을 찾아 공장이 있는 곳으로 떠나왔다. 공장에서 생산하는 작업 방식이 분업화가 되면서 전문화의 시대가 도래하게 되었고, 이웃의 노동력이 절실하게 필요로 하지 않는 문화로 변화되었다. 이런 문화 속에서 살아가고 있는 세대들은 이웃의 허물을 감싸주며 가깝게 지낼 필요가 없게 된 것이다.

위에서 패러디한 「벽」은, 정현종 시인의 「섬」이 내포하고 있는 탈근대 도시의 삶에서 나타나는 단절의 의미를 크게 벗어나지 못했다. 패러디란 단순한 모방의 차원이 아니라, 패러디의 대상이 된 작품과 패러디를 한 작품이 모두 새로운 의미를 지녀야 한다. 그렇게 되면 패러디는 자아 반영의 중요한 형식으로, 모방이 되는 작품과 비평적 거리를 두게 된다. 그 거리가 패러디 작가의 창조성과 작품의 당대를 향한 의도를 명확하게 해준다. 그런 면에서 「벽」은 「섬」을 모방한 차원에서 머무르고 있다. 하지만 모방의 차원을 벗어나 탈근대 도시의 사회에서 살아가고 있는 세대들의 문화적 특징을 반영하고 있는 작품이 있다. 그 작품이 바로 김춘수의 「꽃」을 패러디한 장정일의 「라디오같이 사랑을 끄고 켤 수 있다면」이다.

내가 그의 이름을 불러주기 전에는
그는 다만
하나의 몸짓에 지나지 않았다.

내가 그의 이름을 불러 주었을 때
그는 나에게로 와서

꽃이 되었다.

내가 그의 이름을 불러준 것처럼
나의 이 빛깔과 향기에 알맞는
누가 나의 이름을 불러다오.
그에게로 가서 나도
그의 꽃이 되고 싶다.

우리들은 모두
무엇이 되고 싶다.
너는 나에게 나는 너에게
잊혀지지 않는 하나의 의미가 되고 싶다.

-「꽃」 전문

김춘수의 시 세계가 보여주는 특성에 대해서 김춘수는 서구의 상징주의 시 이론을 받아들여 그것을 소화한 희귀한 시인이라고 평가되고 있다. 그의 상징주의 시는 초기에는 무한 탐구, 후기에는 순수시, 절대시로 나타난다. 김춘수의 「꽃」은 초기 시를 대표하는 작품이다. '존재 탐구'로 알려져 있는 그의 초기 시 경향은 의미 없는 대상 객체가 의미 있는 '존재'로 변용되어 가는 과정의 모습을 다루고 있다. 어떤 사물이 무심하게 놓여져 있을 때, 그것은 인간 주체에게 하나의 단순한 도구로써 무의미한 가치에 지나지 않는다. 그러나 그 도구를 사용하려고 할 때, 의미가 없는 그 도구는 하나의 의미 있는 도구로써 인간의 주체에게 다가온다. 「꽃」은 그 과정의 모습을 다루고 있는 작품이다.

처음 두 연은 ‘나’와 ‘그’의 관계를 제시하고 있다. 원래 그는 공허한 ‘몸짓’에 불과했으나, ‘나’와의 관련을 통해 의미로 가득 찬 ‘꽃’이 된다. 그 변화를 불러일으킨 것은 그에 대한 나의 호명행위이다. 다음 연에서 그 관계는 역전이 된다. 내가 그의 이름을 불러주어 그가 나의 꽃이 된 것처럼, 누군가가 나의 “빛깔과 향기”에 부합하는 이름을 불러주기를 원한다. 그때에서야 나는 꽃이 될 수 있을 것이다. 이름 부르기는 빛깔과 향기, 즉 고유성을 알아차리는 행위이다. 그 행위를 통해서만 익명성에 묻혀 있던 대상은 의미가 있는 ‘존재’로 피어나게 된다. 지금까지의 세 연에서 문장의 주어는 ‘나’ 그리고 ‘그’라는 개별적 인칭이었다. 이제 마지막 연에서는 ‘우리’라는 집합적 인칭으로 바뀐다. 이제 시인은 ‘나’와 ‘그’라는 단독적 개체들이 ‘우리’라는 친밀한 영역 속으로 들어오게 되기를 원한다. 그 속에서 개별적 존재들은 새로운 ‘나’와 ‘너’가 되어 서로에게 의미를 지니는 고유한 관계를 맺게[2] 되는 것이다.

다음은 장정일이 김춘수의 「꽃」을 패러디한 「라디오같이 사랑을 끄고 켤 수 있다면」이라는 작품이다.

내가 단추를 눌러 주기 전에는
그는 다만
하나의 라디오에 지나지 않았다.

내가 그의 단추를 눌러 주었을 때
그는 나에게로 와서
전파가 되었다.

---

2) 한계전, 『한계전의 명시 읽기』, 문학동네, 2002, 179~180쪽

내가 그의 단추를 눌러 준 것처럼
누가 와서 나의
굳어 버린 핏줄기와 황량한 가슴속 버튼을 눌러다오.
그에게로 가서 나도
그의 전파가 되고 싶다.

우리들은 모두
사랑이 되고 싶다.
끄고 싶을 때 끄고 켜고 싶을 때 켤 수 있는
라디오가 되고 싶다.

–「라디오같이 사랑을 끄고 켤 수 있다면–
김춘수의 〈꽃〉을 변주하여」 전문

위의 작품은 풍자적인 충동도 없고 비판 정신도 없으며, 언어 행위를 통해 본질적인 의미를 탐구하려는 진지한 노력의 모습조차도 아예 보이지 않는다. 김춘수가 보여준 '존재 탐구'에 대한 노력의 도전이며, 가볍고 표면적인 것에 그 이상의 의미를 부여하지 않으려는 '깊이 없음'의 태도로,[3] 하나의 산뜻한 재치를 보여주고 있는 언어유희의 작품이다. 모더니즘 예술이 현실 뒤의 본질과 질서를 찾으려고 했다면, 포스트모더니즘은 현실 그 자체를 표피적으로만 제시할 뿐, 그 본질이나 진리를 탐구하려고 하지 않는다. 포스트모더니즘의 '깊이 없음'은 바로 이와 같은 문화 인식의 변화와 관계가 있다.

포스트모더니즘의 작품에서는 모더니즘의 작품이 가진 기법적 난해성이나 주제의 진지성이 사라진 대신에, 콜라쥬와 같은 파편화된

3) 장도준, 『현대시론』, 태학사, 1999, 390~391쪽.

형식을 통해 희화화하고 개인의 거친 감정을 여과 없이 그대로 표출시킨다. 「라디오같이 사랑을 끄고 켤 수 있다면」은 포스트모더니즘 소비 사회의 문화를 반영하고 있다. 「라디오같이 사랑을 끄고 켤 수 있다면」(이하 「라디오같이」로 칭함)에서 반영하고 있는 사회적 의미를 살피기 전에, 장정일의 패러디에 대한 생각을 먼저 살펴보자.

> 패러디에는 패러디되는 대상에 대한 거리, 가치판단, 비판이 개입한다. 그러나 노골적인 베끼기에는 그런 거리나 가치판단, 비판이 없다.
>
> —「인공시학」[4] 부분

> 100
>
> 천만에요, 거기에 '부제'를 단 것이 내 일생일대의 실수예요. 나는 내 방법을 끝까지 지켜야만 했는데 말입니다. 내 방법이 뭐냐구요? 그건, 표절의 끝까지 가는 것, 전력을 다해 원본을 뛰어넘거나 자기 것으로 만들어버리는 것! 즉 '수준'을 얻기 위해 고심하며 '자기화'하기 위해 원본과 싸우는 것! 이런 극단의 정신을 가진 사람에게 '명시성'이란 허울 좋은 자기변호 같이 나약한 거예요. '명시성'이란 원래부터 재능이 없거나 원본과 맞서 투쟁할 의욕도 없이, 원본의 몇 구절이나 소재에 기대어 원본의 권위와 성과를 훔치려는 비겁자의 부적일 뿐이지요. 아주 좋게 말해서 '명시성'은 사다리 구실을 할 뿐이에요. 그러나 지붕에 올라가면 사다리가 필요 없듯이, 원본에 대해 일정한 '수준'을

4) 장정일, 「인공시학」, 『펄프 에세이』, 하늘 연못, 1997, 49쪽.

성취했거나 '자기화'를 이루었다면 '명시성' 따위는 버려도 좋은 거예요.

—「너에게 나를 보낸다」[5] 부분

위의 글을 통해 장정일이 생각하고 있는 패러디에 대한 인식을 살펴 수가 있었다. 장정일이 김춘수의 「꽃」을 패러디한 「라디오같이」에서 반영하고 있는 것은 표절 혹은 노골적인 베끼기로 원작이 성취한 '명시성'의 획득에 대한 도전이다. 「라디오같이」는 "원본의 권위와 성과"를 벗어나서 제 나름대로의 '명시성'을 획득하고 있다. 장정일이 「라디오같이」에서 반영하고 있는 것은 김춘수가 「꽃」에서 추구하던 '존재 탐구'의 인식을 벗어난 소비 사회의 문화이다. 김춘수가 「꽃」에서 반영하고 있었던 것은 의미 없는 대상 객체가 의미 있는 '존재'로 변용되어 가는 과정의 모습이었다. 그 대상은 자연 속에 존재하고 있었던 '꽃'이다.

김춘수는 호명행위를 통해서 자연 속에 있는 '꽃'과 동일시하면서 자신의 존재 가치에 대한의 의미를 찾았다. 하지만 장정일은 대량 생산 체계에서 만들어진 '라디오'로 '존재 탐구'를 하고 있다. 그 점이 바로 전세대의 관념적 억압에서 벗어나 소비 사회의 문화를 반영하고 있는 부분이다. 소비 사회의 문화에서 창작된 프랑스 출신의 미술가인 마르셀 뒤샹의 예술품과 「라디오같이」를 비교하면서 살펴보자. 그리하면 장정일이 「라디오같이」에서 반영하고 있는 표절 혹은 노골적인 베끼기로 나타나는 패러디의 문학적 가치와 의미를 확인할 수가 있을 것이다.

---

5) 장정일, 『너에게 나를 보낸다』, 김영사, 2005, 103쪽.

3 패러디의 사회적 의미와 맥락

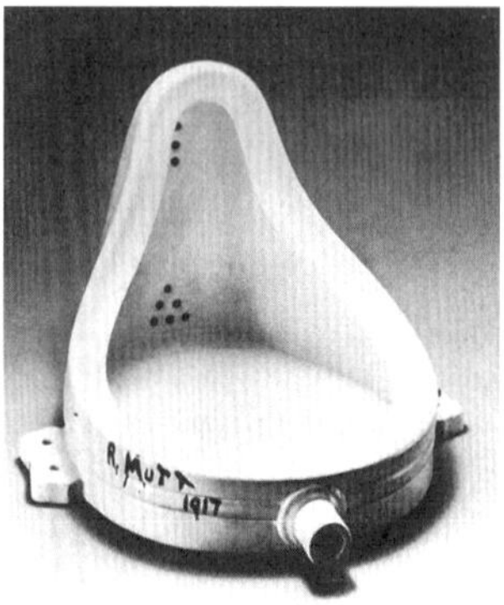

마르셀 뒤샹, 「샘」

마르셀 뒤샹은 그 자신이 '레드 메이드(기성품 Ready-Made)'라고 부른 그와 같은 일상 사물을 취해 거기에 자신의 서명을 하여 명성과 악명을 동시에 얻었다. '레드 메이드'는 생활 주변의 평범하고 기능적인 물건들을 선택해 그 배열을 바꿔 의미의 변형을 가져오는 방법과 오브제 자체에 아무런 수정을 가하지 않고 이름만 바꿔 오브제를 변용시키는 방법 등이 있다. 1917년 마르셀 뒤샹은 '레드 메이드'인 소변기에다 「샘」이라는 이름을 붙여 앙데팡 전시회에 출품하고, 레오나르도 다 빈치의 「모나리자」 그림엽서에 턱수염과 콧수염을 첨가해 「L. H. O. O. Q」라는 이름으로 역시 출품한다.6)

마르셀 뒤샹, 「L. H. O. O. Q」

이 작품들은 기존의 가치에 대한 반 예술 행위이고, 기능적인 오브제와 예술품 사이의 차이점에 대한 문제 제기로서 기존의 가치에 대한 해체이면서 풍자였다. 레오나르도 다 빈치가 죽은 지 400년 되는 해에 「모나리자」 그림엽서를 발행한 것에 마르셀 뒤샹은 턱수염과

6) 신현숙, 『초현실주의』, 동아출판사, 1992, 68쪽.

콧수염을 첨가해 「L. H. O. O. Q」라고 섰다. 이 단어를 불어로 발음하면 "Elle a chaud au cul(그녀의 엉덩이는 뜨겁다)"라는 뜻이 된다.[7] 이 뜻의 의미를 살펴보게 되면, 장정일이 김춘수의 「꽃」을 패러디한 「라디오같이」에서 반영하고 있는 소비 사회의 문화적 특징을 인식할 수 있다. 소비 사회의 문화를 인식하게 되면, 장정일이 「라디오같이」에서 반영하고 있는 패러디의 문학적 가치에 대한 의미를 확인할 수 있다.

발터 벤야민은 「기술복제시대의 예술작품」[8]에서 대량으로 재생산되는 예술 작품에서 상실하고 있는 것은 예술 작품 자체의 아우라(Aura)라고 주장한다. 게다가 예술 작품은 피할 수 없는 재생산의 운명 속에서 원본의 지위를 잃게 된다. 레오나르도 다 빈치의 그림인 「모나리자」를 바라보고 있으면, 그녀의 마음속에 영혼이 깃들어 있는 것 같다. 마치 살아 있는 사람처럼 우리들의 눈앞에서 볼 때마다 달라져 보인다. 이 그림 속에 있는 그녀의 눈을 유심히 살펴보면 자꾸만 자기보다 아랫사람을 바라보는 듯하고, 그녀의 미소에는 알 수 없는 슬픔이 깃들어 있는 것만 같다. 이런 작품을 그림엽서로 대량 생산하였을 경우 「모나리자」의 작품 자체가 가진 아우라와 원본의 지위를 상실하는 원인이 된다. 그러니 마르셀 뒤샹은 「모나리자」 그림엽서에 턱수염과 콧수염을 첨가함으로써 상실된 아우라를 복원한다. 마르셀 뒤샹의 작품에서 복원된 아우라는 레오나르도 다 빈치의 작품을 벗어나서 스스로 존재하고 있는 아우라이다.

---

7) M. 칼리니스쿠, 이영욱 외 역, 『모더니티의 다섯 얼굴』, 시각과 언어, 1993, 312쪽.

8) 발터 벤야민, 반성완 옮김, 『발터 벤야민의 문예이론』, 민음사, 2006.

「모나리자」의 그림엽서는 문방구에서 돈만 지불하면 누구나 구입할 수 있는 기능적인 오브제이다. 그런 기능적인 오브제는 예술품이 가진 원본의 지위와 아우라를 상실하게 하는 원인이 된다. 그리고 또 다른 모습에는 레오나르도 다 빈치의 「모나리자」를, 그 시대의 패러다임에 가두어 의미를 한정할 수도 있다. 곧 레오나르도 다 빈치의 「모나리자」를 보면서 당연히 그녀의 미소에 대한 예술작품의 가치에 대한 의미를 감상해야 하는 듯 바라보게 된다. 하지만 마르셀 뒤샹은 그녀의 모습에 숨겨져 있는 남성의 이미지를 발견한다. 그리하여 「모나리자」의 그림엽서에 턱수염과 콧수염을 첨가함으로써 감추어져 있던 남성의 이미지를 표현한다. 이런 행동은 유명한 작품을 훼손해서는 안 된다는 관습적인 인식의 사고를 해체하는 것이었다. 그렇기 때문에 마르셀 뒤샹은 턱수염과 콧수염을 첨가해 "Elle a chaud au cul(그녀의 엉덩이는 뜨겁다)"라는 뜻의 약자를 쓴 것은 기존의 권위를 해체하는 행위인 동시에 풍자였던 것이다.

장정일의 「라디오같이」도 마르셀 뒤샹의 작품과 같은 정신을 보여준다. 김춘수의 시가 플라톤이 추구하는 이데아인 정신(영혼)의 존재를 표현하고 있었다. 그런 반면에 장정일의 시는 정신(영혼)의 존재를 벗어나 즉흥적이고 우연성의 표면을 강조하는 주체의 죽음 및 탈중심의 포스트모더니즘인 정신에서 산뜻한 재치를 보여주는 언어 유희의 작품이다. 이 점이 바로 김춘수의 '명시성'을 벗어나서 「라디오같이」의 작품에서 성취하고 있는 '명시성'이다.

「모나리자」의 그림엽서는 획일적이고 똑같은 모습으로 대량 생산된 상품이다. 그런 「모나리자」의 그림엽서에는 레오나르도 다 빈치가 그린 그림처럼 많은 가치와 의미를 부여할 수 있는가? 아마도 없을 것이다! 하지만 마르셀 뒤샹의 그림엽서인 「모나리자」는 기능적인 오브제를 벗어난 하나의 예술품으로 바라볼 수가 있다. 그 이유는 마르셀 뒤샹이 레오나르도 다 빈치의 「모나리자」에 숨겨져 있던 남성의 이미지를 찾아내어 턱수염과 콧수염을 첨가하면서 표현했기 때문이다. 그리하여 기능적인 오브제가 하나의 예술품으로 새롭게 탄생하게 된 것이다. 이 부분에서 우리는 미술과 다른 음악에 대해 생각해 보자. 그리하면 장정일이 「라디오같이」에서 '김춘수의 「꽃」을 변주하여'라고 쓴 부제목이 의미하는 가치를 이해할 수가 있다.

현재 우리는 라디오에서 흘러나오는 베토벤의 「운명」교향곡을 청취하고 있다고 가정하자. 지금 라디오에서 흘러나오는 「운명」교향곡을 레오나르도 다빈치의 「모나리자」와 같은 그림처럼 많은 의미를 부여할 수 있는가? 아마도 없을 것이다! 다만 베토벤의 「운명」교향곡이 흘러나오는 시간만큼 우리는 음악을 감상하면 된다. 그 음악이 유명한 교향악단의 연주를 생방송으로 보내고 있는 전파든, 대량 생산 체제에서 만들어진 상품으로 출판된 테이프, 레코드 판, CD를 구입하여 라디오 방송국에서 전파로 보내고 있는 것이든 상관이 없다. 다만 우리는 베토벤의 「운명」교향곡이 라디오의 스피커에서 흘러나오는 시간만큼 음악을 감상하면서, 그 시간을 즐기면 된다. 이런 즐거움을 즐길 수 있게 된 것은 과학의 발전으로 누리게 된 혜택이다. 그러나 이 혜택은 누군가 만들어 놓은 하나의 결과물에 지나지 않는다. 그 결과물이 눈에 보이지 않는 "전파"로 공중에서 날아다닌다. 그런 "전파"에 우리가 많은 의미를 부여할 수 있는

가? 아마도 많은 의미를 부여하지 않을 것이다. 다만, 우리는 과학의 발전으로 누리게 되는 혜택을 즐기기 위해서 대량 생산 체제에서 만들어진 라디오를 구입해야 한다. 이런 소비 사회의 문화에서 과학의 혜택을 누리면서 우연적이고 찰나적인 쾌락을 추구하면서 살아가고 있는 세대들을 장정일은 '라디오'로 비유하고 있다.

김춘수는 "내가 그의 이름을 불러주었을 때/그는 나에게로 와서/꽃이 되었다"는 호명행위를 통해서 고유한 존재의 모습을 찾았다. 그런 반면에 장정일은 "내가 그의 단추를 눌러주었을 때/그는 나에게로 와서/전파가 되었다"로 살짝 변주하면서 '존재 탐구'를 한다. 여기서 우리는 김춘수가 「꽃」에서 성취한 '명시성'을 벗어나서 획득하고 있는, 장정일의 '명시성'을 확인할 수 있는 부분이다. 김춘수가 '존재 탐구'를 하던 '꽃'은 자연 속에서 태어나 스스로 자라면서 고유한 "빛깔과 향기"를 획득한 하나의 존재이다. 김춘수는 능동적인 자세에서 자연 속에 있는 '꽃'을 찾아 나서서 그 "빛깔과 향기"에 부합되는 호명행위를 하였다. 그 호명행위를 통해서 자연 속에 존재하고 있는 '꽃'과 동일시하면서 김춘수는 자신의 존재 가치에 대한 의미를 확인할 수 있었다.

하지만 장정일이 '존재 탐구'를 하던 '라디오'는 누군가 만들어 놓은 하나의 상품에 지나지 않는다. 그런 '라디오'는 누군가가 만들어 놓은 "전파"를 수동적으로 받아들이는 존재에 불과하다. '라디오'로 비유되고 있는 세대들은 김춘수가 「꽃」에서 탐구하던 고유한 "빛깔과 향기"를 지닌 존재가 아니다. 그들은 전자제품 가게에 진열된 '라디오'처럼 혹은 "티브이를 켜면 우연히 만나지는 얼굴같이" 너무나도 익숙한 이미지나 기호로 볼 수 있는 존재이다. 그런 존재들은 라디오가 베토벤의 「운명」교향곡의 전파를 받아들이면서 자신의 존재 가치를 보여주듯이, '라디오'로 비유되고 있는 세대들은 누군가 만들어 놓은 이미지나 기호를 수동적으로 받아들이고 소비하면서 자신의 존재 가치를 드러낸다. 이런 사회로 변화되어진 소비 사회의 문화를 장정일은 「라디오같이」의 작품에서 반영하고 있다.

장정일의 「라디오같이」에서 "김춘수의 「꽃」을 변주하여"라고 붙인 부제목이 의미하는 것은, 마르셀 뒤샹이 레오나르도 다 빈치의 「모나리자」에 턱수염과 콧수염을 첨가하고, 소변기에다 「샘」이라는 이름을 붙여 앙데팡 전시회에 출품한 행동과 동일하다. 곧 표절 혹은 노골적인 베끼기로 나타나는 패러디의 행위는 소비 사회로 변화되어진 대중 문화의 삶을 날카롭게 반영하면서 풍자하고 있다. 이 점이 바로 김춘수의 「꽃」을 벗어나서 장정일이 「라디오같이」에서 획득하고 있는 '명시성'이다.

4
약속 없는 세대의 미학

장정일은 현대 사회의 젊은 세대들을 '약속 없는 세대'라고 지칭한다. 그런 점의 성격을 밝혀두고 있는 작품을 읽고 살펴보자.

> 우리들은 우연히 길거리에서 만났고, 우연히 극장에서 만났는데, 그리고 디스코 텍과 맥주 홀에서 우연히 만났는데. 또 한잔 더 하기 위해 찾아들어간 포장집에서 우연히 만났는데.(… 생략

> …)우리들은 약속 없이도 만날 수 있는 예민한 습관을 가지고 있다. 티 브이를 켜면 만나지는 얼굴같이, 너와 내가 만나는 것은 타성이다. 우리들은 그 습관 위에서 만난다.
>
> 진정 사랑할 만한 그녀를 공들여 찾아내고, 전화번호를 훔치고, 그녀가 있을 만한 시간을 점쳐 몇 번이나 망설인 끝에 전화를 하고, 실랑이 끝에 만날 약속을 하고, 어렵게 장소를 정한 그날부터 만날 날을 손꼽으며 하루 또 하루를 보내고, 가슴 아프게 기다리고, 수첩을 확인하고, 달력을 보고, 또 보고, 그날이 되어 아껴둔 셔츠를 입고, 정성들여 구두를 닦고, 하숙집 아주머니에게 두 사람 몫의 커피값을 비는 일은 이제 할 필요가 없다.
>
> 깨끗이 씻은 두 손으로 고급한 요리를 차례대로 먹듯, 그런 약속된 형식을 누리는 즐거움은 사라졌다. 우리들은 버려진 고아같이 약속 없는 거리에서 만난다.(… 생략 …)우리들은 약속 없는 세대. 노상에서 태어나 노상에서 자라고 결국 노상에서 죽는다. 하므로 우리들은 진실이나 사랑을 안주시킬 집을 짓지 않는다. 우리들은 우리들의 발끝에 끝없이 길을 만들고, 우리가 만든 그 끝없는 길을 간다.
>
> 우리들은 약속 없는 세대다. 하므로, 만났다 헤어질 때 이별의 말을 하지 않는다. 우리들은 헤어질 때 다시 만나자는 약속을 하지 않는다. <거리를 쏘대다가 다시 보게 될 텐데, 웬 약속이 필요하담!> 그러니까 우리는, 100퍼센트, 우연에, 바쳐진, 세대다.
>
> –「약속 없는 세대」 부분

위의 시에서 대상이 되고 있는 세대들은 우연한 만남으로 사랑을 하고, 즉흥적으로 차오르는 감정의 욕망에 충실하게 순응하며 살아가는 '약속 없는 세대'이다. 이들에게는, 이전의 세대들이 보여주었던 사랑의 가치는 더 이상 중요하지 않게 작용되고 있다. 곧 "진정 사랑할 만한 그녀를 공들여 찾아내고, 전화번호를 훔치고, 그녀가 있을 만한 시간을 점쳐 몇 번이나 망설인 끝에 전화를 하고, 실랑이 끝에 만날 약속을 하고, 어렵게 장소를 정한 그날부터 만날 날을 손꼽으며 하루 또 하루를 보내고, 가슴 아프게 기다리"는 행위를 하던 이전의 세대들이 아니다. 그들은 우연히 길거리에서 만나 사랑을 하고 헤어지는 '약속 없는 세대'들이다. 그들이 만나고 헤어지는 '약속 없는 세대'들은 "티브이를 켜면 만나지는 얼굴같이" 광고 속에 등장하는 모델처럼 너무나도 익숙한 존재들이다.

'약속 없는 세대'들은 고급 문화에서 대중 문화의 삶으로 변모된 사회에서 살아가고 있다. 고급 문화의 심미적이고 지적인 가치를 의미 있게 파악하기 위해서는 타고난 능력 말고도 최소한의 지성과 감성을 갖추고 있어야 한다. 즉 시간, 인내, 심취, 훈련, 지침 그리고 독특한 양식이 경험될 수 있는 환경을 갖추고 있어야만 했다.[9] 하지만 '약속 없는 세대'들은 "노상에서 태어나 노상에서 자라고 결국 노상에서 죽"음을 맞이하는 문화 속에서 살아가고 있다. 이런 문화 속에서 살아가고 있는 '약속 없는 세대'들은 "깨끗이 씻은 두 손으로 고급한 요리를 차례대로 먹듯, 그런 약속된 형식을 누리는 즐거움은 사라졌다."고 말한다. 곧 고급 문화를 소유하고 있었던 이전의 세대들이 누리던 환경을 상실했다는 것을 확인할 수 있는 부분이다. 소비 사회의 문화에서 살아가고 있는 '약속 없는 세대'들은 정착 생활에서 주어지던 소유의 확고한 질서의 안정감을 상실하고, 끊임없이 신선한 목초지를 찾아 떠돌아다니는 유목민의 삶처럼 생활이 변

9) 상현두, 『대중문화론』, 나남출판, 1987, 100쪽.

화되었다. 그래서인지는 몰라도 '약속 없는 세대'들은 "두 손을 호주머니 깊이 찌르고 거리를 걷다가, 첫눈에 서로 반"하는 우연적이고 찰나적인 삶의 쾌락에 순응하며 살아간다. 그러니 "진실이나 사랑을 안주시킬 집을 짓지" 않는 다고 말하는 이유가 여기에 있을 것이다. 장정일은 그런 '약속 없는 세대'들을 「라디오같이」에서는 '라디오'로 비유했다.

'약속 없는 세대'가 출현하게 된 이유는 과학과 기계의 발달로 인하여 소비 사회의 문화로 변화되었기 때문이다. 인류사에서 기계는 처음 인간의 필요에 의해 만들어진 도구로써 인간의 연장선상에 있는 것이었다. 그런 점에서 창이나 망치, 곡괭이는 인간의 손을 확장한 것이었다. 그러나 기술의 발달로 기차와 컨베이어 시스템이 출현하게 되자, 기계는 자신의 논리에 따라 움직이게 되었고, 인간은 기계의 원리에 적응하게 되었다. 산업화가 발달하면서 나타난 포드 시스템은 단순한 기계적 원리가 아니다. 그것은 인간의 출·퇴근과 작업 동작 그리고 조직 원리를 통해 사고와 행동까지도 규제하기 시작했다. 과학도 획일적인 기계주의에 포섭되어, 개성과 특수성 등 인간이 가진 인간적 원리는 무시되고 보편성과 표준화라는 획일적 기계체제가 전지구적 흐름을 만들었다. 찰리 채플린의 「모던 타임즈」는 기계에 접속되는 인간 노동의 모습을 잘 보여준다.[10)]

산업화된 사회에서 살아가고 있는 '약속 없는 세대'들은 찰리 채플린처럼 기계의 고동에 따라 움직이는 삶을 살아간다. 이런 문화 속에서 살아가는 '약속 없는 세대'들은 어릴 때부터 시간 보는 법을 자연스럽게 배운다. '약속 없는 세대'들이 학생이 되어 학교 종이 울

---

10) 이은우, 『텔레비전 공간과 생체권력』, 커뮤니케이션북스, 1997, 11쪽.

릴 때까지 등교하도록 한 것은 사이렌 소리에 맞추어 공장이나 사무실로 출근하는 습관을 길러주기 위한 것이었다. 작업은 시간으로 계산되어 몇 분의 1초까지 측정되는 일련의 연속 작업으로 구분되어진 사회는 '오전 9시에서 오후 5시까지' 노동을 하는 생활상의 틀을 형성하게 되었다. 이런 사회 속에서 살아가고 있는 '약속 없는 세대'들은 개성과 특수성을 상실하고 찰리 채플린처럼 기계에 접속된 인간처럼 반복적인 생활의 틀 속에서 살아간다. 그러니 그들은 길거리, 극장, 디스코 텍, 맥주 홀, 티 브이를 켜면 우연히 만나지는 습관(틀) 속에서 살아간다. 그 곳은 누군가 만들어 놓은 포드시스템과 같은 기계적 원리가 내포되어 있는 삶이다. 그렇기 때문이 '약속 없는 세대'들은 "티브이를 켜면 만나지는 얼굴같이, 너와 내가 만나는 것은 타성"이다. 그들은 그 습관 속에서 만나고 헤어지는 소비의 삶을 살아가고 있는 것이다.

김춘수의 「꽃」을 패러디한 장정일의 「라디오같이」는 소비 사회의 문화로 변화되어진 탈근대 도시의 사회에서 살아가고 있는 세대들의 삶을 반영하고 있다. 그 삶의 모습은 우연적이고 찰나적인 감정의 욕망에 충실하게 순응하며 살아가고 있는 '약속 없는 세대'들의 문화이다. 그 문화를 「라디오같이」에서 날카롭게 반영하면서 풍지하고 있다.

장정일이 보여주는 패러디는 표절 혹은 노골적인 베끼기를 하면서, 김춘수가 「꽃」에서 성취한 '명시성'에 대한 도전이었다. 「라디오같이」에서 획득하고 있는 '명시성'은, 김춘수가 성취한 '명시성'을 벗어나 있는 것이다. 이것이 바로 패러디의 작품에서 찾아볼 수 있는 문학성이다.

그런 점에서 살펴보면 패러디의 작품을 창작한다는 것은 가장 쉬어 보이면서도 매우 어렵다. 그렇기 때문에 패러디의 작품에서 보여주는 아이러니와 풍자는 세련된 표현의 한 형식이면서 매우 어려운 장르이다.

전 재 형

한남대학교 박사과정 수료.

Ⅱ 시와 사진의 융합장르 탐색

1 들어가는 말

다양한 영상 콘텐츠가 대중 소통의 핵심으로 부상함에 따라, 영상의 숨겨진 의미를 읽어내는 작업은 상당히 중요한 문화적 생존 전략으로 주목받고 있다. 그러므로 영상의 언어적 특성을 포착하려는 영상기호학적 방법론은 조심스레 소쉬르의 통찰력에 기대어 영상의 의미 체계를 해체하고 봉합하기 시작했다. 이런 흐름에 힘입어 문자와 영상 사이를 가로지르는 실험적 연결 통로의 구축 욕구가 다양한 분야에서 역동적으로 일어나고 있다. 그럼에도 불구하고 문자와 영상 사이의 상생적 화합을 통한 장르의 새로운 모델 제시는 아직 유아기 수준을 벗어나지 못하고 있다. 따라서 본 글에서는 먼저 문자 언어와 영상 언어의 상호 텍스트적 현상을 살펴보고, 미흡하나마 시와 사진의 융합 모델로 포토포엠(PhotoPoem)을 제안한다.

2 문자와 영상 사이의 스펙트럼

> 시각 언어는 문자 언어의 번역이며 등가물이다. 따라서 우리는 이 두 가지를 모두 재현에 기초하고, 하나의 대상에 대한 두 가지 형태의 번역이라는 것으로 이해하면 된다.[1)]

문자와 영상은 독립된 특성과 함께 닮은 점도 동시에 가진다. 즉, 문자 언어를 기반으로 하는 문학이나 시각 언어인 영상은 도상(Icon)의 영역과 상징(Symbol)의 영역이라는 차이성에도 불구하고, 소통을 꿈꾸는 언어라는 관점에서 서로 유사하게 묶여진다. 이렇게 차이나거나 틀린 듯하면서도 같거나 비슷하고 모호한 관계의 무늬를 보이는 것이 바로 문자와 영상 사이의 스펙트럼이다.

이런 미묘한 관계를 한 눈에 조망하듯 보여주는 작가가 있다. 조셉 코주스(Joseph Kosuth)는 [One and Three Chairs]란 작품에서 문자와 사진 이미지 그리고 실제 대상 간의 미묘한 관계를 설치 작품으로 보여준다. 그는 의자라는 사전적 정의와 의자를 찍은 사진 그리고 3차원 공간에서 존재하는 실제 의자를 한 눈에 비교할 수 있도록 작품을 구성한다. 이러한 구성을 통해 객관적인 대상을 언어적으로 정의할 때 발생하는 실제 현실의 대상과 언어적 표현 사이의 불일치를 드러내어 보인다. 나아가 실제 대상을 영상으로 번역한 사진이란 이미지를 대칭시키면서 영상이 지닌 언어적 의미

---

1) 신방흔, 『시각예술과 언어철학』, 생각의 나무, 2001, 25쪽.

에 대해 물음표를 던진다. 이렇게 그의 작품은 '문자로 나타내기'와 '시각적으로 보여주기' 사이에서의 차이점과 유사성에 대한 직관적 통찰을 준다.

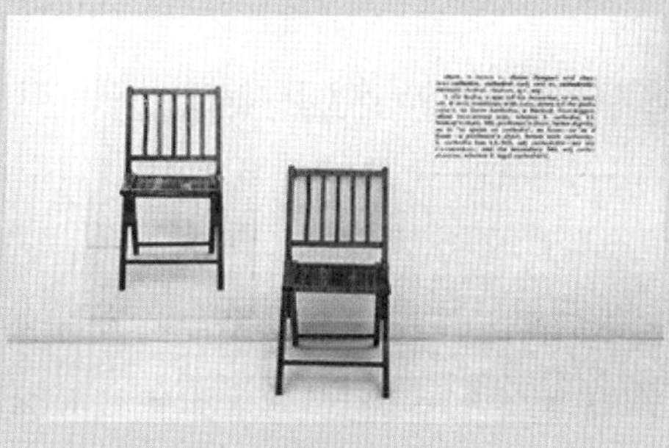

'One and Three Chairs', Joseph Kosuth

"커뮤니케이션 매체론자들은 만화는 글과 그림이 상호 보완된 이코노텍스트(Iconotext)라는 점에 강력한 매력을 느낀다."[2] 그리고 네슬리쉬(M. Nerlish)는 이코노텍스트의 본질을 '글과 그림, 그림과 글의 대화'[3]라고 설명하고 있는데, 이것은 글과 그림이 각각의 정체성과 독자성을 유지하면서도 분리될 수 없는 제 3의 텍스트라는 것이다. 즉, '글을 위한 비서로서의 그림'과 혹은 '그림을 보좌하기 위한 글'의 성격을 넘어서, 글과 그림이 서로 독립적인 정체성과 긴장

---

2) 최인자, 「한국 시사만화의 서사적 특성」, 『내러티브제 4호』, 한국서사학회, 2001, 114쪽.

3) W. J. T. Mitchell, [Iconology: Image, Text, Ideology], University Of Chicago Press, 1987 참조.

을 유지하면서도 독자적인 제 3의 텍스트성을 생성해 낸다. 따라서 만화 이미지 또는 만화 영상은 글이 가진 언어성을 내포하면서, 스토리를 진행시키는 만화 대사와의 상보적인 긴장미로 만화적 서사를 이끈다.

문자를 중심으로 한 실험적인 시도는 디자인 분야에서 활발히 이루어지고 있다. 타이포그래피, 인터넷상에서의 문자의 역동적 느낌을 조율하는 웹 타이포 디자인과 CI 디자인, 모든 디자인적인 요소들을 동영상으로 처리하는 모션 그래픽스(Motion Graphics) 분야 등에서 문자는 정적인 종이 위의 고정성을 넘어 율동감과 시각적 다변화로 마치 영상 이미지와 같은 모습으로 우리에게 다가온다.

최근 디지털아트 분야에서도 작가의 컨셉을 전달하는 매개체로서의 문자의 역할은 두드러진다. 현대 미술의 한 장르로서 편입되고 있는 디지털아트는 디지털의 특성인 상호성(Interactivity)을 적극 수용하고 문자와 영상 이미지를 결합시켜 미래 지향적인 예술의 가능성을 실험하고 있다. 안상수는 「이상 詩의 타이포그래피적 특성 연구」에서 문자 예술의 한 장르인 시(詩)를 타이포 이미지 관점에서 조망했으며, 시인 이상의 얼굴을 각자의 한글 이름으로 그리는 글자초상(Typo-portrait)으로 글자의 회화성을 극대화시킨 작업은 한글의 상형성 나아가 문자의 시각성과 영상성의 부각이란 점에서 참고할 만한 사례이다. 한마디로 오늘날과 같이 추상적이고 상징적인 문자 기호성을 나타내기 이전으로 환원되는 문자 언어가 곧 영상이라고 볼 수 있다. 그리고 "문자 언어는 대상을 묘사하는 자연적인 그림 문자, 이보다 발전된 상형 문자의 자의적 기호들, 그리고 알파벳 음성 문자 사이의 틈새가 존재한다."[4] 따라서 오늘날 극명하게 상징화되고 추상화된 문자 언어에서 삭제된 느낌을 복원하는 것이 감성적 언어로 표현된 시각적 시(詩)인 것이다. 이렇게 문자와 영상은 차이성과 유사성이란 두 축 사이에서 상호 텍스트적인 관계 양상을 드러내며 다양한 형식의 스펙트럼을 만들며 진화해 나가고 있다.

3 운문으로서의 사진 영상

> 시를 흔히 언어의 경제학이라고 부른다. 이는 시가 언어를 가장 효과적으로 사용해야 함을 의미하는 것이다. 경제학의 기본 원리는 최소한의 투자로 최대한의 효과를 거두는 것에 있는 만큼 최소한의 언어를 구사하여 최대의 시적 효과를 가져와야 한다. 가장 적절한 시어를 가장 적절한 장소에 배치시킴으로써 시적 효과는 증대된다.[5]

영상 시대의 영상[6]을 거칠게 나누면 정화상인 사진 영상과 동화

---

4) 김성도, 「말, 글, 그림」, 『영상문화와 기호학』, 한국기호학회 엮음, 문학과 지성사, 2000, 43쪽.

5) 박혜숙 외, 『광고 카피의 문학적 기법』, 건국대출판부, 2003, 41쪽.

6) 다양한 쓰임새를 갖고 나타나는 이미지란 단어의 사회적인 의미 작용의 다양성에도 불구하고 이미지와 영상이란 단어로 이분법적으로 분절해서 이해해 왔다. 하지만 이미지는 어떻게 보면 영상에 비해 좀 더 폭넓은 범주의 의미로 이해되는 측면이 있고, 영상은 우리가 의식하기도 전에 '심상(心象)'에서 '영상(影像)'으로, '영상(影像)'에서 '영상(映像)'으로 의미의 범위가 좁아

상인 영화 영상으로 나누어 볼 수 있다. 동화상인 영화는 시간의 축으로 몽타주되면서 내러티브를 구성해 나감에 따라 시간 예술의 특성을 드러낸다. 그리고 정화상인 사진 영상은 정지된 영상 이미지로서의 특성인 공간 예술의 자질을 나타냄에 따라 동화상과 차별된다. 즉, 이 둘 모두 카메라에 의한 사진술을 기반으로 형성된 공통분모를 공유하고 있지만, 매체 수용자의 측면에서 시간 예술과 공간 예술로 나눠지며 정반대의 매체 특이성을 가지게 된다. 시간 예술인 동화상은 내러티브를 선조적으로 파악해야 하지만 공간 예술인 사진 영상은 회화와 같이 비선형적으로 의미를 읽을 수 있다. 그리고 한 장의 프레임에 함축적으로 의미를 코드화시켜 담아내는 측면을 보면, 사진은 언어의 이미지 경제학인 시에 가깝다. 시를 생명력 있게 만드는 수사법은 은유(Metaphor)이다. 그런데 시의 은유적 수사 구조와 비견되는 사진의 은유적 특성은 이퀴벌런트 사진 미학을 정립한 스티글리츠(Alfred Stieglitz)의 구름사진 시리즈에서 찾아 볼 수 있다.[7] 스티글리츠가 탐구한 이퀴벌런트 사진 미학은 현대 순수사진가(Straight Photographer)들의 컨셉과 작품 생성 단계에 삼투되어 있다.

지게 되었다. 그럼으로 해서 오늘날 일반적으로 '영상'은 영화, 사진, TV 전체를 가리키는 말로 그 의미가 굳어지고 있다. 따라서 영상이란 단어는 일상 생활에 깊숙이 삼투된 영상 환경에 의해 매체성을 획득한 것으로 볼 수 있다. 따라서 현대의 영상 미디어를 거쳐 생성된 구체화된 이미지의 언어가 바로 영상(映像)이라 정의할 수 있다.

7) 제1회 한국사진평론상 당선작인 '구름의 신화와 메타포; 사진이미지의 원형 드러내기'는 사진의 시적 특성과 은유로서의 시각적 메타포를 포착하고 있다. 출처 : www.pask.net

Equivalent, photograph by Alfred Stieglitz

이런 사진의 특성은 시의 은유적 구조와 연결되는 접점과 비교, 비교 연구 가능하다. 정리하면 영상 시대의 산문 형식은 영화로 볼 수 있으며, 영상 시대의 운문은 사진으로 볼 수 있다. 한마디로, 사진은 함축적 메시지 의미 체계를 내포하고 있는 영상 장르이면서, 문자처럼 움직이지 않는 점 때문에 영상의 시적 장르로 규정할 수 있다. 따라서 시와 사진은 언급했듯이 상당히 유사한 장르 특성으로 인하여 상생적 융합의 모델 제시가 가능하다.

4 상생의 장르 전략 : 포토포엠

사진의 언어 텍스트로의 특성을 활용한 전략은 이미 정통 사진 문맥에서 포도저널리스드를 중심으로 있어 왔다. 그것의 대표적인 것이 포토 에세이인데, 요즘 포토 에세이는 정통 포토 에세이 형식과 달리 사진적 느낌을 기초로 문자를 적극적으로 생성하는 양상으로 발전하고 있다. 그 한 흐름이 디카 에세이나 디카시란 모습으로 디카 매니아를 중심으로 번지는 것이다. 물론 이것은 정통시의 문맥에선 아마추어적인 현상이다. 하지만 이런 흐름을 적극 수용한 경향신문은 '딴죽문화상'[8]이란 새로운 형태의 신춘문예 부문에 디카 에세이를 도입하여 공모하고 있다. 또한 무크지 『디카詩 마니아』[9]란 잡지의 창간도 디카 매니아들의 사진과 글쓰기의 현상을 수용하는 예이다. 이렇게 단상과 산문시 그리고 에세이와 유사한 형태로

---

8) 경향신문과 스포츠칸의 '딴죽문화상' 공모 취지는 인터넷 세상을 살아가는 뉴제너레이션을 대상으로 새로운 형태의 신춘문예라고 밝히고 있다. 공모부문은 영화 & 드라마 시놉시스, 디카 에세이, 사이버문화평론, 시추에이션 웹툰 등으로 원고지 50매 내외의 짧은 공모 분량을 요구한다. 출처 : www.kyunghyang.com

9) 디카詩를 먼저 쓰기 시작한 이상옥 창신대 교수가 발간하는 무크지로, 2006년 6월 창간. 이상옥 교수는 <고성가도>에서 "디카시는 '언어 너머 시'를 디지털카메라로 찍어 문자로 재현한 시다. 따라서 디카시는 단순한 시와 사진이 조합된 시사진(시화)이 아니다. 디카로 찍은 사진은 언어 너머 시다"고 소개했다. 문덕수 시인은 이상옥 시인의 '디카시'에 대해 문학성을 높이 평가했다. 그는 "이상옥의 디카시 시론은 이제는 뉴스가 아니라 얼마만큼 공감을 얻고 그 보편성을 얼마만큼 확산하느냐 하는데 있다"며 "이상옥의 시론에 대한 오해의 근원은 디카로 촬영한 영상(사진)과 문자시를 합친 것이 그의 디카시의 전부인 것처럼 생각하는데, 이것은 디카시의 일부로 보아야 한다"고 말했다. 문 시인은 "디카시에서 말하는 디지털 카메라는 PC, 망원경, 현미경, MRI 등 모든 과학기기를 포괄하고 대표하는 환유(換喩)이며, 동시에 디지털 시대의 문화적 특성도 드러낸다"면서 "'디카시'의 착상 시초에는 디카로 촬영한 것과 문자시를 합친 시라는 흥미와 소박성에서 출발했을지 몰라도, 디카시를 에워싸고 있는 현대의 문명적 환경을 배경으로 하고 있는 시론은 그런 소박성을 소박성 그대로 방치해 두지 않는다"고 풀이했다. 출처 : www.ohmynews.com/articleview/article_view.asp?at_code=378709

번지고 있는 디카 에세이나 디카시를 시적 차원에서 좀 더 조탁하여 새로운 장르 모색의 디딤돌로 활용 가능하리라 본다.

그런데 디카시나 디카 에세이의 디카(Digital Camera)는 상당히 기술 지향적 측면의 단어이다. 따라서 콘텐츠 개념으로 사진과 시의 특성을 지칭하는 용어로는 부적절하다. 그러므로 디카나 필카(Film Camera)나 상관없이 현대 영상 문명의 총아인 사진 이미지를 근간으로 시를 생성시키는 장르 특성을 담기 위해선 다른 용어가 필요하다.

따라서 운문적인 찰나의 영상 미학을 소유한 사진(Photograph)[10]과 언어의 경제학 장르인 시(Poem)가 각자의 매체 특성을 유지하면서 상생적으로 융합된 형식을 포토포엠(PhotoPoem)이라 명명한다. 분명 기표와 기의의 밀접한 지시성으로 인해 코드가 없을 것 같은 사진 이미지와 문자 자체의 자의성을 바탕으로 상징성을 나타내는 시는 다르다. 하지만 일차원적인 의미 작용 단계를 넘어 신화적 의미 작용 단계에서는 각각 은유적 연결고리를 구축할 수 있을 것이다. 이 둘의 만남에서 배제해야 할 점은 동어반복적인 상황의 전개이다. 이런 상황은 언어의 이미지 경제학을 지향하는 시의 원칙에도 위배되는 것으로 포토포엠의 장르 특성에 귀속시키지 말아야 한다.

일반적으로 사진을 활용한 시를 보면 사진의 이미지에 직설적으로 반응하는 경향이 높다. 아니면 사진과 시가 전혀 동떨어진 이야

10) 사진/포토(Photograph)는 디카사진이나 필카사진, 폰카사진 등 다양한 기술지향적인 단어의 상위개념으로 예술적, 기술적 장르 속성을 아우르며, 작품으로서의 사진의 의미를 지닌다. Photography는 사진술, 사진 촬영의 기술적인 면을 지칭한다.

기로 멀어져 1차 의미 작용은 물론 2~3차 의미 단계로 미끄러질 때까지도 은유적 연결 접점을 찾지 못하고 표류하는 경향도 나타나고 있다. 대안은 사진 이미지의 도상성 속에 내재된 지표적 특성을 활성화시키고, 시는 상징적 특성을 지표적 영역까지 끌어내려 주는 언어 전략을 단계적으로 보여주는 것이다. 그리고 사진의 도상성과 시의 상징성을 어떻게 적절히 유지하면서 은유적 긴장미를 지속시켜 나가느냐에 있다.

이젠
그대 앞엔
거칠 것이 없다
굽이 굽이 왔지만
잿빛 신호의 예언도
아랑곳 않고
그렇게
마음 넘어
몸의 속도로 눈을 뜬다
머얼리
비닐 하우스 한 켠으로
살 오른 멍에는
회색으로
커져만 가는구나

(사진_글 / 김영도)

『디카시 마니아』 외에 포토포엠 장르를 탐색하는 선행 연구 자료로서 가치를 가진 것이 이승하의 『폭력과 광기의 나날』[11]이란 시집이다. 이 시집의 한 가지 아쉬운 점은 사진과 시의 동어 반복적인 지시 경향의 농후함이다. 중앙일보에도 연재되기도 했던 사진일기 형식을 표방한 김관형의 『횡재』[12]는 직관력 있는 단상으로 어느 정

11) 이승하, 『폭력과 광기의 나날』, 세계사, 1993.
12) 김관형, 『횡재』, 교보문고, 1999.

도 새로운 은유성을 획득하고 있는 사례이다. 하지만 시적 상징성과 이미지의 은유성을 좀 더 조탁하였으면 하는 아쉬움을 남기는 작품집이다.

이리 보고 저리
보고
무던히도
맘껏
차려 입었구려
하지만
그댈
보는 시선은
그리도
천진하진 않으이
이를
어찌 하오리까
그래요
그래도 그래도
여름입니다
살갗으로 내리는

(사진_글 / 김영도)

그 외 열심히 찾아보면 포토포엠 형식과 장르 연구를 위한 선행자료들은 비교적 수월하게 접할 수 있다. 어쨌든 포토포엠 장르의 존재 가치는 사진과 시의 만남이 결코 서로의 의미를 좁히는 선택 제약의 만남이 아니라, 새로운 찢어짐과 봉합의 연쇄로 또다른 차원의 신선한 은유적 연결 통로를 구축하는 데 있다. 따라서 포토포엠 장르는 의미 차원에서 상호 텍스트적이면서도 동어반복의 의미 지시성과 고정성을 넘어서야 한다. 이렇게 앞으로 다양한 과제를 안고 있는 포토포엠은 사진의 의미 생성 특성과 시의 상징적 의미 구조를 동시에 아우르는 다학제적 연구를 필요로 한다.

5

나오면서

이 글은 영상 시대의 감성 문자 예술인 시의 새로운 가능성 탐색을 위하여 먼저 문자 언어와 영상 언어 사이의 다양한 스펙트럼을 먼저 체크했다. 그리고 감성 문자인 시와 유사한 영상 시대의 운문 형식으로 사진을 거론했다. 나아가 시와 사진의 운문적 유사성을 바탕으로 포토포엠(PhotoPoem) 형식을 제안했다. 하지만 포토포엠이란 용어가 상당히 거친 표현이며, 장르로서의 모양새 또한 부실한 상태이고, 학문적으로도 확실한 기반 연구가 없는 허술한 제안임을 부정할 수 없다. 그럼에도 불구하고 제안하는 것은 구텐베르크 문자제국의 견고한 성벽을 넘어오는 영상제국의 거센 바람을 외면할 수 없기 때문이다. 또한 '시'라는 형식과 내용이 영상과 뉴미디어라는 새로운 매체 환경에서도 생존 가능한 독창적 장르 잠재력을 발굴해 나가야 하기 때문이다.

김영도

군산대학교 교수. 2000년 『시와정신』 등단.

III

시와 광고 카피

– 좋은 카피는 가슴으로 쓰는 것

1

카피는 하고 싶은 말을 소비자가 듣고 싶게 말하는 것이다

사람이 동물과 다른 이유는 보이지 않는 것을 상상할 수 있다는 것이다.

그 상상은 시가 된다.

시는 시인의 그리움을 토해내는 것이다.

시는 그렇게 치열하게 쓰여 진다.

시는 시인이 쓴다.

광고는 그런 시인을 연구한다. 왜냐하면

시인은 광고하는 상품의 소비자이기 때문이다.

광고 카피는 소비자(시인)가 욕망하는 시를 대신 써주는 일을 한다.

그래서 가끔 광고 카피는 시로 오해되기도 한다.

어떤 측면에서 보면, 광고 카피는 시보다 더 치열하다고 말할 수 있다. 시는 시가 잘못 쓰여졌다 하더라도 특별히 문제될 것이 없다. 시인만 만족하면 그 행위 자체로 의미 있는 것이 되기 때문이다. 잘못 써진 시 때문에 시인은 부끄러울 수도 있다. 하지만 그 과정도 시인이 성장하기 위한 디딤돌이 될 가능성이 많기 때문이다.

그러나 잘못 만들어진 광고는 광고창작자 개인의 문제에서 끝나지 않는다. 광고가 잘못 만들어지면 기업을 망하게 하기 때문이다. 기업이 망하면 일자리가 없어지고, 일자리가 없어지면 가족이 굶게 된다. 결국 사람이 제대로 살 수 없게 된다. 그렇게 되면 시인은 시를 쓸 수 없게 된다. 생각보다 파장이 크다는 말이다.

광고 카피가 시보다 더 치열하다고 말할 수 있는 또 다른 이유는, 예민한 감수성을 지닌 시인을 설득해야 한다는 것이다. 시인을 설득하는 것은 그래도 나은 편이다. 시인은 순수하기 때문이다. 대부분의 소비자는 시인이 아니라 사람이기 때문이다. 아니 '소비자'이기 때문이다. 사람은 참으로 예측 불가능한데, 소비자는 더욱 더 예측 불가능하다. 그들은 언제나 자신의 이익만을 고집하고, 오로지 자신의 권리만을 주장한다. 세상에서 가장 무섭다고 말하는 사람보다 더 독하고 무서운 것이 소비자이기 때문이다.

광고 카피는 이처럼 이기적인 소비자를 이해시켜야 하고, 공감시켜야 하며, 결국에는 감동에 이르게 해서 상품을 사도록 설득해야 하는 일이다. 그럼에도 불구하고 소비자를 설득하기 위해서 광고는 사람을 연구하지 않을 수 없다. 광고를 의뢰하는 광고주도, 광고를 만드는 광고인도, 광고를 보는 소비자도 모두 사람이기 때문이다.

어쨌든, 시는 대상을 통해 나(시인)를 드러내는 것이 목적이다.

반면에, 카피는 나를 통해 대상(상품)을 드러내는 것이 목적이다. 즉, 완성된 모습은 비슷하지만 알고 보면 둘의 사이는 매우 멀다. 수단과 목적이 서로 다르기 때문이다.

사람들에게 시는 예술이라 인정되고 광고 카피는 상술로 취급된다. 그렇지만 시든, 광고든 상관없이, 상대에게 말을 하면 상대방은 귀로 듣지만, 가슴으로 말하면 상대방도 가슴으로 듣는다는 것이다. 그러니까 분명한 것은 좋은 시도, 좋은 카피도 가슴으로 말할 때 가능한 것이다. 결국 예술이든 상술이든 진심과 열정을 다해야 좋은 시가 되고, 좋은 카피가 된다는 것이다.

2 광고는 예술인가 과학인가

광고가 예술인가 과학인가에 대한 질문에 20세기 초의 유명한 광고 전문가인 줄리 애런(July Arren)은 다음과 같이 대답하였다. 이 대답은 오늘날에도 여전히 유효하다.

> 광고는 수학처럼 정밀한 과학으로는 발전하지 않을 것이다. 광고의 계산에는 인간적인 측면이 너무 많이 작용하여 정확한 이론이나 공식으로 정의내리기가 매우 어렵기 때문이다. 그러나 광고가 심리학처럼 이해되고 적용되어야 하는 법칙이나 전체적인 규칙이 없는 것은 아니다. 광고의 과학은 심리학과 이웃하여 존재한다. (...) 광고는 특정한 방법론을 따르며 예술과 관련 없

이 과학과 접목되는 단순한 계산을 불완전하게나마 활용한다는 것이 명백한 사실이다. 우리는 광고의 새로운 법칙들을 판별하고, 광고의 성공을 좌우하는 가치를 엄밀히 측정하기 위해, 정확한 관찰과 실험을 계속할 수 있도록 노력해야 한다. 즉, 더 엄정하게 기획하고 천부적 재능에 대한 함정에 빠지지 말며 우연한 성공에 대한 기대를 하지 않아야 할 것이다.

광고가 정확한 과학이라 말할 수는 없지만, 그보다 광고 캠페인의 제작을 개인적인 의견이나 직관에 의존하는 것은 더욱 잘못된 것이다. 세계적으로 유명한 광고인 빌 번벅(Bill Bernbach)은 말했다. "오늘날 모든 광고인들은 창의성에 대해 말한다. 나는 창의성이란 미명하에 저지르게 될 많은 죄들에 대해 걱정한다." 또 다른 광고인 헬무트 크론(Helmut Krone)은 광고가 혼란스럽다며 "창의성이라는 단어는 통제가 거의 불가능해졌고, 나는 광고주에게 미안할 따름이다. (...) 소위 창의적이라는 광고와 관련하여 너무 많은 거짓이 난무하는 것 같다."고 말한다.

어쨌든, 어떤 특별한 이익을 제시하지 않는 한 소비자에게 절대로 그 제품을 팔 수 없다는 것은 분명하다. 아름다운 눈으로 바라보는 시선 때문에 소비자가 제품을 살 것이라고 생각하는가? 그럴 리 없다. 그럼에도 불구하고 많은 광고 제작자들은 아름답고 멋있는 광고를 만들고자 오늘도 밤잠을 설치면서 아름다운 시를 쓰고 있다. 가당찮은 일이다.

성공적인 캠페인을 만드는 가장 좋은 방법은 몇 가지의 증명된 원칙이나 사실에 근거한 시각을 견지하는 것이다. 우리는 지금 광고의 홍수 속에서 살아가고 있다. 실제로 오늘을 살아가는 소비자는 하루에 2,000~3,000개의 광고에 노출되는데, 그 중 기억하는 광고는 겨우 2~3개에 불과하다고 어떤 연구 결과는 말한다. 불과 0.1% 정도의 광고가 효과를 보고 있는 셈이다. 그럼에도 불구하고 확실하고 절대로 변하지 않는 것은 광고는 판매를 위한 것이라는 것이다. 판매를 위한 광고를 만들 최고의 방법은 광고에서 무엇이 효과가 있고 효과가 없는 지를 배워서 아는 일이다. 이 점에서라면 광고가 과학인 이유다.

1885년 토머스 스미스(Thomas Smith)는 다음과 같이 말했다.

> 처음으로 어떤 광고를 본 사람은 그것을 보고도 보지 못한다.
> 2회 본 사람은 그것을 주목하지 않는다.
> 3회 본 사람은 그 존재를 인식한다.
> 4회 본 사람은 전에 본 적이 있음을 희미하게 기억한다.
> 5회 본 사람은 그 광고를 읽는다.
> 6회 본 사람은 그 광고를 비웃는다.
> 7회 본 사람은 귀찮아한다.
> 8회 본 사람은 그 광고를 욕한다.
> 9회 본 사람은 도대체 어떤 것인지 궁금해 한다.
> 10회 본 사람은 이웃이 혹시 구입을 했는지 물어봐야겠다고 생각한다.
> 11회 본 사람은 광고비를 빼고 나면 광고주에게 뭐가 남는지 궁금해 한다.
> 12회 본 사람은 그것도 어느 정도 가치가 있을 수 있다고 생

각한다.

13회 그 제품이 좋은 것일 거라고 생각한다.

14회 본 사람은 자신이 오랫동안 그 제품을 갖고 싶어 했었다는 것을 기억한다.

15회째로는 그것을 살 여유가 없어 애가 탄다.

16회째로는 언젠가는 그것을 살 것이라고 생각한다.

17회째로는 자신의 가난을 한탄한다.

19회째로는 자신의 돈을 주의 깊게 센다.

20회째로는 그것을 사거나 그의 아내에게 사라고 한다.

위에 인용한 내용은 반복의 힘이 얼마나 중요한 것인지를 말하는 것이다. 이는 오늘날에도 변함이 없다. 광고는 반복되어야 한다. 반복은 무엇보다 어떤 상품과 소비자 사이에 친근감을 만들어 거리를 줄여준다. 이는 '자주 보면 정들게 된다'는 말과 같은 이치이다. 소비자가 광고에 노출되면 노출될수록 소비자는 광고를 볼 기회도 늘어난다.

광고연구조사에 의하면, 인쇄광고의 경우, 광고가 독자에게 약 95% 도달하기 위해서는 다음과 같이 반복되어야 한다. 광고가 처음 게재되어 소비자의 20%의 눈에 띄었다면 13번 반복되어야 95%에 도달한다. 소비자의 30%의 눈에 띄었다면 8번 반복되어야 한다. 소비자의 40%의 눈에 띄었다면 6번 반복되어야 한다. 소비자의 50%의 눈에 띄었다면 4번 반복되어야 한다. 소비자의 60%의 눈에 띄었다면 3번 반복되어야 한다.

만약, 한 번 게재되는 광고비용이 1,000만 원이라고 할 때, 95%의 도달률을 달성하기 위해서는 도달률에 따라 비용이 달라진다.

만약 20%의 눈에 띈다면 1억 3,000만 원의 비용이 필요하고, 30%는 8,000만 원, 40%는 6,000만 원, 50%는 4,000만 원, 60%는 3,000만 원의 비용이 필요하다. 20%와 60%의 도달률 차이는 비용면에서 4배 이상의 차이가 난다. 이 결과는 어디까지나 하나의 광고가 95%의 사람들에게 도달하기까지를 말하는 것이지, 광고가 효과를 발휘하는 단계까지를 말하는 것은 아니라는 것이다.

광고 게재 비용의 경우 전국지 신문 전면의 광고비용은 5,000만 원을 호가한다. 매체별로 다르지만 1억에 가까울 수도 있다. TV광고의 경우도 마찬가지인데, 프라임타임 15초 1회를 방영하는 비용이 1,500만 원 정도이다. 꽤 비싼 비용을 지불하는 것이다.

광고에 좋은 아이디어가 필요한 이유는 바로 이 점 때문이다. 좋은 아이디어는 바로 돈을 절약하여 준다. 아이디어는 단순히 광고 창작자의 욕심이 아니라, 현실적으로 커뮤니케이션 비용 측면에서도 필수적인 것이다. 이것이 모두가 빅 아이디어를 찾는 이유이다. 광고가 과학이라고 주장하면서도 광고에서 창의성을 기대하는 이유인 것이다.

3 광고에서의 창의성은 무엇인가

'팔리지 않는 광고는 창의적이지 않다'고 하는 것이 광고의 창의성(creativity)이다. 광고는 판매를 위한 일이기 때문이다. 또한 광고창의성은 판매 아이디어 창출을 위해 다른 것과 연결하는 능력이다. 낡은 요소들을 새롭게 조합하는 감각이다. 또한 무관한 요소들을 새롭고 의미 있게 연결하되 상관성, 신뢰성, 호감을 형성하는 재능이다. 그리고 익숙한 사물이나 개념을 새로운 의미로 해석하여 상호관련성을 제시하는 과학적 능력이다. 그리고 문제점과 해결책을 제시하는 것이다.

광고창의성은 선천적 통찰력이 아닌 사회 체계를 기반으로 하는 지적 노력의 결과로 간주한다. 따라서 광고창의성은 개인의 행동이나 의식에 의한 결과가 아니라 특정 분야나 사회단체, 아이디어나 콘텐츠를 발산하는 문화적 영역, 그리고 그 영역 속에서 변화를 주도하는 개인 등 3가지가 상호 작용하는 사회적 시스템에서 발현된다는 것이다.

그렇다면 광고창의성의 평가준거는 무엇인가. 광고창의성의 평가준거는 광고의 기능을 어떻게 바라보느냐에 따라 다를 수 있다. 시장지배모델의 관점에서는 광고의 기능을 설득 커뮤니케이션의 척도로 바라보는 반면, 시장경쟁모델의 관점에서의 정보 제공의 척도로 보기 때문에 창의성에 대한 평가 기준은 관점에 따라 차이가 있을 수 있다.

수많은 광고창의성 평가 기준 중에서 하나만 소개하면 다음과 같다. 그것은 광고회사 영 앤 루비컴(Young & Rubicom)의 기준인데, 하나의 룰과 다섯 가지 원칙이다. 하나의 룰은 AQRI(Arouse Quick Related Interest)이며, 다섯 가지 원칙은 SCORE(Simplicity 단순성, Credibility 신뢰성, Originality 독창성, Relevance 상관성, Empathy 공감성)이다. 이때 5점 만점에 각각의 원칙을 충족시키면

1점을 주는 형식으로 광고창의성을 평가한다.

즉, 어떤 광고 메시지가 있다고 할 때, 그 메시지에 그 제품의 정체성이 제대로 담겨 있는 것이어야 하고, 그 정보가 믿을 수 있어야 한다. 그리고 그 메시지는 매력적이고, 새롭고, 차별되는 정보여야 한다. 그리고 마지막으로 가장 중요한 것은 그 모든 것들이 명쾌하여 일거에 메시지를 전달할 수 있는 것이 평가의 기준이 되는 것이다.

4 어떻게 쓰면 팔리는 카피가 될 수 있는가

광고회사 BBDO 웨스트의 회장 겸 수석 크리에이티브 임원인 스티브 하이덴(Steve Hayden)은 "카피는 상상할 수 있는 가장 강력한 판매 도구가 될 수 있다. 이것은 정보를 알리는 최고의 방법이다. 그리고 훌륭한 카피는 마음과 머리 모두를 감동시킨다."라고 말한다. 팔리는 카피를 쓰고 싶다면 검증된 다음 20가지 기본 원칙을 고려해야 한다.

(1) 개인적인 어투로 써라

사람들이 서로 말할 때 자연스럽게 나오는 불완전한 문장, 대화체로 된 문장, 독자들에게 직접 묻는 질문, 감탄문, 명령문을 써라. "난방 시스템 덕분에 개인의 난방비 10%를 절약할 수 있습니다." 대신에 "당신은 난방비 10%를 절약할 수 있습니다."가 더 효과가 있다.

(2) 명령형을 써라

독자에게 복종을 강요하는 명령이 아니라, 충고하거나 제안하는 명령 화법은 매우 효과적일 수 있다. 예를 들어 "부자 되세요", "여성들이여, 잠꾸러기가 되자."와 같은 화법이다.

(3) 소비자의 이성과 감성에 어필하라

"이 상품은 당신의 치아를 더 하얗게 만들어 줄 것입니다."와 같이 상품의 실질적 이익뿐만 아니라, "이 치약을 써보십시오. 당신이 꿈꿔왔던 모든 여성들과 사귈 수 있을 것입니다."와 같은 감성적인 이익도 알려주어야 한다. 이성적인 면에 의존한 광고는 효과적일 수 있다. 그러나 이성에만 어필하는 메시지는 종종 흥미를 끌지 못한다. 이것이 바로 매력과 감성을 덧붙여야 하는 이유이다. 그러나 나만 이해하고 느끼는 감성이 아니라, 소비자가 느낄 수 있는 감성이어야 한다.

(4) 메시지 도입 부분에 가장 중요한 말을 언급하라

소비자의 시선을 재빠르게 사로잡아야 한다. 그러므로 상품의 주된 장점으로부터 시작하는 것이 좋다. 그렇지 않으면 실패할 것이다. 두괄식이 미괄식보다 더 낫다는 것이다. 한국 사람들은 대체로 두괄식보다는 미괄식을 더 좋아하지만, 광고에서는 통하지 않는다는 것을 명심해야 한다.

(5) 정확하게 말하라

찰스 디킨스는 그의 소설 「Hard Time」에서 다음과 같이 썼다.

"자, 내가 원하는 것은 사실이다. 아이들에게 오직 사실을 가르쳐라. 사실만이 삶에서 요구된다. 다른 건 심지 말고. 아예 뽑아버려라. 오직 사실만이 이성을 가진 동물의 사고를 형성할 수 있다. 다른 것은 아무것도 그들에게 도움이 안 될 것이다. 이것이 내가 내 자식들과 이 아이들을 키우는 원칙이다. 사실에 매달려라." 이것은 광고에도 그대로 적용된다.

(6) 직접적으로 말하라

소비자는 시간이 별로 없다. 만약 당신이 바쁜 소비자의 주목을 끌고자 한다면, 카피는 문제의 중심을 직접 말해서 독자에게 최소한의 시간과 노력만을 요구해야 한다. 토머스 제퍼슨은 "모든 재능 중에서 가장 가치 있는 것은 한마디로 할 수 있는 말을 두 마디로 하지 않는 것이다."라고 말했다.

(7) 단순하게 하라

조사에 따르면, 단순한 짧은 말은 언제나 긴 말보다 낫고, 일상용어는 드물고 흔치 않은 말보다 효과적이다. 단순하고 직접적인 판매요섬을 제시하고, 제품 자체와 관련 없이 보호하게 주목을 끌려는 말은 피해야 한다. 무조건 실패한다. 만약 실패하고 싶다면 그렇게 해도 좋다.

(8) 문장과 단락은 가능한 한 짧게 써라

짧은 말은 빨리 인식되고, 더 잘 이해되며, 더 쉽게 기억된다. 문단이 길면 사람들은 잘 읽지 않는다.

(9) 문법을 지키고, 바디카피는 매 25줄마다 부제를 달아라

종종 문법을 어기는 것이 창조성의 표현이라고 착각하는 경우가 많은데, 그것은 문제를 흐릿하게 만드는 역할을 할 뿐이다. 문법을 어기는 것이 더 창조적일 것이라고 생각하는 것은 절대적으로 착각이다. 실패에 이르는 지름길이다. 그럼에도 불구하고 문법을 어겨야 아이디어가 되는 경우가 있는데, 그것도 딱 한 번만 허용된다. 어쨌든 문법에 맞게 쓰면 메시지를 분명하게 전달할 수 있다.

(10) 연속성 혹은 원인과 결과의 관계를 제시하라

기억될 확률이 더욱 높아진다. 원인과 결과를 보여주는 것은 재미없어 보여도 언제나 효과적이다.

(11) 유머를 적절하게 사용하라

유머의 메시지는 맥주, 과자, 초코바, 탄산음료나 껌을 팔 때 효과적일 수 있다. 그러나 약품, 특정한 식품, 화장품, 향수, 술, 고급차, 보험, 금융서비스 그리고 신제품을 팔 때는 낮은 성공률을 보인다. 웃겨야 하는 경우와 진지해야 하는 경우를 구분할 수 있어야 한다.

(12) 제품의 긍정적인 면을 보여주어라

사람들은 부정적인 것보다 긍정적인 것을 더 좋아한다. “이 감자 칩은 방부제가 들어있지 않습니다.”라고 부정형으로 말하면 사람(소비자)들은 결국 “이 감자 칩엔 방부제가 들어있습니다.”로 기억하게 된다. 부정형을 사용하면 일견 강해보이는 것 같지만 실제로는 그 반대가 되는 경우가 많다.

(13) 생략 부호와 감탄사를 남용하지 마라

소비자는 당신의 감정을 이해하지 못한다. 언제나, 어떤 경우나, 사람들은 완성된 문장을 통해 분명하게 이해하고, 감동한다. 당신의 감정은 생략된 문장에서는 전달될 수 없다. 그런데, 사람들은 자신의 감정을 다른 사람들이 특히 소비자들이 이해할 것이라고 착각한다. 그래서 실패한다.

(14) 상투적이거나 진부한 카피는 피하라

과장된 문구는 전혀 효과가 없는데도 불구하고 광고에는 과장된 문구가 너무 많다. 과장이 효과가 있을 때는 말하고자 하는 메시지(문제)를 분명하게 드러내는 과장일 때뿐이다.

(15) 유행에 따른 욕구를 이용하라

소비자도, 나도, 당신도 가치를 판단할 줄 모른다. 우리는 주로 다른 사람들의 의견이나 대중의 기호에 의해 사물을 판단한다. 안전하기 때문이다.

(16) 성공적인 선례에서 이점을 취하라

한 번 성공한 아이디어는 효과가 떨어질 때까지 계속하라. 성공적인 선례의 공통점은 다음에 말하는 17~20번의 내용들을 포함하고 있다.

(17) 성심성의껏 대하라

우리는 상대방이 내 앞에서 잔머리를 굴리는 것을 알아채듯이, 나의 잔머리도 상대방이 간파하고 있다는 것을 종종 잊어버린다. 그래서 실패한다. 물론, 나의 진심과 성의는 상대방은 알아차린다. 다만 내가 상대방이 알아주지 않을 것이라고 생각하는 것일 뿐이다.

(18) 믿을 수 있게 만들어라

주장에 대한 증거를 제시하라. 대부분의 사람들은 광고에 대해 의심이 많다. 조사에 따르면 많은 사람들이 광고인을 정치인 다음으로 도덕적 기준이 낮은 믿을 수 없는 사람이라고 생각하고 있다. 광고도 신뢰받지 못하고 있는 것은 마찬가지다. 그러므로 광고는 더더욱 믿을 수 있게 만들지 않으면 사람들은 거들떠보지도 않을 것이다. 그들은 자신들의 이익에 관한 한 매우 영리하기 때문이다.

(19) 상품명을 반복하라

반복은 친근감과 신뢰를 만든다. 아마 100년 뒤에도 마찬가지일 것이다.

(20) 결론을 명확히 하라

명쾌한 결론을 내린 광고 메시지는 소비자가 스스로 결론짓도록 하는 것보다 2배는 더 효과적이다. 주된 판매 쟁점은 다시 반복하라. 소비자들은 얻을 수 있는 이점을 명확히 이해할수록 빨리 행동하게 된다.

5
좋은 시와 좋은 카피의 등급에 대하여

시도 카피도 필연적으로 은유와 비유 등 모든 수사법을 통해 표현된다. 그러나 그러한 수사법을 이용하여 표현하는 것은 어디까지나 하고자 하는 말을 분명하게 하고자 함이지, 그냥 멋있게 말의 유희를 즐기고자 하는 것이 아니다. 그러나 아이디어에 대한 욕심 때문에 많은 오류가 일어난다.

문제를 명쾌하게 파악하는 것, 그것이 정답이다. 그러므로 정답을 알아야 다른 답을 찾을 수 있다. 정답을 모른 채 다른 답을 찾고자 하면, 틀린 답을 찾게 된다. 틀린 답으로 공감을 얻을 수 없고, 감동 또한 줄 수 없다. 당연히 메시지는 전달되지 못할 것이고, 판매에도 도움이 안 된다. 이렇게 당연한 이치를 사람들은 애써 모른 채한다. 그것은 아이디어에 대한 성급한 욕심 때문이다.

어쨌든 시나 카피나 지향점의 차이는 서로 다르지만, 좋은 시와 카피는 공감을 불러오는 것이다. 공감은 어디에서 오는가? 이해에서 비롯된다. 이해가 되지 않으면 공감은 있을 수 없기 때문이다. 그리고 감동은 공감을 얻은 다음에 온다. 공감 없이 감동할 수 없기 때문이다. 결국 이해가 있어야 공감이 있고, 공감이 있어야 감동이 생긴다. 감동은 다시 이해를 낳는다. 그런데 대부분의 창작자들은 이해 없이 공감에 이르고자 하고, 공감 없이 감동에 이르고자 한다. 창작자들의 부질없는 욕심이다. 그런 일은 없다.

어떤 시를 읽고 독자가 이해 못한다면 그 독자는 수준이 낮은 사람이 될 가능성이 많아진다. 하지만 카피를 읽고 소비자가 이해를 못한다면 100% 카피라이터가 바보가 되어버린다. 이는 예외가 있을 수 없다. 일반적으로 우리가 시인의 정신세계를 이해하는 것은 쉽지 않다. 주도권을 시가 가지고 있는 이유이다. 그러니 독자들은 시인을 따라가야 한다. 하지만 카피의 주도권은 소비자가 가지고 있다. 아무리 카피라이터의 정신세계가 높다 하더라도, 카피는 오로지 소비자의 수준에 맞추어야 하는 것이다. 그렇지 않으면 모든 카피는 허사가 된다. 이것이 시와 카피의 영원한 차이이다.

> 강아지에게 영혼이 있고,
> 천사에게 날개가 있다고 믿는 여자이기에
> 9개월 동안이나 그녀 속에
> 한 생명이 자라는 것을 지켜본 여자이기에
> 그리고 그 생명에
> 내 성(姓)을 붙여준 여자이기에.
>
> 다이아몬드, 단지 당신이 그녀를 사랑하기에
> 다이아몬드는 영원히-

이것은 시 같은 광고카피다. 그것도 아주 훌륭한 광고카피다. 우선 제품인 다이아몬드의 존재 의미를 분명하게 만들어 주었고, 소비자들에게 다이아몬드를 사야 하는 이유를 분명히 전달하여 다이아몬드를 사게 만들었기 때문이다.

분명한 것은 주도권이 어디에 있건, 내가 하고 싶은 말과 주장하고 싶은 말을, 상대방도 나처럼 느끼고 생각할 수 있게 할 때, 그 시는 걸작이 될 수 있고, 그 광고도 걸작이 될 수 있다는 것이다.

다음은 내가 생각하는 광고의 등급이다. 좋은 광고는 광고주를 만족시키는 것이다. 더 좋은 광고는 광고주도 만족시키고 소비자도 만족시키는 것이다. 가장 좋은 광고는 광고주를 만족시키고, 소비자도 만족시키며 최종적으로 그 광고를 만든 광고창작자도 만족시키는 것이다. 광고는 그런 것이고, 그래야 하는 것이다.

이를 시에 비유하여 말한다면 좋은 시는 나를 만족시키는 것이고, 더 좋은 시는 나도 만족하고 다른 사람도 만족하는 것이고, 가장 좋은 시는 나도, 상대방도 그리고 세상 사람들 모두가 만족하는 것이라고 할 수 있을 것이다. 아마 시의 등급도 이것으로 나누어도 별 무리가 없어 보인다.

김 규 철

서원대학교 광고홍보학과 교수. 제일기획 디자이너, 아트디렉터, 크리에이티브 디렉터 역임.

제 4 부

시 창작의 실제

시, 어떻게 쓰는 거지?

다보탑을 줍다

고개 떨구고 걷다가 다보탑(多寶塔)을 주웠다
국보 20호를 줍는 횡재를 했다
석존(釋尊)이 영취산에서 법화경을 설하실 때
땅속에서 솟아나 찬탄했다는 다보탑을

두 발 닿은 여기가 영취산 어디인가
어깨 치고 지나간 행인 중에 석존이 계셨는가
고개를 떨구면 세상은 아무데나 불국정토 되는가

정신차려 다시 보면 빼알간 구리동전
꺾어진 목고개로 주저앉고 싶은 때는
쓸모 있는 듯 별 쓸모 없는 10원짜리
그렇게 살아왔다는가 그렇게 살아가라는가.

시가 뭐지? 늘 막막하다. 어떻게 써 왔는지 전혀 생각나지 않는다. 이 얼마나 다행인가. 써 온 식으로 쓰지 않게 되니, 백지 상태로 시를 처음 쓰는 듯이 쓸 수 있으니 말이다.

'꿈의 차, 렉서스' 에 대해 들었다. 지금껏 세상에 나온 모든 차를 능가한다는, 이 차를 만들기 위해서 공장을 새로 지었고, 자동차를 만들어 본 적이 없는 무경험자들만 새로 채용해서 만들었기 때문에, 모든 차들이 가진 약점을 거의 극복할 수 있게 만들었다고 했다.

그 말을 듣는 순간, '시 쓰기' 가 바로 그래야만 한다고, 시라는 것을 처음 써보는 듯이, 지금껏 써 온 시 쓰기에 대해 아는 것을 다 잊어버려야 한다고. 그렇지 않으면 시가 뭐지? 어떻게 쓰는 거지? 하고 막막해 질 수가 없으니까.

내 직장에, 호암생활관에 걸려 있는 무한 상상력이라는 말을 잊지 못한다. 마누라와 자식들 외에는 다 바꾸라고 했다는 삼성회장의 말도 잊지 않으려 애쓴다. 시인이 바뀌지 않고는 새 시가 써질 수 없으리. 생각을, 말을, 행동을, 바꿔야 사람이 바뀐다는 학생적 배운 변화의 원리를 안 잊으려 애쓴다. 많은 학자들이 공통적으로 본 창의성은 참신성, 독창성, 개방성, 융통성, 생산성(novelty, originality, opennness, flexibility, prodctivity)이다. 있는 옷이 암만 많아도 철 바뀔 때마다, 새 옷 생각이 나듯, 암만 많은 시를 썼어도 늘 새 시에 목마르다. 사촌형제 같은, 연방국가나 위성국가 같은 시가 안 되도록.

새롭게 보기, 안 보이는 이면·내면을 보아내기, 안 들리는 음성을 들어내기, 전에 본 것과 다르게 보아내고, 전에 들은 바와 다르게 듣기, 특히 안 보이고 안 들리는 신의 모습과 음성을 번번이 다르고 새롭게 보고 듣기와 같다고, 그래서 시인은 신과의 내통이 필수적이리.

천의 몸에 만의 얼굴을 가진, 다채로운 시를, 누구도 쓴 적 없는 시를, 군더더기 없애기로, 말맛 나도록, 감추기와 드러내기로, 능청떨기와 시침떼기로, 점층점강으로, 왜 삶은 현실만 있지? 초현실로, 무한상상으로, 현실 앞에서 죽어버린 꿈을 살려내기로, 비틀기와 꼬기, 굽고 삶아내고 졸이고 볶고 찌고 부수기 등을 바라지만-. 악몽뿐인 생활의 극복으로, 첫 줄은 신이 주신다지. 안 주시면 떼 쓰고 훔쳐내야지. 그럼에도 실패한다. 그래서 또 쓴다.

유안진

1965년 『현대문학』 등단. 시집 『다보탑을 줍다』 외.

'24시간의 시인'일 수 있다면

석 류

언제부터
이 잉걸불 같은 그리움이
텅 빈 가슴속에 이글거리기 시작했을까

지난 여름 내내 앓던 몸살
더 이상 견딜 수 없구나
영혼의 가마솥에 들끓던 사랑의 힘
캄캄한 골방 안에
가둘 수 없구나

나 혼자 부둥켜안고
뒹굴고 또 뒹굴어도
자꾸만 익어가는 어둠을
이젠 알알이 쏟아놓아야 하리

무한히 새파란 심연의 하늘이 두려워
나는 땅을 향해 고개 숙인다

온몸을 휩싸고 도는
어지러운 충만 이기지 못해
나 스스로 껍질을 부순다

아아, 사랑하는 이여
지구가 쪼개지는 소리보다
더 아프게
내가 깨뜨리는 이 홍보석의 아픔을
그대의 뜰에
받아주소서

"나의 시 이렇게 쓴다"고 내밀한 이야기를 털어 놓는다는 게 우선 쑥스럽고, 또 누군가에게 조금이라도 도움이 될 만한 시 창작의 비법도 터득한 것이 별로 없기에, 여기선 시와 시인에 대한 저 자신의 최근의 생각을 짧게나마 말해보려 합니다.

바라보기, 꿈꾸기, 쓰기의 기나긴 공정(工程) 과정을 통해서 한 편의 시가 태어나는 것이지만, 그 가운데에서도 '바라본다'는 행위가 결정적인 시발점이 된다고 하겠습니다. 우리를 둘러싸고 있는 세계의 사물들을 그윽하고 정다운 애정의 시선으로 깊이 바라볼 때, 거기서 '시적 이미지의 씨앗'을 캐어낼 수 있기 때문입니다. 날렵한 이미지의 사냥꾼인 시인은 예리한 송골매의 눈으로 순식간에 사물의 핵심과 실체를 꿰뚫어 보아야 합니다. 저는 지금 처음의 처음, '제 2의 단순성'의 차원으로 한없이 돌아가, 그 순수지각(純粹知覺)의 원점에서 다시 어린아이가 되어 바라보고, 놀라고, 꿈꾸면서 쓰지 않으면 안 된다는 근본적인 자기 부정, 괴로운 실존적 회의의 갈

림길에 서 있습니다.

시에 운명을 걸어야 할까? 운명에 시를 걸어야 할까? 아직까지도 망설이고 있는 저의 어정쩡한 모습을 생각해 보면 답답하기 그지없습니다. 어차피 시의 길에 들어선 바에야 하루 스물 네 시간 '시인' 이어야지 잠깐 동안만 시인이어서는 안 되는게 아닐까? 자꾸만 스스로를 꾸짖는 자괴감에 빠지곤 합니다. 하루 스물 네 시간 중 5분만 시인이 아니어도 시인으로서의 자격이 온통 무너져 내리는 것인데, 하물며 5분만 시인이고 나머지 대부분의 시간을 일상성에 내맡겨 버린다면, 그야말로 시인도 아무것도 아닐 것입니다. 쌩 폴 루(Saint-Pol Roux)라는 초현실주의 시인은 자신의 방에서 잠자는 동안에도 문 밖에 "시인 작업중"이라는 팻말을 달아놓고 잠을 잤다고 합니다. 저 또한 잠자는 동안에도 꿈을 꾸고 상상력을 활동시키는 '24시간의 시인', 머리끝에서 발끝까지 꼼짝없이 시인인 그런 참다운 몽상가가 되고 싶습니다. 그러기 위해선 사악하고 부조리한 이 세상에서의 일상적 욕망을 버려야 하는 고고한 '자기 희생'의 고통이 있어야 할 것입니다. 고독을 두려워하지 않는, 고독에 파닥거리지 않는, 고독에 거꾸러지기보다는 오히려 고독을 먹이로 삼아 삶의 진실을 캐어내는 시인, 그 줄기찬 시의 길을 더듬으며 오늘 다시 한 번 저 자신에게 이렇게 다짐해 봅니다.

"당신은 이미 되돌아 갈 수 없을 만큼 먼 인생길을 지나쳐 왔다. 이제 어쩔 수 없이 삶의 내기를 시에 끝까지 걸어야 한다"라고.

이 가 림

1966년 《동아일보》 신춘문예 등단, 시집 『유리창에 이마를 대고』 외.

젊은 날의 초상

물을 만드는 여자

딸아, 아무 데나 서서 오줌을 누지 마라
푸른 나무 아래 앉아서 가만가만 누어라
아름다운 네 몸속의 강물이 따스한 리듬을 타고
흙 속에 스미는 소리에 귀 기울여 보아라
그 소리에 세상의 풀들이 무성히 자라고
네가 대지의 어머니가 되어가는 소리를

때때로 편견처럼 완강한 바위에다
오줌을 갈겨주고 싶을 때도 있겠지만
그럴 때일수록
제의를 치르듯 조용히 치마를 걷어 올리고
보름달 탐스러운 네 하초를 대지에다 살짝 대어라
그리고는 쉬이쉬이 네 몸 속의 강물이
따스한 리듬을 타고 흙 속에 스밀 때
비로소 너와 대지가 한 몸이 되는 소리를 들어보아라
푸른 생명들이 환호하는 소리를 들어보아라
내 귀한 여사야

1. 시를 쓰게 된 계기

선물-gift-이라는 말이 떠오른다. 아시다시피 이 말은 천래의 재능(heaven-sent)을 뜻하는 말이다. 가령 랭보처럼 나는 천부의 시인이었으면 좋겠다.

시가 뭔지도 모르고, 시인이 어떤 것인지도 모르고 아주 어린 시절부터 시를 쓰기 시작했다. 열한 살에 혼자 도회로 유학을 떠나와 해가 질 때면 너무 외롭고 슬퍼서 뭔가를 썼다. 사람들은 그것을 시라고 했고, 상도 주었다. 그때부터 나는 시인이었다.

2. 학창 시절

불확실한 미래를 위해 큰 바다에 던져진 고아 의식으로 늘 헐떡였다. 광주에서 전남여중을 다니다 서울로 전학했다. 그리고 열다섯 살에 아버지가 돌아가셨다.

나는 문학병이 깊어갔다. 고등학교 시절에는 백일장을 휩쓰는 소녀였다. 자의식에 가득 찬 오만한 소녀였고, 천재병 비슷한 것을 앓았다. 내 또래 친구들이 읽는 수준의 책이 아닌 책들을 치기어린 기분으로 마구 읽었다.

미당을 고등학교 3학년 초여름에 동국대 백일장에서 만났다.

그해 가을에, 그동안 이화여대, 경희대, 성균관대, 숙대 등에서 장원한 작품을 모아 기념시집을 출간했다. 미당은 거기 서문을 썼고 시집 제목을 『꽃숨』이라 붙여주었다. 나중에 이 백일장의 때(?)를 벗기느라 한동안 애를 썼지만 그 인연으로 미당이 있는 대학으로 진학했다.

3. 첫 시집 냈을 때의 소감

나에게는 첫 시집이 두 권이다. 앞서 말한 『꽃숨』(1965)은 고등학교 3학년 때 낸 첫 시집이고 "처음 내뿜는 이쁜 숨결"이라는 뜻으로 미당이 제목도 지어주어 이래저래 화제를 뿌린 시집이지만 이 시집은 소녀 시절의 기념 앨범일 뿐이다.

문단에 데뷔를 한 후에 낸 시집으로 『문정희시집』(1972)이 첫 시집이다. 이 시집의 제목을 『문정희시집』이라고 한 것에 대해 몇 사람은 조금 의아해 했지만 우습게도 나는 문정희라는 이름이 하나의 이미지가 되었다고 생각했다. 그것은 최근에 내가 『나는 문이다』라는 시집을 내놓은 후에도 이 우연의 일치에 다시 한 번 나의 자의식의 깊은 습성을 확인했다.

빨간 비단에 금박을 가한 『문정희시집』을 내고 나는 별로 기쁘지 않았다. 뻐근한 두려움이 선험적으로 나를 짓누르는 것을 느꼈다. 그때 겉으로는 평온했지만 삶의 무게에도 짓눌리고 있었다.

4. 등단 즈음 시 세계에 영향을 준 문인?

물론 미당이다. 그 분이 처음이자 끝이다.

그 외에 곁에서 자극을 준 문인이 한두 사람 있다. 그때는 젊은 시인이었지만 지금 유명한 시인이 되어있는 분도 있고, 타계한 분도 있다. 나는 그때나 지금이나 문인보다는 다른 분야의 친구들로부터 더 많은 자극을 받는 편이다.

5. 신인 때 교류했던 문인들

신춘문예에 평론으로 당선했지만 지금은 프랑스에 살고 있는 좀 괴짜인 친구가 있었다. 그리고 여러 문학지망생 친구들이 있었다.

대학 4학년 때 박정희의 3선 개헌 반대 데모로 학교가 휴교 상태여서 높은 경쟁률을 뚫고 들어간 그 시대 유일했던 여성잡지에서 입사 동기로 강은교 시인을 잠깐 만났다. 강은교 시인은 그때의 기억을 잊은 듯하더니 최근 어느 지방 강연에서 만나 "내 결혼 사진에 신부 친구로 내 곁에 문정희 씨가 서 있더라"며 환하게 웃었다.

그 후 나도 곧 결혼하여 명성여중이라는 학교로 직장을 옮겼다. 그 곳에서 타계한 시인 신동엽의 캐비넷을 배정받고 그가 남긴 자료를 정리하다가 우연히 시극들을 발견했다. 신동엽의 「그 입술에 파인 그늘」이라는 대본이었다. 나는 결국 그 시극 대본들에 자극을 받아 「나비의 탄생」이라는 시극을 써서 지금은 없어진 명동 예술극장에서 공연하기에 이르렀다.

그 당시 주목받던 몇몇 젊은 시인들로부터 동인을 함께 하자는 제의를 받기도 했지만 나는 적극적이지 않았던 것 같다. 그때나 지금이나 나는 교류에는 서툴다.

6. 시를 쓰게 만드는 힘

『나는 문이다』라는 내 시집 제목처럼 실제로 나는 문이고, 또한 문이고 싶다. 문(門)이고, 문(文)이고, 문(moon)이고, 무엇보다 내 이름이 문이지만 그 중에 moon, 즉 달을 떠올려 보라.

달은 우주이다. 달은 우는 여자(weeping woman)이다. 곡비(哭

婢)이다. 16세기 스페인에도 플라니데라(planidera)라는 곡비가 있었다. 고추주머니라는 뜻을 가진 이 플라니데라는 잘 우는 여자, 즉 곡을 잘 하는 여자를 뜻한다.

"요로나"라는 노래를 아는가. 유명한 멕시코 명창인 (우리의 판소리 명창처럼) 차벨라 베가스가 요로나를 부르는 것을 들은 일이 있는가.

나는 내가 나의 비위를 맞추기 위해 하루종일 애를 쓴다. 곡을 잘 하기 위해 목청을 날마다 다듬고, 에너지를 응집시키고, 분위기를 조성하려고 애를 쓴다.

무엇보다 인간의 삶 속에서 시를 쓰는 힘을 얻지만, 몸에 젖은 독서 습관을 중시한다. 가끔 아주 멀리 혼자 여행을 떠난다.

7. 시를 통해 감동으로 인간을 흔드는 방법

그저 쓸 뿐이다. 쓴다는 것은 황홀한 일이다. 나는 언젠가 시는 나의 호흡이요, 건강이라고 했다. 지금 내가 육체적으로 건강하더라도 시를 쓰지 못하면 나는 불건강한 것이요, 폐결핵에 걸려 있더라도 시를 쓰고 있으면 건강한 것이다.

가장 눈부신 시간, 가장 건강한 에너지를 시를 위해 바친다. 그러므로 소통 불가능한 요설이나 육화되지 않는 언어를 뱉어낼 수 없다.

시는 나의 건강이요, 뜨겁게 뛰는 심장이기 때문이다. 그것을 읽는 독자가 감동을 받는다면 천만 다행일 뿐이다.

8. 낙랑의 칼끝에 대해

우리 역사에 매력 있는 여성이 몇 분 있지만 그 중에 나는 낙랑을 참 좋아한다. 물론 사소도 참 지혜로운 여성이다. 박혁거세의 어머니로 가장 고난어린 운명을 최상의 삶으로 바꾼 여성이다.

낙랑공주는 이름도 남기지 못한 그저 낙랑의 공주이다. 사랑을 위해 아버지 나라의 정보망인 자명고 레이다를 칼로 찢어버린 공주이다. 낙랑에게 주민증을 제시시키고 형법을 적용시켜서는 안 된다. 대신 낙랑의 칼끝의 떨림을 보아야 한다. 그 뜨거움과 죄의식, 그 망설임과 절망, …… 문학의 포커스는 낙랑의 칼끝에 있을지도 모른다.

그래서 나는 칼을 쥔 낙랑을 사랑한다. 물론 이것을 시로 썼고, 문학 강연 때 몇 차례 언급한 적도 있다.

9. 최근 관심 갖는 시적 세계

생명의 문제에 천착하다가 잠시 관능 쪽으로 기울어지기도 했다. 그런 책을 읽고 있다.

참, 나는 변덕이 무척 심하다. 싫증을 초단위로 낸다.

그런 내가 20년 전에 「아우내의 새」라는 장시를 10년 동안이나 붙들고 쓴 것을 떠올려보면 스스로도 참 신기하다.

아무튼 현 시점에서 관심을 갖고 싶은 세계는 생명의 본질, 그리고 불교의 세계이다.

10. 향후 계획에 대해

얼마간 강의에 치중하다보니 몸이 근지럽다.

자유로이 떠돌고 싶다.

작년에 한국에서도 시집이 나왔지만 독일, 미국, 알바니아에서 시집이 나왔다. 이 중에 독일어판 시집 출간 기념으로 10월에 프랑크프르트 도서전과 보쿰대학교에 초청받아 가서 시 낭송을 했다.

그리고 미국의 화이트 파인 프레스에서 나온 시집『Woman on the terrace』는 서울대 김성곤 교수와 영국 시인 알렉 고든의 공동 번역으로 지금 아마존에서 그 전에 나온 시집『windflower』와 함께 잘 팔리고 있다.

알바니아어로 된 시집『화살의 숲』은 한국 최초의 알바니아어 번역 시집인 동시에 알바니아 최초의 한국어 시집으로 알고 있다. 알바니아어권은 알바니아와 유고슬라비아 일부와 코소보, 마케도니아의 일부에 걸쳐져 있어 사용 권역이 넓다. 매해 노벨상에 가장 강력한 후보인 유명한 이스마엘 카다레 같은 작가가 알바니아가 자랑하는 작가이다.

스페인어 번역시집도 멕시코 출판사와 계약되어 있고, 그 외에도 불어와 일어 등이 차례로 진행 중에 있다. 한국에서는 금년 봄에 1980년대 중반 뉴욕에서 아웃사이더로 떠돌면서 쓴『찔레』가 20년 만에 복간된다.

그리고 가을에는 속살을 환히 드러내 보이는 새 시집을 낼 예정이다.

문 정 희

1969년『월간문학』등단. 시집『나는 문이다』외.

세월이 가져다 준 선물

산촌엽서

고개
고개 넘으면
청산

청산
봉우리에 두둥실
향기론 구름

또닥또닥
굴피 너와집에
칼도마 소리

볼이
붉은 그 아이
산처녀 그 아이

산제비꽃 엽

산제비꽃 되어
사네

산벚꽃 옆
산벚꽃 되어
늙네.

제법 오래 전의 일이다. 1996년도 연말쯤, 제1회 시와시학상이 발표되었다. 작품상에 이성선, 평론상에 최동호, 젊은시인상에 안도현으로 명단이 나왔다.

처음 제정된 상이고 해서 앞으로 어떤 방향으로 상이 흘러갈 것인가에 대해 문단적인 관심이 컸었다. 유유상종(類類相從)이라고 사람은 비슷한 무리끼리 어울리고 관심을 갖고 또 질투도 하도록 되어 있다. 내게는 작품상을 받는 이성선이 문제였다. 또래였고 인간적으로 가까운 사이라서 더욱 그러했다. 몇 해 전에 이미 정지용문학상을 받은 바 있는 그였기에 충격이 컸다. 멀리 살고 있는 시의 벗이 부러웠다. 수상식은 출판문화회관에서 열렸고 뒤풀이는 인사동 이모집에서 있었다. 이성선 시인은 내내 홍조를 띠고 웃는 소년의 얼굴이었다. 제1회 상이었기에 더욱 수상자는 기뻤고 축하객은 부러웠던 것이다. 그 뒤로 시와시학상은 문단적 관심과 기대에 어그러짐 없이 좋은 시인과 평론가들을 잘도 골라내어 주었다. 그러나 내게는 해마다 그림의 떡일 따름이었다. 그러한 내가 제7회 작품상 수상자가 된 것은 2002년 초겨울. 기뻤다. 받고 싶었던 상이었고 이성선 시인이 처음 문을 열어준 상이기에 더욱 기뻤다. 더하여 이성선 시인이 갑자기 세상을 뜨고 난 그 다음해에 받는 상이라서 여러 가지 강한 기억으로 가슴에 남았다.

시와시학상은 처음부터 한 권의 작품집에 주어지는 상이다. 나의 수상시집은 『산촌엽서』란 시집. 2002년도 상반기, 문학사상사에서 출간해 준 시집이다. 이 책에 실린 작품들은 주로 2001년도에 쓰여진 것들이다. 한 해 동안 집중적으로 작품들이 쓰여졌던 것이다. 왜인가? 여기엔 이성선 시인과 관계가 깊다. 이성선 시인이 세상을 뜬 것은 그 해(2001년) 5월초. 그야말로 청천벽력과 같은 일이었다. 소식을 처음 접했을 때 부들부들 다리가 떨렸고 머릿속이 멍해졌었다. 강원도 속초 땅. 머나먼 곳. 여행하는 것을 매우 싫어하는 아내와 함께(내가 많이 불안해 했으므로 보호 차원에서 아내가 따라 나섰다.) 시외버스와 기차로 상가를 다녀오면서부터 많은 시들이 쓰여졌다. 그것은 가득 찬 봇물이 터져 나오는 것처럼 자연스런 분출이었다. 「별 한 점」, 「태백선」, 「하늘 전화」, 「별리」와 같은 시들이 쓰여졌다. 한 사람은 세상을 뜨고 남은 한 사람은 시를 쓰고 …. 이 얼마나 아이러니컬한 노릇인가.

그런데 수상시집의 표제시가 된 「산촌엽서」는 이성선 시인이 타계하기 바로 전에 쓰여진 시이다. 제작일자 기록(2001. 4. 27)으로 보아 그렇다. 계절은 무르익은 봄. 야들야들 솟아나던 나뭇잎새들이 제법 푸르름을 띠기 시작하던 무렵이었다. 나무와 산에 볼륨이 붙고 들판에 새 옷이 입혀져 생동감이 돌아오는 때가 바로 그 무렵이었다. 지금은 학교를 옮겼지만 그 당시 근무하던 학교는 출퇴근길이 참 좋았다. 서쪽으로 잠시 금강을 끼고 내려가다가 짐짓 강변길을 버리고 고개를 하나 넘도록 되어 있었다. 이른 바 '연미산 고개'란 이름의 고개인데 그 고개를 넘을 때 느낌이 특이했다. 자동차로 완만한 경사를 타고 산을 감돌아 올라 그다지 높지 않은 산마루에 올라서면 눈앞에 커다란 산봉우리 하나가 나타나도록 되어 있었다. 그것은 이등변 삼각형을 하늘 쪽으로 반듯하게 세워놓은 것 같은 모습의 잘 생긴 산이었다. 아침마다 겪는 일이지만 그 산은 나에게 일종의 당혹감을 동반한 특별한 만남의 순간을 제공했다. 그 시각, 그 장소에 오기만 하면 번번이 가슴이 철렁하고 내려앉곤 했던 것이다. 고개를 올라오는 길에 전혀 알음알이가 없던 산이 하나 그렇게 갑자기 나타나 시야를 '턱' 하고 가리기 때문에 그러했을 것이다. 말하자면 그것은 예상치 못했던 일에 대한 생소함, 두려움 같은 것들이 더불어 가져다주는 한 감흥이었지 싶다.

그 날도 여전히 나는 시내버스로 연미산 고개를 오르고 있었다. 대개 봄의 산은 하루가 다르게 변하도록 되어 있다. 더구나 전날 밤 비라도 한 차례 맞고 난 산이라면 더욱 그랬다. 성큼 다가온 그 어떤 낯선 존재로서의 산들로 보여지게 마련이다. 그것은 기존의 산과는 전혀 다른 새로운 얼굴을 갖춘 산의 모습이다. 시내버스가 고개 마루에 올라섰을 때 나의 가슴에는 쩌르르 울림이 왔다. 어쩌면 가슴이 콱 막히는 답답함 같은 것이었는지도 모른다. 어제하고도 많이 달라진 산이 눈앞에 불쑥 얼굴을 내밀고 나를 바라보아 주었던 것이다. 산의 색깔도 훨씬 진해졌고 몸집도 커져 있었다. 산은 기까지 자란 것처럼 보였다. 아! 입에서는 탄성이 절로 나왔다. 그러면서 몇 구절의 언어들이(아직 시의 문장이라고 하기에는 성숙하지 못한) 마음의 출구를 찾아 서성이고 있었다.

"고개 / 고개 넘으면 / 청산" 이것은 땅의 이미지이다. 고개를 연이어 넘는 것처럼 우리네 인생도 여러 가지 일을 거푸 겪도록 되어 있다. 그러므로 이것은 자연 세계에만 국한되는 일이 아니고 인간의 세계에도 통하는 일이다. 자연이 곧 인간이고 인간이 또 자연인 것이다.

"청산 / 봉우리에 두둥실 / 향기론 구름" 이것은 하늘의 이미지다. 땅의 가장 높은 부분인 '청산'의 '봉우리'는 하늘로 열린 공간을 제공하고 거기엔 '두둥실' 구름이 떠 있도록 되어 있다. 헌데, 왜 구름에서 '향기'가 나는 걸까? 이건 전혀 사실이 아니다. 인간의 마음이 향기에가 닿으므로 구름도 '향기론 구름'이 되는 것이다. 전통적 시가 형식으로 보아 여기까지가 시의 전반부인 기(起)와 승(承)의 부분이 된다.

"또닥또닥 / 굴피 너와집에 / 칼도마 소리" 비로소 이쯤에서 인간의 냄새가 번지게 된다. 허나, 그 인간의 냄새는 아직은 소리로만 감지되는 불분명한 것이다. 사람의 능력 가운데 가장 크고 좋은 능력은 그리움의 능력이다. 이 그리움의 능력이 먼 것을 보게 하고 세상에는 없는 소리를 문득 듣게 하니까 말이다.

"볼이 / 붉은 그 아이 / 산처녀 그 아이" 이제사 분명한 인간의 모습이 나타난다. '또닥또닥' '칼도마 소리'를 내던 '굴피 너와집'의 주인공이 '볼이 붉은' '산처녀'였음이 밝혀진다. 그러나 이 '산처녀' 또한 세상에는 존재하지 않는 상상력의 한 산물일 따름이다. 이렇게 인간의 그리움은 멀리까지 갔다가 돌아오기도 하고 돌아오는 길에 아리따운 마음의 전리품까지 모셔오기도 한다. 이 두 개의 연이 시의 중심 부분인 전(轉)에 해당하고 인간의 이미지가 되어준다.

"산 제비꽃 옆 / 산 제비꽃 되어 / 사네" 이것은 다스림의 부분 시의 형식으로 결말의 부분이다. 상상 속의 인물인 '산처녀'가 살아가는 현실의 모습이다. '산 제비꽃 옆'에서 그 또한 한 그루 '산 제비꽃'이 되어서 살아가는 모습은 자연과의 동화(同化)와 합일(合一)

을 보여준다. 이렇게 순하게 일생을 살아가는 사람들의 세상이 있을까? 결코 그럴 수 없는 일이기에 시가 대신해서 꿈꾸고 끊임없이 그 마음의 주변을 어정거리고 있는 것이리라.

"산 벚꽃 옆 / 산 벚꽃 되어 / 늙네" 이것은 결구의 반복으로 다시 한 번 끝맺음의 부분이다. 만약 내가 보다 젊은 나이에 이 시를 썼더라면 결코 여기까지는 쓰지 못했을 것이다(아니, 쓰지 않았을 것이다.). 이것은 적어도 중년의 나이를 넘겼기에 가능한 일인 것이다. '산처녀' '그 아이'의 보다 변모된 내일의 모습을 보여준다. 우리네 인생이란 이렇게 끊임없이 이어지고 변모를 하더라도 과거 제 모습의 바탕 위에서 고리를 물고 달라지는 순환의 한 과정임을 이 부분은 암시한다.

동양의 시학으로 볼 때 좋은 시들은 기승전결(起承轉結)의 흐름을 갖고 그 내용에 천지인(天地人) 삼재(三才)를 고루 품도록 되어 있다. 나의 시 「산촌엽서」도 정확하지는 않지만 기승전결의 과정을 밟고 있다. 그리고 시 속에 흐릿하게나마 천·지·인 삼재가 들어 있다. 그러나 내가 이런 것들을 처음부터 잘 알고 시를 썼다고 말하기는 어렵다. 오래 동안 시를 쓰다보니 그렇게 되어진 일이고 이제 와서 돌이켜 시를 뜯어보고 그 내부를 들여다보니 그러하다는 후일담(後日譚)에 지나지 않다. 이것 또한 세월이 가져다 준 하나의 고맙고 귀한 선물이 아닐 수 없다. 하므로 오늘의 나로서는 세월에게 감사하고 시에게 거듭 감사드리는 몫이 자못 크고 또 눈부시다.

나 태 주

1971년 『서울신문』 신춘문예 등단. 시집 『막동리 소묘』 외.

자연과 손을 잡는 느낌, 자연과 마음이 통하는 느낌

저 허공도 밥이다

겨울 강물 속을 콕콕 찍어
먹이를 삼키는 오리들
그 옆 들판 마른 풀섶에서는
이른 봄을 꼭꼭 찍어 먹는 새떼들
그 아래 구멍뚫린 흙속에서는
밥짓는 개미들이 분주하다
낮은 산야를 휘돌아
나무둥지 새끼들의 입속으로 돌진하는
어미새의 입에는
따뜻한 들판 한 가닥 물려 있지만
너른 산야의 수북한 밥상이 통으로 끌려간다
어디 밝음 속에서 만이랴
어디서나 고봉으로 널려있는 어둠을
쪼아먹는 새떼들 있어
드디어 새벽빛이 흐른다

천 년 허공위에 앉아있는
배고픈 나무솟대들이여!
저 허공도 밥이다
하늘아래선 배곯지 마라
바위틈새 어린 풀씨 하나도 어제보다
더 자라 있다.

2005년 10월호 『현대시학』에 실렸던 작품이다. 반드시 이것이 대표작이라고 말할 수는 없을 것이다. 개인적으로 더 무게를 두는 작품이 있을 수 있지만 그러나 최근작이라는 애정이 이 작품을 고르게 했다.

우선 이 작품은 긍정적인 사고와 종교적 감사가 깊이 배어 있어서 어쩌면 이 작품에 마음이 기울었는지 모른다. 가능한 내가 가진 것에 대한 감사를 느끼려는 노력으로서 마음을 비울 때 나는 조금 평안을 얻기 때문이다.

나는 아침이나 저녁 시간에 집 부근 탄천 길을 걷는다. 옆으로는 강이 흐르고 작은 줄기의 강 옆으로는 억새밭과 잡풀 우거진 들이 있다. 멀리 사람들의 마을이 보이고 고가로는 속도를 내는 자동차들을 볼 수 있다. 나는 그 길을 걷는다. 집 부근에 이런 길이 있다는 것을 늘 감사하게 생각한다. 건강하지도 않고 미진하고 허약한 것이지만 생명에 대한 감사도 이런 시간에 더욱 깊어진다.

메마른 겨울임에도 이상하게 이 길을 걸으며 느끼는 것은 풍요함이다. 겨울이면 어김없이 오는 철새들, 강 위에서 군무를 하며 놀고 있는 새들을 보면 세상 귀퉁이에 쪼그리고 앉아있던 내 마음이 세상 중심으로 화들짝 날아오를 것 같은 생기를 찾는다. 사인과 손을 잡는 느낌, 그리고 그 자연과 마음이 통하는 느낌을 이 시간에 나는 받는다. 나무들의 인사도 여름보다 더 잘 들리고 새들의 웃음소리도 여름보다 더 잘 들린다. 하늘은 낮달은 구름은 더 가까이 있다. 아마도 내가 자연 앞으로 마음을 내밀었기 때문이리라.

다시 자연을 본다. 오리들은 늘 분주하다. 아무것도 없어 보이는 언 강에서 오리들은 무엇인가 먹이를 삼키고 있는 것 같다. 오리뿐인가 돌아보면 텃새들이며 땅 밑의 개미까지 밥 짓는 소리로 요란한 듯했다. 무슨 잔칫날도 아닌데 그들은 늘 먹이를 나르고 먹고 그리고 춤춘다. 내가 이상한 것은 언 강도 메마른 들판도 모두 생명의 먹이가 되어 주고 있는 것이었다. 언 강이며 겨울 들판이 배고파 오히려 먹이를 주어야 할 것 같은 것들이 온 몸을 다해 먹이가 되어 주고 있는 것이었다. 그러다가 나는 빈 허공을 보았고 전율이 일었다. 허공마저 밥이 될 수 있다는 착상을 하게 된 것이다. 아, 저 넓은 허공이 밥이라면 무슨 가난이 있을 수 있겠는가. 생명들이여 안심하라. 나는 성경을 찾았다. 내가 찾고 싶은 구절을 빠르게 찾을 수 있었다.

> 하늘의 새들을 눈여겨보시오. 그것들은 씨를 뿌리지 않고 추수하지도 않으며 곳간에 모아두지도 않습니다. 그러나 여러분의 하늘 아버지께서는 그것들을 먹여 주십니다. 여러분은 그것들보다 더 귀하지 않습니까. 여러분 가운데 누가 걱정한다고 해서 제 수명을 단 한 시간인들 보탤 수 있습니까. 들의 백합들이 어떻게 자라는지 관찰해 보시오.
>
> — 마태복음 6장 26~28

나는 이 성경 구절이야말로 모든 종교의 사랑과 자비의 통합이라고 생각했다. 생명 있는 것들에게 가장 절실한 것은 밥이다. 그 기본적인 밥은 스스로 벌지 않아도 자연으로 보충된다는 것. 이것은 놀고먹는다는 것과는 다른 이야기다. 불교에서는 만나는 사람마다 두 손을 합장하고 '성불하십시오'라는 덕담을 건넨다. 그 성불의 깨달음 속에도 바로 이 성경 말씀의 깨달음과 같은 동일한 의미가 있지 않을까. 자비는 깨달아야 남에게 베풀 수 있고 감사하기 때문이다.

생명 앞에 무상으로 주어진 선물이 얼마나 많은가 하는 것은 자연으로 들어가 보면 안다. 인간의 눈이 흐려져 매물만이 소유를 채우는 것이라고 생각하고 있으므로 무상으로 주어진 기본을 스쳐 지나가므로 우리는 더욱 가난해졌는지 모른다. 생명, 자연 사랑의 실천은 그래서 이 무상의 선물을 믿는 일에서 시작해야 할지 모른다. 보고도 못 찾는 미련함으로 있음을 없음으로 지워내는 의식하지 못하는 의식이 인간의 불행이었는지 모른다. 때로는 눈먼 이가 보는 이를 위로하지 않았던가. 눈먼 이의 자극으로 보는 이의 눈을 떠야만 하는 일이 종종 우리들 주변에서는 일어난다.

존재의 가치를 믿는 일에서 인간의 능력을 더하여 창조의 빛을 낼 때 그것을 우리는 조화라고 하지 않겠는가. 왜 절망이 있느냐고 묻는다면 우리는 상식적이고 상품화된 말로 절망 뒤에 희망이 있다고 말하지만 이러한 도형화된 말도 의미를 가지고 들면 따뜻한 사랑이 반드시 있는 법이다. 나는 한때 이 말에 대해 반항했었다. 위선적이고 번드레한 망상이라고 대들었던 적도 있었다. 생각해 보라, 당장 절망한 자에게 그것이 무슨 위로가 되겠는가. 그러나 신은 우리를 죽이기 위해 절망을 보내는 것이 아니라 우리의 내부에서 새로운 생명을 각성시키기 위하여 절망을 맛보인다라는 말에 고개를 끄덕이기 시작했었다.

눈물도 아픔의 결과이지만 눈물로서 세상의 죄악을 씻어낸다고 생각하는 사람이 있었다. 그러므로 절망하지 말라. 저 겨울 들판의 새들과 강 위를 부지런하게 드나드는 새들을 보면 그들이 언제나 배부른 노래를 부르고 있다는 것을 안다면 사람도 절망하지 않아도 될 것이다. 그렇지 않은가. 저 허공 위에 천년 앉아 있는 오리솟대도 배고프면 벌써 내려왔을 것이다.

신달자

1972년 『현대문학』 등단. 시집 『열애』 외.

자연에 안겨서 운다, 웃는다, 안겨서 사랑한다

다시 홍류동에 혼자

사랑했던 날들아 다 떠나라
솔방울 떨어져 발등 때리는 이 가을날
선머슴 메투리 같은 흙가슴으로
와락 끌어안고 싶은 곧 하나 있어
나 여기 왔다

봄꽃 붉어 홍류동이냐
단풍 붉어 홍류동이냐
맷새 부리로 햇살 날라
대웅전 설 한 채가 모두 寂光이다

꽃피운 발원들 다 떠나보내고
네 이름 스무 살 적 애인 같아
수정 무릎 아래
조약돌로 눌러 앉고 싶어
나 여기 왔다

시냇물 붉게 흘러 홍류동(紅流洞)! 옛 고승대덕들이 살다간 자취가 전설로 되어 흐르는 골, 가야산 해인사를 감도는 물 있어 홍류동! 숲 우거지고 계류(溪流) 흘러가는 심산유곡, 열세 살 초등학교 6학년이었던 소년이 담임선생님을 따라 온 하루 산을 넘고 물을 건너 걸어서 닿았던 졸업 여행에서 처음 만났던 태산(泰山) 거찰(巨刹), 지금은 경편차로 한 시간이면 닿는 곳 홍류동.

세사에 분주하던 마음 잠시 쉴 틈이면 나는 내 고향 거창 가는 길목의 가야면을 거쳐 야로면 해인계곡을 찾는다. 굳이 해인사를 보기 위함이 아니다. 야로면 초입부터 산의 숨소리가 들리고 물의 맥박 소리가 들린다. 여기 오면 풀 한 포기 나무 한 그루가 범연하지 않다. 내설악 백담사 계곡이 그리도 청정하지만 거기까지 닿으려면 족히 하루는 달려야 한다. 그러나 가야산 홍류동은 한 시간 거리이니 어찌 마음 가볍게 가는 길이 아닐 수 있을까. 물길은 흘러 합천의 젖줄이 되고 산은 숭엄해 쳐다보기조차 외연(巍然)하다. 그러나 물과 산은 '너 왜 여태까지 왔느냐' 묻지 않는다. 오면 오는 대로 가면 가는 대로 그것은 말이 없다. 그 말 없음이 더욱 좋다. 혼자 내려 발 담그고 혼자 맨발로 너럭바위를 딛고 걷는다. 걷는다기보다 아이처럼 껑충껑충 뛰어도 본다. 어디 이 견고하고 평평한 바위가 나 같은 몸의 가벼운 뜀박질을 아파하겠는가! 아니 모처럼 마음 펴고 열 살 아이 장난기 돋쳐 한식경 까불어댄다 해서 그걸 나무라겠는가! 닳고 닳은 조약돌은 주야로 흐르는 물을 받아 더욱 깨끗하고 솔뿌리도 희게 씻겨 골을 지키는데 상수리 잎새들만 솔잎새로 뛰어드는 햇볕 받아 더욱 푸르다. 층층이 푸르고 켜켜이 초록이다. 나는 그것을 늘 '잎새들의 해안'이라 불러왔다. 잎새들의 바다, 잎새들의 하늘, 온통 잎새들 천지다. 거기에 내가 안긴다. 안겨서 운다. 안겨서 웃는다. 안겨서 사랑한다. 그만 돌아갈 시간을 잊는다. 거기서 시의 첫 구절을 얻는다.

사랑했던 날들아 다 떠나라

이 구절에는 소중했던 날들조차 다 떠나보내고 나 혼자 가진 것 없이 한 그루 나무처럼, 한 개의 돌처럼 남겠다는 생각의 단초가 들어 있다. 첫 구절 다음은 이어나가기 어렵지 않다. 마음의 흐름을 그냥 자동기술하면 된다. 그것이 그 다음 구절들이다.

솔방울 떨어져 발등 때리는 이 가을날
선머슴 메투리 같은 흙가슴으로
와락 끌어안고 싶은 골 하나 있어
나 여기 왔다

가을에 들렀으니 단풍계절이다. 물도 나무도 유유하고 한가한데 흰사한 것은 멧새다. 그리니 멧새의 흰사를 나무라시는 인 된다. 신의 마음을 전령하는 일꾼이 멧새밖에 없기 때문이다. 솔그늘 짙어 햇살이 직사(直射)하지 못하고 솔잎 사이로 떨어진다. 그래서,

멧새부리로 햇살 날라

라고 쓴다.

그러나 돌아보면 아직도 내 집, 내 직장, 내 가족, 내 컴퓨터에는 밀린 일들로 가득하다. 그걸 잊기 위해 예까지 왔는데 예서 그걸 생각함은 어리석은 일이다. 떠오르는 생각을 힘겹게 밀어젖힌다. 하고 싶은 일들, 해야 할 일들 수없이 많지만 그것들을 잠시나마 잠재우자. 그리하여,

꽃피운 발원들 다 떠나보내고
수정 무릎 아래
조약돌로 눌러 앉고 싶어

라고 쓴다.

그렇다고 세상 등지고 영 입산하고자 하는 발원은 아니다. 나는 세속을 벗어날 수 없다는 것을 안 지가 오래다. 다만 이 산, 이 물, 이 돌, 이 나무들이 내 단짝 친구가 되어 주었으면 좋겠다는 바람이다.

해가 진다. 바람이 서늘하다. 돌아가야 한다. 문턱이 닳아 반들반들해진 그 곳으로, 밀린 원고와 읽던 책이 누워있는 그곳으로, 끼니가 기다리고 세금고지서가 기다리는 그곳으로, 그래서 나는 십수 년 전에 「다시 홍류동에 혼자」를 쓴다. 시간을 축내며, 아니 시간의 먹을 갈며…

이 기 철

1972년 『현대문학』 등단. 시집 『정오의 순례』 외.

달구지 길

저 환한 몸부림

가을은 어디선가
소달구지를 끌고 오는 사람이 있다

코스모스 한들거리는
자갈길이 덜커덕거리고
짐 수레칸에 발을 걸고 앉은 또래 아이들
조잘대는 모습이
그 꽃길 사이 떠올랐다 사라졌다 한다
필통 속에서 몽당연필 뛰노는 소리도
들렸다 인 들렸다 한다
햇빛이 시늘한 오후 저 환한 몸부림

두 줄의 수레바퀴 자국이 선명하다

이 가을은 어디선가
소달구지를 몰고 오는 사람이 있다

나는 지금도 달구지 길을 사랑한다. 달구지 길은 글자 그대로 시골길이다. 한 때는 이 길이 시골의 고향을 찾아가는 길이었고, 어머니가 그 초가집 추녀 밑에 등불을 걸어 놓고 밤새도록 타관에 간 아들을 기다리는 길이었다. 이 길은 도시로 가는 길이 아니라 우리들 심상에 새겨진 원형의 길이요 살아서 춤추는 길이었다. 따라서 이 길은 어머님의 치마폭에서 나온 길이며 따뜻한 신화 속의 불빛에 지금도 어룽진 길이다.

순천만 갈대밭 길고 긴 제방뚝 밑은 아직도 포장이 안 된 황톳길이요, 자갈길이라. 그 길이 다름 아닌 달구지 길이라. 코스모스가 무더기로 그 언덕길에 실리고 달구지 한 대도 작년까지만 해도 지나다녔는데 지금은 볼 수가 없어 안타깝다. 투명한 가을 햇발 아래 덜커덕 거리며 달구지가 지나가는 그 환한 몸무림이 보고 싶어 길을 나서지만 어찌된 일인지 볼 수가 없다.

머지않아 찬바람이 불면 철새 행렬이 갈밭으로 날아 내릴 것이고 이 달구지 길은 차들로 메워질 것이다. 이 가을엔 어디선가 달구지를 몰고 오는 사람이 있었으면 좋겠다. 그런 간절한 마음 때문에 나는 시를 쓴다. 그리고 이 길이, 이 삶이 포장되지 않기를 바라며 쓰는 것이 나의 시 쓰기 작업임은 새삼 말할 필요가 없겠다.

송 수 권

1975년 『문학사상』 등단. 시집 『산문에 기대어』 외.

생활을 우려낸 시

누옥의 세월

외길에 대한 맹목처럼
아름다운 것이 있으랴 이미 갈 길 다 걸어간 이의
뒷모습 흔들리는 생 속에서도 나는 찬탄으로 우러렀거니
그러나 확신으로 걸어온 길 꼬리 감추고
나를 버리는 이정표 없는 낯선 마을의 저녁
바람 앞의 잔가지로 나는 불안하다
발목 부여잡고 가는 길에 질문 거는 잡풀이여
이 누옥의 세월 너와 나란히 서서
길고 추운 밤을 견디면 어제의 믿음
다시 일굴 내밀까 생각하는 동안에도 비가 내린다

산사에 가면 아침저녁으로 은은하게 종소리 들려온다. 공중에 파문을 내면서 꽃을 만나면 웃음을, 풀과 나무를 만나면 푸름을, 언덕을 만나면 굴렁쇠가 되는 종소리는 환하고 푸르다. 누구라도 종소리를 듣고 있으면 비 다녀간 산길처럼, 마음의 공터 가득 번잡하게 일던 잡념의 먼지가 시나브로 잦아지는 느낌이 들 것이다.

그런데 만약 종소리가 시도 때도 없이 들려온다면 어떻게 되겠는가? 종소리는 더 이상 마음을 다스리는 약제가 되지 못할 것이다. 너무 잦게 우는 종소리는 소음에 지나지 않겠기 때문이다. 종소리가 종소리인 것은 하루에 두 번 울기 때문이다. 조석으로 두 번 우는 종소리는 긴 침묵을 우려낸 것이기에 우리에게 위안과 평화를 안겨줄 수 있는 것이다.

고인께는 매번 죄스럽고 면목 없는 일이지만 초상집 가서 얻어먹는 국밥을 나는 국밥 중에 최고로 친다. 얼큰하고 간도 맞아서 입에 척척 달라붙는 것이다. 초상집 국밥이 유독 맛있는 데는 나름의 소박한 이유가 없지 않다. 뼈와 고기를 오래 우려낸 국물에 밥을 만 것이기 때문이다.

찻물이라고 이와 다를까.

오래 우려낸 것들은 대체로 행기가 진하고 맛깔이 있다. 내 식성은 오래 우려낸 것들에게 맞춰져 있다.

나는 시도 이와 같이 생활을 우려낸 것이거나 침묵을 우려낸 것이거나 사유를 우려낸 것들에게서 깊은 울림과 감동을 받는다. 지금까지 써 온 나의 시편들에서는, 나를 끌고 다니거나 내가 끌고 왔던 생활을 깜냥껏 우려내려 애써 온 것들이다. 하지만 스스로 보기에 여전히 함량미달인 데다가 설익은 것들 투성이니 어찌 애석치 않을 수 있으랴.

그런데 최근 우리 시단의 사정을 보면 충분히 익히지 않은 날것의 시편들이 너무 난무하고 있는 것은 아닌가 하는 염려가 든다. 아무래도 시의 식성들이 많이 바뀐 모양이다. 하긴 식성이라고 어찌 시대의 유행을 따르지 않을 수 있으랴.

대학가에 가면 젊은이들의 달라진 음식 취향과 기호에 맞춰 지어진 휘황찬란한 퓨전식 음식점들이 많이 들어서 있다. 포스트모던한 기호와 취향들 앞에 가면 나 같은 구닥다리들은 괜시리 지은 죄도 없이 주눅이 든다. 시에도 퓨전식 취향과 기호들이 판을 치고 있다. 주인은 빨리 만들어 빨리 팔고 손님들은 빨리 먹고 빨리 떠난다. 그러니 음식에 정성이 들어갈 리 없다. 손맛이 없다. 시도 마찬가지다. 사색하고 음미할 시간을 갖지 않는다. 그리고 무엇보다 음식이든 시든 너무 흔하다. 흔하다 보니 귀히 여기지 않는다. 배고파 먹는 밥이 아니라 때가 되었으니 먹는 밥에 무슨 맛이 있겠는가. 이러한 관성은 시에도 그대로 적용된다. 수없이 쏟아져 나오는 시편들을 건성건성 훑어보는 것으로 만족하는 형편이다. 밥을 지을 때는 뜸을 들여야 하는 법인데 문제는 선호하는 음식이 인스턴트이다 보니 뜸을 들일 필요가 없다. 악화가 양화를 구축하는 그레샴의 법칙이 시에서도 그대로 적용되고 있는 형국이다. 나라고 예외일 수 없다.

입천장을 데며 한 순간이라도 흘릴세라 조심하며 뜨거운 곰국을 떠먹듯이, 진한 국물의 시들을 마음의 숟가락으로 떠서 먹을 때는 얼마나 진한 감동으로 마음이 훈훈했던가. 그러나 이제 시의 곰국은 촌스런 시의 음식이 되어 장사가 되지 않는다. 곰국을 멀리하는 취향 때문에 폐업하는 집들이 늘거나 간판을 바꿔 달기도 한다.

그러나 우리 같이 오래 곰국에 길들여 온 사람들은 쉽사리 식성을 바꾸지 못해 여전히 줄어드는 곰국집을 애써 찾아가 이마 가득

땀을 흘리며 배를 불린다. 어쩌다 시간에 쫓겨 먹게 되는 인스턴트 식품은 배만 더부룩하게 할 뿐 요기가 되지 않는다.

나의 시는 여전히 곰국을 지향한다. 찾는 손님이 많지 않아도 아직 발길을 끊지 않고 찾아주는 고급스런 단골들을 위해 아직 간판을 내리지 못하고 있는 것이다.

삶을 깊게 우려낸 시, 침묵을 깊게 우려낸 시, 찻물을 우려낸 시, 깊은 훈향과 진한 국물로 생활의 추위를 조금이나마 몰아낼 수 있는 그런 시편들을 진정 나는 쓰고 싶은 것이다.

이 재 무

1983년 『삶의문학』 등단. 시집 『저녁 6시』 외.

마음, 제국, 그리고 아나키즘

마음의 오지

탱탱한 종소리 따라나가던
여린 종소리 되돌아와
종 아래 항아리로 들어간다
저 옅은 고임이 있어
다음날 종소리 눈뜨리라
종 밑에 묻힌 저 독이 더 큰 종
종소리 그래서 그윽할 터

그림자 길어져
지구 너머로 떨어지더니
일순 이둠이 된다
초승달 아래 나 혼자 남아
내 안을 들여다보는데
마음 밖으로 나간 마음들
돌아오지 않는다
내 안의 또다른 나였던 마음들
아침은 멀리 있고

나는 내가 그립다

이제와 고백하건대, 위 시는 1998년 12월, 정호승 시인의 산문을 읽다가 문득 떠오른 한 문장을 이어나간 것이다. 나는 시를 오랫동안 갈고 다듬는 법을 터득하지 못해서, 튀어나오는 대로 받아 적는 편이다. 습작 시절, 내 주위에 있는 선・후배 동료들이 시 한 편을 두고 며칠씩 또 몇 번씩 퇴고를 거듭하는 것이 너무 부러웠다. 시는 으레 그렇게 쓰는 것인 줄 알았다. 그래서 나도 몇 번 설계도를 미리 그린 뒤, 거기에 맞춰 언어를 끼워넣어 보았다. 하지만, 매번 시의 건물은 세워지지 않았다. 주춧돌 두어 개 놓기도 어려웠다. 나는 영감 → 구상 → 초고 → 추고 →퇴고로 이루어지는 저 찬란한 시작 과정을 일찍이 포기했다. 초고가 대부분 원고였다. 이후 나는 시를 쓰지 않고, 시를 기다렸다.

저 시에서 "종 아래에 있는 항아리"가 정호승 시인의 산문에 나오는 한 대목이다. 워낙 눈썰미가 없는 쑥맥이어서, 그렇게 많은 종을 보아왔으면서도, 종 아래 묻혀 있는 또 다른 종을 주목하지 못하다가, 정호승 시인의 에세이를 읽다가 스파크가 일어났다. 좋은 글은 그 글을 읽는 사람으로 하여금 글을 쓰게 만든다. 아마 정호승 시인은 저 시를 보고, 이문재가 내 글을 베꼈구나, 하고 괘씸해 했을지도 모르겠다. 이 지면을 통해서야 뒤늦게 고마움을 고백한다(이 게으른 불한당(不汗黨)을 용서하소서).

저 시는 문예지에 발표하지 않고 바로 세 번째 시집에 수록했다. 시집에 들어가는 시의 제목이나 시 구절 가운데 제목으로 올릴만한 것이 없어서, 아예 시를 한 편 쓰기로 작정했다. 그러다가 우연히 정호승 시인의 산문을 만난 것이었다. 나는 '마음의 오지' 라는 제목을 정하고 바로 써내려 갔다.

그 무렵, 내 마음은 안절부절이었다. 지금도 그렇지만, 나는 늘 내 마음에게 지고 있었다.

내 안에는, 하덕규의 저 유명한 노랫말처럼, 너무 많은 내가 들어 있어서, 수시로 들끓었다. 끓며 넘쳤다. 도대체 어느 마음이 내 마음인지 갈피를 잡지 못했다. 편집증이나 분열증을 넘어, 내가 다중인격처럼 보였다.

나는 시를 쓰는 한편으로 잡지사 기자로 밥을 벌었는데, 잡지사 기자의 업무는 그야말로 잡다했다. 한꺼번에 네다섯 개의 기사를 기획하고 취재하고 써야 했다. 20년 넘게 잡지사 기자로 연명하다 보니, 저 선단(船團)식 일처리 방식이 몸에 배고 말았다. 아니, 정확하게 말하자면, 내 기질이 그러했다. 한 가지 대상에 집중하지 못하고, 번다했다. 산만했다. 내 데스크가 저러한 나를 보고 다음과 같이 말한 적이 있다. "이문재 머리에는 서랍이 여러 개가 있어. 그때 그때 적당한 서랍을 열어서 일을 하지." 문제는 이 서랍과 저 서랍 사이에 네트워크가 별로 형성되어 있지 않았다는 것이다.

성장기에서부터 의지 박약이 나의 고질병이었다. 마음이 너무 많았고, 그 마음들 중에 중심이나 전위가 없었다. 선택을 하지 못해 주저하고, 식은땀을 흘리며 결정을 해놓고는 또 실행에 옮기지 못했다. 그래서였을까. 나는 삶의 중요한 분기점, 가령 대학을 정하거나 첫 직장을 구할 때, 그리고 결혼을 할 때에도 오래 고민하지 않았다. 시 쓰기도 마찬가지였다. 그런데 신이 도왔는지, 저와 같은 몇 차례의 '즉결심판' 은 후폭풍이 거의 없었다. 나는 후회하지 않았다.

하지만 일상적 삶속에서 저 마음의 우여곡절, 신산고초는 장악하기가 힘들었다. 하루에도 마음이 열두 번 넘게 널을 뛰었다. 조증과 울증 사이에서 현기증이 났다. 마음의 멀미는 가라앉지 않았다. 그러다가 만난 것이 마음에 이름 붙이기였다. 마음에 이름을 붙이는 수행법, 다시 말해 마음 챙기기가 남방 불교에 있었다. 이름하여 위빠사나. 나는 수시로 '내 안을 들여다보'았다. '마음 밖으로' 나가려는 마음들에게 하나 하나 이름을 붙였다. 명명하기가 애매할 때는 그 상황을 문장으로 만들었다. '이문재가 지금 대단히 화가 나 있구나' '대단히 부끄러워하고 있구나' '네 놈이 지리산에 가고 싶어서 환장해 있구나' 라며 나는 나에게 말을 걸었다. 이 같은 마음 다스리기의 한 국면을 옮긴 것이 졸시「월광욕」이다.

스스로를 분열시키고 이 서랍(마음)으로 하여금 저 서랍을 '관리감독'하는 시스템을 가동하고 나서야 어느 정도 마음의 움직임을 장악할 수 있었다. 어떤 사람들은 시를 마음의 움직임을 그려내는 지도라고 규정하지만, 나에게 시 쓰기는 마음 그 자체를 응시하는 것이라기보다는 마음을 다스리는 하나의 방편이다. 하지만 아직도 내 안에 있는 종 아래 묻힌 항아리, 다시 말해 종보다 더 큰 종, 땅속에 박혀 있어 잘 보이지 않는 그 공명통이 무엇인지 잘 모르겠다. 종소리를 더 그윽하게 하고, 종소리를 더 멀리 내보내게 하는 공명통은 어쩌면 내 마음의 밖에 있는지도 모른다.

마음이 내가 평생 붙들고 가야 할 숙명적인 화두라면 마음 밖에 또 하나의 화두가 있다. 그것은 산업 문명에 대한 분노이다. 1980년대 후반, 산업자본주의의 속도지상주의를 온몸으로 발견한 이래, 산책(느림)과 농업(생태학)을 키워드로 삼아 당대와 정면하려고 나름대로 애를 썼다. 마음의 외부에서 내 시의 최근은 '제국'을 과녁으로 삼고 있다. 제국주의의 횡포는 굳이 거창한 이론을 동원하지 않아도, 우리의 일상적 삶과 의식 속에 깊숙이 자리잡고 있다. 제국주의는 힘의 논리이다. 힘이 곧 진리라고 우기며 제국이 정한 자의적인 기준을 보편이라는 미명하에 강제한다. 표준화, 획일화, 산업화, 도시화, 세계화 따위가 다 제국의 프로젝트다. 외국의 어느 학자가 예리하게 지적했듯이, 제국주의는 미래까지 식민지로 만들어 버렸다.

지난 해 연말에 펴낸 네 번째 시집 『제국호텔』은 간헐적이고 피상적이고 단편적이긴 하지만, 하나의 제국이 지배하는 일극 체제에 대한 한 저항이기도 했다. 지난 5월, 지훈문학상을 받는 자리에서 나는 다음과 같은 수상 소감을 읽은 적이 있다.

『제국호텔』은 제가 40대 초반에 쓴 시들로 채워져 있습니다. 이 시집의 상당 부분은 (지훈과 같은) 지사적 사유와 삶이 불가능한 시대에 대한 질문이고자 했습니다. 시의 사회적 효용이 용도 폐기되었다고 하는 판정에 대한 문제 제기이고자 했습니다. 갈수록 시가 작아지고 있습니다. 한국 시는 형용사와 부사의 울타리 안에서 나오려고 하지 않습니다. 시는 곧 서정시였고, 어느 사이엔가 시인은 변방으로 물러나 인간문화재가 되고 말았습니다. 시는 세상과 무관해졌습니다. (… 중략 …) 『제국호텔』은 사실 제가 감당하기는 무거운 제목입니다. 요즘 우리 시의 흐름에서 벗어나 있는 이미지입니다. 1990년대 후반 이후 문학과 인문학이 내팽개쳐버린, 이른바 거대담론을 떠오르게 합니다. 저의 치기, 저의 오만일지도 모릅니다. 하지만 저는 거스르고 싶었습니다. 아니다, 라고 말하고 싶었습니다. 형용사, 부사도 우리 시를 구성하는 주요한 유전자이지만, 그것은 우리의 뼈이기보다는 살이었습니다. 살만 있는 몸은 없습니다. 연체동물은 홀로 서지 못합니다. 저는 『제국호텔』에서 우리 모국어의 척추, 즉 명사와 동사의 힘을 구축해 보고 싶었습니다. 거칠게 말해, 커다랗고 무거운 상상력을 동원해 보고 싶었습니다. 그리하여 저 제국이 우리의 일상적 삶과 결코 무관하지 않다는 엄연한 현실을 공유하고 싶었습니다.

생태학적 문제 의식, 생태학적 상상력은 저 제국 혹은 국가를 관통하지 않는 한 비현실적인 미래학일 따름이다. 마음의 오지에서 기어나와 (숙박비도 제대로 지불하지 못한 채) 제국호텔에 묵고 있는 나의 시는 다시 길 떠날 채비를 하고 있다. 내 시가 언젠가 가닿을 곳은 아마 아나키즘의 한 핵심과 연관되어 있는 어떤 영토일 것이다.

이 문 재

1982년 『시운동』 등단. 시집 『제국 호텔』 외.

별과 눈발 그리고 야간비행

1. 내장산 밤바람 속의 눈발

눈발

내장산 밤바람 속에서
눈발에 취해 冬木과 뒤엉켰다
뚝뚝 길을 끊으며
퍼붓는 눈발에
내가 묻히겠느냐
산이여, 네가 묻히겠느냐
수억의 눈발로도
가슴을 채우지 못하거니
빈 가슴에
봄을 껴안고 내가 간다
서래봉 한 자락
겨울바람 속에
커다란 분노를 풀어놓아
온 산을 떼 호랑이 소리로 울고 가는데
눈발은 산을 지우고

산을 지고 어둠 속에 내가 섰다
몇 줌 불꽃은 산모롱이마다 피어나고
나무들은 눈발에 몸을 삼켜
허연 배를 싱싱하게 드러내었지
나이테가 탄탄히 감기고 있었지
흩뿌리던 눈발에
불끈 솟은 바위
어깨에 눈 받으며 오랜 동안 홀로 들으니
산은 그 품안에 빈 들을 끌어
이 세상 가장 먼데서
길은 마을에 닿는다
살아 있는 것들이 하나로 잇닿는 순간
숨쉬는 것들은
이 밤내 잠들지 못한다
맑은 물줄기 산을 가르고
모퉁이에서 달려온 빛살이
내 가슴에 뜨겁게 뜨겁게 박힌다
내장산 숨결 한 자락으로
눈발 속을 간다

시인의 삶을 누구는 천형(天刑)에 비교하기도 하지만, 인간이 이 세상에 태어나 시인으로 문단에 데뷔하는 순간의 희열은 그 어느 것에도 견줄 수 없는 것이다. 특히 10대 중반부터 품었던 꿈으로서의 시인에 대한 갈망과 동경 속에서 십수 년의 기다림 속에서 성취되는 쾌감은 거의 절정에 달하는 것이라 해도 지나치지 않을 것이다. 나의 경우에도 그것은 예외가 아니었다. 그러기에 등단작들은 또 다른 측면에서 애정이 가는 것이다.(그러나 어느 경우에 등단작이 대표작이 되기도 한다는 한계는 또 하나의 극복되어야 할 벽으로 다가오기도 한다.)

그런 의미에서 나에게는 「눈발」이라는 작품에 애정을 보내지 않을 수 없다. 「눈발」은 1987년 10월 창간 15주년 기념 『문학사상』 증면 특대호에 실려 나를 이 세상의 한복판으로 불러내 시인으로 살아가게 한 바로 그 시다. 또한 이 시는 창작 과정에서도 나에게는 지울 수 없는 순간의 경이로움과 맞닿아 있는 작품이다.

우리에게는 매우 흔한 사실조차도 상황에 따라서 커다란 충격으로 다가올 때가 있다. 우리에게 겨울의 눈발이 주는 신선함도 매번 겪는 일로 치부해 버리면 그렇게 새로울 것은 없다. 그러나 그것이 극적인 순간에 새롭게 다가올 때 하나의 자연 현상이라는 차원을 벗어나, 생의 진한 감동과 깊은 의미를 일깨우며 큰 울림으로 다가오는 것이다. 나의 시를 찾아 헤매던 20대 젊은 영혼에게 있어 그것은 더할 나위가 없는 것이었다.

내게는 눈발을 통한 지울 수 없는 순간의 경험이 있다. 그리고 거기에서 나의 시 「눈발」은 태어났다. 1987년 2월 경에 나는 겨울 내장산에서 실시된 1박 2일 일정의 학술세미나에 참석했던 적이 있다. 정읍으로 버스를 타고 가서 한동안이나 기다리다가 도착한 내장산, 그때 눈이 내릴 조짐이 보이기 시작했다. 그날 밤 지하에서 세미나를 끝낸 뒤 저녁을 겸한 간단한 회식을 마치고 계단을 올라 밖으로 나와 막 지상에 섰을 때였다. 그때 나의 생애에 최초로 인식될 만한 엄청난 눈발과 마주칠 수가 있었다. 그 눈발은 쏟아지는 것이 아니라, 아예 통째로 무너지고 있었다는 표현이 더 적절할 것이다. 어둠 속을 휘몰아가며 거대한 군단을 이루어 계곡으로 휩쓸리는 눈발, 그 눈발 속으로 양 옆의 산들도 함께 무너져 내리고 있었다.

그 경이와 충격 앞에서 나는 순간적으로 길을 잃고 말았다. 다소의 취기를 동반하고 한없이 계곡 사이를 걸어가며 양 옆의 봉우리를 메울듯이 몰려오는 눈발에 나는 깊게 빠지고 말았던 것이다. 겨울바람은 사정없이 내 몸을 휩쓸어가고 눈발은 잠시라도 눈을 떼면 새로운 세상으로 만들고 있었다. 나무들은 온통 눈을 뒤집어 쓴 채로 싱싱한 몸뚱이를 드러냈다. 그러나 그 속에서 나무들은 은밀하게 나이테를 감으며 겨울 한복판을 통째로 견디고 있었다. 어느 사이엔가 이 세상의 길들은 모두 사라져버리고 없었다.

나는 가슴을 온통 열어 그 눈발을 다 받아들이고 싶었다. 그러나 가슴은 열리지 않았다. 엄청난 그 눈발의 위력에 주눅이 들었던 것이리라. 한동안 걸음을 멈추고 귀를 기울이면 떼 호랑이가 울고 가는 서래봉 한 자락이 깊은 겨울밤 눈발 속을 가르고 있었다. 어느 사이에 내 어깨에도 눈이 쌓여서 나는 어깨 가득 눈을 지고 서 있었다. 그렇게 한참 파묻혀 있다가 나의 발을 옮기려면 이미 그 억센 눈발들은 뚝뚝 길을 끊어내고 있었다.

아, 그날의 서래봉 위로 눈발을 몰아오는 바람 소리 속에서 울부짖던 떼 호랑이들! 그 감격스러운 순간 속에 나는 아무 흔적도 없는 눈사태 속을 뚫고 가면서 귀를 기울였다. 이윽고, 언덕 위로 올라섰을 때였다. 눈발 속에 모든 것은 깡그리 묻혀버렸지만 이 세상에 살아있는 것들은 모두 서로서로 어깨를 맞대고 팔짱을 낀 채 한 몸으로 파르르 떨고 있었다.

바로 그때였다. 산이 큰 가슴을 열어젖히더니 그 품 안으로 빈 들을 끌어들이자 이 세상 가장 먼데서 한 줄기 밝은 빛이 달려와서 마을에 닿는 것이었다. 그리고 그 빛을 따라 하나의 길도 마을로 가닿고 나의 길도 열리고 있었다. 내 가슴으로는 아주 시원한 바람이 한 자락 지나가고 있었다.

요즈음 겨울이 겨울답지 않게 여겨지는 것은 우리들 삶이 너무나 무덤덤한 탓일 것이다. 그래서 우리는 겨울을 잃어버린 것이 아닐까라고 생각할 때가 자주 있다. 어쩌면 겨울은 양쪽 볼을 가르는 차가운 칼바람과 지상의 길을 모두 끊어버리는 눈발 속에서 살아나는 것은 아닐까. 겨울이면 나는 다시 그 날의 겨울 내장산에서 맞닥뜨린 눈발에 한 번 더 세차게 휘말리고 싶어진다.

이 시 「눈발」에는 그러한 순간의 희열과 열정이 반영되어 있다. 겨울, 밤, 어둠, 눈발이라는 시련을 의미하는 중층적 상황 속에서 시적 화자는 "내장산 숨결 한 자락으로 / 눈발 속을 간다"는 의지로 맞서고 있는 것이다.

이 시는 나의 첫 시집 『길은 마을에 닿는다』의 표제 시이기도 하고, 또 이 세상에 나를 '눈발'의 시인으로 각인시켜 준 시이기도 하다. 나의 첫 시집은 이 시의 한 구절인 "길은 마을에 닿는다"에서 따왔다. 사실 우리가 자신의 초기 시에 대하여 그 의미나 배경을 정확히 이해하게 되는 것은 첫 시집을 내고 나서나 가능할 것이다. 그런 점에서 내가 시집을 내고 나서도 한동안은 "길은 마을에 닿는다"는 의미를 명확히 새기지는 못 했던 듯하다. 첫 시집에서 중요한 것은 '길'과 '마을'인데, 길은 곧 시간성에 '마을'은 곧 공간성에 많이 기대고 있다고 본다.

나는 1980년대를 지나온 시인이지만 그 시대를 향해서 직격탄을 날리지는 못했다. 그러면서도 그 시대에 대하여 아파하고 그것을 어떻게 지양해 나아갈 것인지 고심하기도 하였다. 더욱이 그것을 시를 통해서 어떻게 형상화할 것인가에 대한 고민은 한결 어려운 문제로 다가오기도 하였다.

지나보니 '길'이란 우리가 살아가는 과정의 여러 갈래의 길들 모두를 의미한다. 우리가 걸어가는 길은 밝은 길도 있지만 어둡고 시련에 처한 길들이 더 많기도 하다. 그러나 그 길들은 우리가 의도하거나 의도하지 않아도 다가오는 것이다. 그렇다고 우리가 걸어오고, 앞으로도 걸어가야 할 길 가운데 우리에게 고통이나 시련을 주었던 길은 다 버릴 것인가. 그럴 수도 없는 일이다. 여기에서 우리 삶의 역설적 의미를 깨닫게 되는 것이다. 다시 말하면 우리 삶은 우리에게 빛으로 다가온 부분에 의해서도 추진되지만, 우리에게 어둠으로 다가왔던 부분들에 의해서도 추진된다는 사실이다.

바로 그게 우리 삶이라는 사실을 인식할 수 있었던 것이다. 그러기에 우리가 걸어가는 길은 우리가 원하지 않는 길까지도 우리를 마을로 닿게 해준다고 믿는다. 이점이 바로 삶의 역설이고 아이러니이다. 나아가 역으로 말하면 우리에게 다가온 시련들이 오히려 우리 생을 더 강화시켜 주며 성장시켜 준다는 사실이다.

첫 시집에 이어 나의 두 번째 시집 『그리운 없인 저 별 내 가슴에 닿지 못한다』은 이 점을 좀 더 구체적으로 보여주고 있다. 나의 두 번째 시집은 첫 시집을 좀 더 천착해 표현한 것이라 하겠다. 첫 시집의 '길'은 비극적 세계관으로 이해하고, '마을'은 공동체적 삶이 살아있던 마을로 이해한 것이 바로 두 번째 시집이다. 그 결과 비극적 세계관은 「노인의 강」이라는 장시에서 보여주고자 하였다. 또 마을공동체 삶의 아름다움과 활력은 「우리 마을 나무」, 「마을 당제사」, 「대동 천렵」, 「달맞이」, 「잃어버린 겨울」 등을 중심으로 형상화한 것이다.

하회에 가서 보았던 노인의 삶은 비극적 세계관의 비유로 내게는 강렬하게 다가왔다. 노인은 죽음을 통해서 강을 벗어나는 순간까지 나룻배로 강을 건너 동시대의 삶을 실어 나르는 것이다. 죽음을 통해서 삶이라는 강을 벗어나는 순간까지는! 바로 그 노인이 보여주었던 삶에 대한 열정, 그것은 '길'을 걸어가는 우리 인간이 가져야 할 모습의 한 전형으로 이해한다. 그리고 '마을'은 우리가 공동체 삶으로 다가서야 할 모습이다. 적어도 나의 유년시절 우리 마을에는 두레와 협동에 의한 신성한 노동과 축제가 함께 하는 삶이 있었다.

그런 점에서 나의 시 「눈발」은 여러모로 나에게는 의미 있는 작품이다. 나를 이 세상에 시인으로 세워준 시, 그리고 나의 시집 서두에 놓임으로써 나의 첫 시집의 대표적 성격을 보여주며 향후 시 세계의 방향키 역할을 하는 시. 아, 나는 그 날의 눈발을 평생 잊을 수가 없다.

2. 그 꽃 다 지고 나서야 지름길을 알았다

1991년 12월 문학 행사로 서울에 갔다가 돌아오는 길이었다. 그 전날 서울에 올라가 문학 판의 친구들과 시간을 보냈고, 다음날은 초등학교 때의 친구들과 만나서 저녁을 먹고 대전으로 돌아오는 길이었다. 강남터미널에서 차가 막 고속도로로 진입하는 순간이었다. 어제부터 친구들과 시간을 함께 했고 새로운 여러 사람들과 만나기도 하였으나 내 마음은 매우 착잡한 심정이었다. 사람들을 만나면 만날수록 마음은 복잡해지고 힘에 겨웠다. 그러한 시간을 보내고 고속버스를 타고 서울로부터 벗어나 대전으로 내려오고 있었던 것이다. 안도의 한숨을 쉬면서 나는 창밖을 내다보다가 하늘로 눈길을 들어 올렸다. 막 어두워지기 시작한 하늘을 배경으로 가득히 별들이 빛나고 있었다. 어둠 속에서 별들은 방금 태어난 풀잎처럼 반짝거리고 있었다. 그때 나도 모르게 "아! 참 너무 아름답다"는 감탄사가 저절로 터져 나왔다. 그리고 왜 그 별들이 아름다운가 하는 생각들이 머릿속으로 떠오르고 있었다. 그때 씌어진 것이 첫 시집 『길은 마을에 닿는다』에 수록되어 있는 아래의 시이다.

> 별들이 아름다운 것은 / 서로가 서로의 거리를 / 빛으로 이끌어 주기 때문이다 / 하루의 일을 마치고 / 허리가 휘어 언덕을 오르는 / 사람들 발 아래로 구르는 별빛, / 어둠의 순간 제 빛을 남김없이 뿌려 / 사람들은 고개를 / 꺾어 올려 하늘을 살핀다 / 같이 걷는 이웃에게 손을 내민다 // 별들이 아름다운 것은 / 서로의 빛 속으로 / 스스로를 파묻기 때문이다 / 한밤의 잠이 고단해 / 문득, 깨어난 사람들이 / 새벽을 질러가는 별을 본다 / 창밖으로 환하게 피어 있는 / 별꽃을 꺾어 / 부서지는 별빛에 누워 / 들판을 건너간다 // 별들이 아름다운 것은 / 새벽이면 모두 제 빛을 거두어 / 지상의 가장 낮은 골목으로 / 눕기 때문이다
>
> (졸시 「별 · 1」 전문)

1990년 추석을 며칠 앞두고 나는 아내와 선배 시인 내외와 선배의 차를 타고 논산의 관촉사 앞 벚나무 길-그때는 그곳이 관촉사인

줄을 몰랐다-을 지나 강경으로 가고 있었다. 2차선의 길 양 옆을 따라서 줄지어 선 벚나무들은 제법 봄이 되었을 때 화려한 꽃길을 예상하게 해주었다. 내가 그 벚꽃이 한꺼번에 피면 장관이겠다고 말을 하니 선배 시인은 다음해 봄에는 꼭 벚꽃을 보러 오라고 하였다. 그때 다시 만나 강경의 황산옥으로 메기탕을 먹으러 가자고 하였다. 나는 상상만으로도 그곳의 벚꽃이 눈에 훤하여 언젠가는 꼭 그 꽃을 보기 위해 그곳에 다시 오겠다는 다짐을 굳게 하였다. 그러나 그 계획은 몇 년이 지나도록 실행에 옮기지 못 했다.

7년 후 드디어 그 기회가 왔다. 그해 봄 논산 소재의 한 대학에서 1학기 창작 강의를 의뢰해 왔다. 나는 강의보다도 바로 그 꽃길을 가 볼 수 있다는 기대감만으로 기꺼이 허락하였다. 그 강의는 금요일 오전 10시부터 다섯 시간이었다. 그리고 그곳의 강의를 마치고 또 다른 대학으로 강의를 하러 가야 하기 때문에 바쁘게 진행이 되었다. 3월부터 강의를 하기 위해 논산에 가면서 나는 이번에는 기필코 그곳에 가보아야지, 이번만은 반드시 그 꽃길을 걸어야지 하면서도 서둘러 갔다 급히 돌아와야 하는 까닭에 경황없이 지내고 있었다. 그때는 관촉사를 거쳐서 그 대학으로 가는 길을 알지 못했고 논산 시내로 돌아다녔던 것이다.

어느 날 그곳에 교수로 있는 비평가가 나의 차를 타고 함께 대전으로 오게 되었다. 나는 그날도 이전에 내가 다니던 길로 방향을 틀었다. 그때 그 교수는 반대편으로 가는 길을 내게 일러주었다. 나는 지름길이 있구나 정도로 생각하면서 그가 알려주는 쪽 길을 따라 달렸다. 한참을 달리다가 나는 그만 그 자리에 멈추어 버리고 싶은 심정에 휩싸였다. 아! 바로 그곳이 7년 전의 그 길로 이어지고 있었기 때문이다. 계절은 이미 벚꽃이 다 지고 있는 때였다. 벚나무 아래로는 눈송이처럼 희게 깔린 꽃잎들이 바람에 이리저리 휩쓸리면서 봄날의 황량함을 한껏 연출해 내고 있었다. 나는 그 동안 바삐 쫓기면서 허겁지겁 다니며 그곳을 두고도 멀리 빙 돌아서 다녔던 것이다. 그 사이에 이미 꽃은 다 지고 말았다. 그때 나의 뇌리에는 다음과 같은 시가 떠올랐다.

그 꽃 다 지고 나서야 / 지름길을 알았다 // 그대에게 가는 길

이것은 나의 3시집 『네가 밟고 가는 바다』에 「동백꽃」으로 수록되어 있다.

그렇다. 나의 시는 일상 체험 가운데서 오는 깨달음에서 비롯된다. 우리의 삶, 그것은 꽃이 다 지고 나서야 지름길을 알 수 있는 것이 아닌가. 그러나 지름길을 안다고 해도 그대에게 가는 길은 또 얼마나 멀고도 가파른 것인가. 나는 그것이 또한 시의 길, 시인의 길이라고 생각하며 오늘도 시를 쓰고 있다.

3. 야간비행

십 수년 전에 프랑스는 우리에게도 잘 알려진 쌩텍쥐베리의 탄생 백주년을 기념하는 갖가지 행사를 펼친 적이 있다. 그는 우리에게 무엇보다도 『어린왕자』로 잘 알려져 있다. 프랑스가 이 행사를 펼치는 동안 그의 대표작이라 할 수 있는 『어린왕자』는 불티나게 팔리고 그를 추모하는 행렬이 줄을 이었다. 그리하여 그의 죽음의 향방을 찾아 나서려는 일련의 움직임들도 있었으나 그것은 도로에 그

치고 말았다.

그렇다. 쌩텍쥐베리는 2차 대전 중에 파일로트로 참전하여 하늘을 날다가 어디론가 사라졌다. 그는 비행기의 추락으로 이 지구상에서 영원히 사라지게 되는 종말을 맞이했다는 것이 우리가 아는 그의 최후 알리바이이다. 또한 그의 죽음에 대해서는 거의가 밝혀진 것이 없기도 하다. 그의 죽음에 대하여는 2차 대전 말기에 사하라 사막으로 추락했다, 태평양 어딘가에 추락했다는 추측들만 무성할 뿐이다. 그를 아끼는 사람들이 이 두 곳을 탐사하기도 하였지만 그의 죽음을 확인하는 일은 불가능할 뿐이었다. 오히려 나는 그의 이 '종적을 찾을 수 없음'이라는 맥락이 더욱더 쌩텍쥐베리답고 그의 예술가적 삶에 의미를 부여해 준다고 판단한다. 그는 우리가 그의 죽음의 흔적을 찾을 수 없는 곳 어디론가 사라진 것이라 할 수 있다.

그러나 나는 그가 남긴, 나에게 거의 충격적이기까지 했던 말 한마디에서 그의 새로운 존재를 믿고 있는 것이다. 그는 생전에 다음과 같은 말 한마디를 남겼다.

"인간은 자신의 운명과 마주칠 뿐만 아니라, 추월할 수 있어야 한다."

쌩텍쥐베리는 작가로서의 역량을 보여주는 작품으로 『어린왕자』 외에도 『야간비행』이라는 작품을 남겼다. 그리고 그는 또한 실제로 비행조종사로서 '야간비행'을 즐기기도 하였다. 나는 그가 남긴 위의 한 문장과 야간비행에서 그의 죽음이라는 의미의 맥락을 찾아보고자 하는 것이다. 그는 왜 야간비행을 즐겼을까.

그가 남긴 "인간은 자신의 운명과 마주칠 뿐만 아니라, 추월할 수 있어야 한다"는 말은 어떻게 이해해야 할까. 인간은 자신의 운명을 알 수가 없다. 아무리 운명을 미리 알고 그것을 극복하고자 해도 눈치 챌 수가 없는 것이다. 다만, 인간은 현실에 충실함으로써 과거와 미래에 대한 연결고리를 좀 더 튼튼하게 할 뿐인 것이다. 그러나 쌩텍쥐베리는 인간은 자신의 운명과 마주칠 뿐 아니라, 그것을 추월해야 한다고 했다. 마주친다는 것은 인간이 자신의 운명 앞에 서서 뒤에 오는 운명을 마주 바라본다는 의미일 것이다. 또한 추월해야 한다는 것은 자신의 운명을 앞질러 간다는 것, 자신의 운명을 자기 스스로 만들어 간다는 것을 의미하는 것이다. 자신의 운명은 개척하는 것, 나아가서 자신의 운명은 자신이 이끌어 가는 것! 이것이 바로 쌩텍쥐베리가 바라본 자신의 운명론이었다고 이해하는 것이다.

그렇다면 그는 왜 야간비행을 즐겼을까. 인간의 운명은 시간 위에서 펼쳐지는 것이다. 그러므로 정해진 시간을 따라 가는 것은 바로 인간의 운명에 이끌려 가는 것에 지나지 않는 것이다. 쌩텍쥐베리는 그냥 앉아서 하루의 시간이 어둠으로 자신을 덮치는 것을 용납할 수 없었을 것이다. 그것이야말로 인간이 운명의 지배 아래 놓이는 것에 지나지 않을 것이기 때문이다. 그렇다면 어떻게 해야 하는 것일까.

바로 여기에서 나는 쌩텍쥐베리의 야간비행의 비밀을 이해할 수 있는 것이다. 그는 일상의 시간이 지배하는 생을 부정하고 싶었던 것이다. 그것을 앞질러 가기 위해 그는 빛을 향해 계속 날아가고자 야간비행을 즐겼을 것이라 생각한다. 그의 야간비행은 자신의 운명을 추월하기 위하여 벌였던 시간과의 싸움이었다. 그리고 급기야 그는 또한 자신의 죽음까지도 추월해 버린 것이다. 이것이 상징적으로 쌩텍쥐베리의 예술정신 또는 모든 '예술가의 정신'이 아닐까 생각해 본다.

나는 매일 밤마다 하늘을 살핀다. 오늘 밤에도 나는 어둠 속에 살아 숨 쉬고 있는 하늘의 별을 살필 것이다. 나는 지금도 우주의 어느 행성을 타고 쌩텍쥐베리는 시간을 앞질러 4차원, 5차원의 공간을 날고 있으리라 믿어본다. 그리하여 내가 밤이면 밤마다 하늘을 살피면서 별의 행방을 쫓는 것은 단지 별을 바라보려는 것이 아니라는 사실을 이제 솔직히 고백하는 것이다.

김 완 하

한남대학교 문예창작과 교수. 1987년 『문학사상』 등단. 시집 『허공이 키우는 나무』 외.

金剛

나와 거북 3

거북은 돌을 괴고 자고
나는 솜을 괴고 자고

말(言)은 그곳에 슬고
마음이 그곳서 쉬고

따로 따로
외돌토리로서

혹이 생기도록 이마를 대고
혹이 사라지도록 이마를 대고

나는 왼종일 무르고 시틋하고
나는 산옻 올라 드러누워
솜도 훗날에는 저 돌이 되고자

나의 고향은 경북 김천이다. 어릴 때 우리 집은 포도농사를 지었다. 수확기가 되면 포도를 상자에 담고 삼단기어의 경운기로 달리는데 달릴 때 땀이 식으면 기분이 울적해지곤 했다. 한낮의 더위로 벌겋게 달아 오른 몸과 마음이 단박에 식어가는데 이러다가 완전히 몸이 식어버리면 어쩌나 하고 말이다. 몸이 완전히 식어 공기 중에 흩어지면 이제 나는 없어지는 게 아닌가 그것이 걱정이었다. 말하자면 나는 생각하지 않아도 될 부분까지 생각하고 상상하면서 걱정을 만들어 왔던 셈이다.

'목숨을 던져서 오로지 뚫다보면 몸 전체가 뚫고 들어간다'는 말이 있다. 이 말은 목숨을 던져서 화두(話頭)를 의심하고 의심하는 수행자의 자세에 대한 지침서로서 선원 수좌들에게는 널리 알려져 있다. 이것은 모기가 무쇠로 된 소의 등에 올라앉아 무쇠의 등판을 뚫어 기필코 피를 빨아 먹고야 마는 일에 비유된다. 모기가 무쇠로 된 소의 등판을 뚫다니! 그 연약한 모기의 부리가 쇠로 된 소의 등판을 뚫다니! 그러나 모기가 쇠로 된 소의 등판을 뚫고 뚫어 마침내 피를 빨아야 모기의 굶주림은 해소될 것이다. 그럴 때에서야 모기는 모기의 일을 다 했다 할 것이다. 이 말은 어떤 일을 도모함에 쉬지 않고 하는 것에 대한 비유이면서 집중과 집념이 불가능을 가능으로 전화하는 놀람 힘을 갖고 있다는 것을 빼어나게 비유한다. 언제부턴지 우연히 나는 '金剛'이라는 말에 매혹되기 시작했다. 나는 모든 감각이 열려있어야 이러한 느낌을 볼 수 있는 것이라고 생각한다. 그렇다고 이것이 결코 쉽게 되지는 않는다. 오랫동안 인내를 거듭하고 난 뒤 그 고비를 잘 넘겨야 다른 사물들이 말을 걸어온다.

오늘은 눈이 멀어지는 아버지에게 전화를 넣었다. 오늘은 눈이 멀어지는 아버지가 택배로 보내 온 칡즙을 받았다. 오늘은 아이 둘을 데리고 산길을 두어 시간 걷다 돌아왔다. 발을 씻고 하얀 원고지 앞에 앉았다. 새로 갓 쓴 내 시를 아내가 읽어 주었다. 돌아보면 시간이 계속 흐르고 있었다. 담배를 빼어 물고 의자에서 일어나면 의자가 비어 있었다. 거실에서 카드 마술을 선보이면서 웃던 아이들은 어느새 이불을 덮고 잠들어 있다. 아내도 잠들었다. 라디오를 켰다. 라디오에서 계속 소리가 나왔다. 낮고 우울하다가 높고 밝은 소리가 나왔다. 피아노와 첼로와 사람의 목소리가 번갈아 나왔다. 고향의 시골집이 멀리 보였다. 삽짝까지 쫓겨난 아이가 울고 서 있다. 누나가 나와서 나를 데리고 집으로 들어가고 있다. 입안이 쓰다. 누구도 나에게 앞서 말해주지 않았던 시간들이 나를 통과해 내 뒷등으로 빠져나간다. 누구도 나에게 앞서 말해주지 않은 시간들이 오고 있다. 시계를 본다. 잠들 것인가 잠깐 고민을 한다. 그냥 무연히 시간을 지켜보기로 한다.

자잘하게 움직이거나 감정의 파도가 엎치락뒤치락하지 않고 천둥처럼 하늘을 움직일 듯 크게 한번 마음을 쓰는 일에 대해 생각했다. 이랬다저랬다 잘 변하는 것이 아니라 오로지 자신을 적정하게 응시함으로써 이 감각적 쾌락의 언덕을 훌쩍 건너가는 일에 대해 생각했다. 내가 나를 온전히 지배할 수는 없을까? 나태와 비겁과 굴복의 이 정신을 넘어설 수는 없을까? 왜 나는 이리 무르고 물러서 공작에도 미치지 못하고 거북에도 미치지 못하는가. 나는 나의 박약한 마음을 마음의 유연성이라 둘러대지 마라. 간소하고 간소하게 살아 크게 한번 요동칠 일이다. 마음아, 허공에 쏟아지는 번개처럼 나를 호되게 후려치자.

문태준

1994년『문예중앙』등단. 시집『가재미』외.

이미지의 창조

들판에서 무릎 꿇다

봄비 그친 산골짜기 천수답,
묵어 버려질 듯도 싶은 무논에서
늙은 부부가 손모를 낸다
못줄 띄우고 벼 포기 꽂은 자리,
자박자박 일렁이던 흙탕 가라앉으며
한 자 한 자, 한 줄 한 줄
또박또박 논바닥에 새겨 넣은
육필의 푸른 글자들이
얼비친 하늘 배경으로 선명하다
행간과 사간이 빈듬없나
한나절 걸려 한 마지기 푸른 원고를 완성하고
늙은 부부는 찔레꽃 덤불 곁에서 들밥을 먹는다
흙내 맡으면 푸르게 자라는 시,
행간에는 백로 왜가리 걸어가는 시,
이삭 쑥쑥 뽑아 올리는 시,
돈이 되지 않아도 기죽지 않는 시,
묵히면 준다는 생부보소금을 받지 않는 시,

얼쑤 어-얼쑤 뻐꾸기 추임새도 들어있는 시,
누군가의 식탁에 올라
한 사발 김 오르는 뜨끈한 밥이 되는 시,
그 푸르게 쓰여 진 한 편의 시를 읽어내다가
세상 앞에서 한 번도 무릎 꿇지 않았던
빳빳한 나의 시가, 나의 오만이
뼈 부러지듯 털-썩 무릎 꿇다

시인의 눈은 풍경을 창조한다는 말이 있다. 여기서 시인의 눈은 '상상을 통해 세상을 바라보는 눈'이요, 풍경이란 '머릿속에 선연히 그려지는 한 폭의 그림'으로 언어화된 풍경을 이야기한다고 말할 수 있다.

시인은 시를 쓰는 과정에서 상상을 통해 현실을 재구성해 내는데 이 과정에서 만들어지는 이미지는 생의 체험 속에서 가장 인상적이고, 생생하고 구체적인 감각들을 바탕으로 형성된다. 1차적으로 이미지란 감각화된 체험이며 기억의 재현이라고 할 수 있다.

그러나 시인은 과거의 인상적인 기억들을 그대로 불러내어 시 쓰기에 사용하지는 않는다. 과거의 고정된(죽은) 기억을 바탕으로 새로운(살아있는) 이미지를 만들어 냄으로써 내용의 신선함과 표현의 강렬함을 얻어내고자 한다.

장석남의 '별들이 또각또각 연필 깎는 소리를 내며 뜬다'라는 시행이나 김경주의 '죽은 사람을 물가로 질질 끌고 가듯이/ 염전의 어둠은 온다'라는 표현을 통해 우리는 생동하는 이미지를 만날 수 있다. 이렇게 구체적이고 독특한 개인적 체험의 언어화를 통해 시는 창조적인 면모를 얻게 되는 것이다.

이 시에 그려진 풍경은 실제의 풍경이 아니다. 내가 본 실제의 풍경은 산길을 오르며 다랑이 논에 모가 심겨진 것을 본 것이 전부였다. 그것을 바탕으로 과거의 기억들을 끌어와 이미지화함으로써 이 시는 새로운 풍경을 탄생시키고 있다.

내가 보았던 모가 심겨진 산골짜기의 논은 젊은이들이 없는 농촌에서 늙은 부부가 손모를 내는 풍경이며, 하얗게 피어있는 찔레꽃 덤불 곁에서 들밥을 먹는 모습이며, 벼 사이로 백로, 왜가리가 걸어가는 것이며, 누군가의 밥상에 뜨끈한 밥으로 오르는 등의 이미지들을 불러왔다. 이렇게 기억 속의 많은 이미지들을 불러와 재구성해 냄으로써 이 시는 실제적 현실과는 다른 새로운 풍경(시적 현실)을 만들어 내고 있는 것이다.

또한 「들판에서 무릎 꿇다」라는 이 시는 농부들이야말로 가장 시적인 삶을 살아가는 존재라는 인식하에 쓰여졌다. 그래서 그들의 농사짓는 일이 땅이라는 원고지에 한 포기, 한 포기의 글자(벼)를 심어 시를 완성하는 과정으로 받아들여졌다. 나는 그들이야말로 교만하지 않고 오만하지 않은 진정한 시인은 아닐까 하는 생각을 했다. 그들이야말로 가장 실제적이며 아름다운 시를 쓰는 존재들이 아닐까 라는 생각도 했다.

돈이 되지 않아도 기죽지 않고 다랑이 논에 모를 심는 일이며, 묵히면 준다는 정부보조금을 받지 않는다는 것이야말로 농사꾼의 자존심이며 땅에 대한 외경의 마음을 포함하고 있다. 이 시대에 다랑이 논에 손모를 내는 일은 어쩌면 어리석어 보이기까지 한 이 땅의 시인들의 시 쓰기와 닮아있다.

어디 무릎 꿇을 곳 없는 이 세상에서 나는 늙은 부부가 육필로 쓴 한 마지기의 푸른 원고 앞에서 즐겁게 무릎 꿇을 수 있었다. 비록 상상을 통해 재구성된 풍경이기는 하였지만 세상 앞에 무릎 꿇지 않고 뻣뻣하던 나의 시가, 나의 오만이 뼈 부러지듯 털썩 무릎 꿇는 일은 즐거운 상상이었다.

시인의 눈은 현실을 바라보며 그것을 바탕으로 상상을 통해 새로운 풍경을 창조한다. 그 언어화된 풍경을 통해 독자들은 시의 풍경 속으로 걸어 들어가 시인이 만든 풍경의 즐거움을 누린다. 시인의 상상을 통해 언어로 창조(이미지화)된 풍경은 독자의 상상을 통해 다시 한 번 생생한 풍경(이미지)으로 되살아나는 것이다.

주용일

1994년 『현대문학』 등단. 시집 『꽃과 함께 식사』 외.

몽타쥬

망가진 침대

저것을 버려야 한다고 생각하자
저것은 침대처럼 무겁다
저것을 버려야 한다고 결정하자
저것은 망가진 침대
저것이 망가진 것 뿐인데
나는 얼굴이 벌개지도록 침대를 옮기고 있다
저것을 버려야 한다고 생각할 때마다
내 몸 위로 침대가 버려진다
내 몸에 이렇게 방이 많았나
방마다 망가진 침대가 들어앉는다
이렇게 좁은 입구를 뚫고
어떻게 네가 들어온 거니?
나는 어쩌자고 침대를 낳을 생각을 한 거니?
좁아터진 방마다 침대가 만삭이다
일요일에 해치울까?
엘리베이터는 아직 수리중이야

신호등 앞에서만 의견이 일치하는 사람들은
줄곧 신호등을 기다리고 있다
폭신한 구름다리를 들고 서 있는 골짜기들처럼
나는 무거워진다

1. 정원을 그려 들어간 화가

영화는 혼자 봐야 한다. 둘이 혹은 셋이 보는 영화는 둘이 혹은 셋의 눈으로 영화를 보는 것이다. 둘이 혹은 셋이 영화를 선정하고 둘이 혹은 셋이 표를 사고 둘이 혹은 셋이 어두운 좌석에 앉아서 헛기침을 하거나 다리를 꼬았다가 풀었다가 허리를 곧추세웠다가 의자 깊숙이 누이다가 하는 것이다. 둘이 혹은 셋이 자막을 읽거나 화면을 응시하거나 눈물을 흘리거나 웃거나 하는 것이다. 시골에서 중학교를 다니던 시절, 교실 세 칸을 터서 임시로 개조한 영화관과 화면에는 언제나 주입식 영화 감상이 강요되었다. 반공 교육의 투철한 의지로 시작된 영화 관람의 추억은 여럿이 영화관에 가는 길목을 항상 가로 막는다. 깜깜한 임시상영관에서 커튼을 들추고 한 사람씩 한 사람씩 대낮으로 나가면 누구는 눈이 퉁퉁 부었고 누구는 말짱하다는 검열이 기다리고 있었다. 나는 그때부터 정원을 그려 들어가는 화가가 싫었다. 정원사가 아니라면 정원은 정원이 그려 나가는 방법이 가장 객관적이다.

2. 사과나무에 매달리기

적면증을 앓아본 적이 있는 사람은 알 것이다. 스스로 환자가 되고 스스로 의사가 돼 본 사람은 알 것이다. 스스로 의사가 돼보지 않은 사람은 아직도 환자일 것이다. 사과나무에 매달리는 일이 몹시 힘들지만 드디어 그렇게 했을 때 평온이 온다는 것을 알 것이다.

3. 마침내 내게 당도한 꽃다발

그저께 이경히 시인이 보낸 꽃다발은 퀵서비스맨이 내 손에 옮겨주자마자 냄새를 피우기 시작했다. 이경히 시인의 봉오리가 내 손에 옮겨지자마자 벌어지기 시작했다. 그녀와 내가 통화할 때부터 맺기 시작한 그녀의 꽃망울이 내게 도착하자마자 오래 숨을 참고 물속에서 뛰쳐나온 수부처럼 '푸하'하며 입을 벌리기 시작했다. 해바라기와 노오란 나리꽃과 소국들과 장미들과 이름모를 야생화들이 제각기 크기가 다른 입을 벌리고, 똑같은 말을 머금고 있는 봉오리들이 한꺼번에 터졌다.

4. 풀밭

"애인이 지겹지도 않대?"라고 할 만도 하다. 그러나 별 수 있으랴 풀밭은 풀밭인 걸. 풀밭은 농경민적 삶의 터전이자 유목민적 삶의 터전이나. 그러나 농경민의 풀밭은 직선이거나 직각이며 순행한다. 유목민의 풀밭은 직선이었다가 곡선이었다가 되돌아왔다가 회전하다가 역순행한다. 전자는 시작이 있고 도착점이 분명하다. 후자는 시작이 있었으나 그마저 곧 희미해져 버린다. 전진을 하나 후진하고 있으며 후진하고 있으나 역행하고(순행하고) 돌아오고 있으나(돌아가고 있으나) 떠나간다. 전자는 매일 눈 뜬 곳이 어제 눈 뜬

곳이지만 후자는 매일 다른 곳에서 눈을 뜬다. 그러나 풀밭이다.

나는 농경민의 자손이지만 매일 유목민의 자손으로 새로 태어나고 싶다. 매일 떠나지만 다른 곳이면 좋겠고 결국 돌아오지만 다른 곳이면 좋겠다. 농경민의 풀밭은 논둑을 따라 집으로 돌아오지만 유목민의 풀밭은 그 자신이다. 말을 타건 질주를 하건 거기에서 출발하는 사람은 의식적이든 무의식적이든 편위운동(clinamen)을 할 수 밖에 없다. 유목민의 풀밭은 언제나 일탈이 내재되어 있다. 그 자신이 길이고 그 자신이 집이고 그 자신이 여행이고 그 자신이 생활인 유목은 클리나멘의 연속이다. 그 자신이 앞치마이고 그 자신이 도마이고 그 자신이 압력솥이다.

5. 케이크

아마 K시인의 홈페이지 대문이었을 것이다. 어쩌다가 K시인의 홈페이지까지 갔는지 지금은 모르겠다. 지금도 그 홈페이지가 있는지 지금도 그 대문인지 모르겠다. 나는 K시인을 잘 알지도 못한다. 그 집 앞에 고수레처럼 잘라놓은 케이크가 몹시 먹음직스러웠다. 켜켜의 붉은 딸기잼이 주루룩 흘러내릴듯 했다. 그 대문 안으로 들어가지도 않고 몰래 가져와서 혼자 먹었다. 인터넷이 좋은 점은 남한테 들키지 않고 뭐든 할 수 있다는 거다.

6. 오이디푸스나무

즐겨 걷는 길에 벚나무들이 가을을 탄다. 나에게 붉고 노란 돌을 던진다. 내가 지나갈 때도 던지고 내가 지나가고 난 뒤에도 던지고 내가 지나가기 전에도 던진다. 가을에는 아무나 돌을 던진다. 돌팔매질도 감상적인 건 가을이기 때문이다. 아무나 돌을 던지고 아무한테나 돌을 던진다.

7. 테니스 선수는 테니스공을 거절한다. 까다로운 규칙으로 그어놓은 선인 금기의 영역에 들어서려는 테니스공을 있는 힘껏 쳐낸다. 작고 부드러운 연둣빛 공에 일찍이 매혹되었기에 라켓을 잡았겠으나 결코 자신의 영역 속으로 편입시키지 않는다. 테니스는 테니스 선수와 테니스공이 날아들고 쳐내는 사이에서 일어나는 운동이다. 불끈 솟아나는 근육이고 땀이고 거친 호흡이고 격한 충돌이다. 우리는 그것을 본다. 우리는 이미지를 본다. 테니스선수는 테니스공을 거절하기 위해 기다린다. 테니스공은 끝없이 테니스선수에게 날아들고 테니스선수는 점점 더 거절의 기교를 익힌다. 금기와 위반이라는 대립항의 중간에서 행하는 테니스는 이미지놀이이다. 테니스 선수와 테니스공은 서로에게 전속력으로 다가가지만 적당한 지점에서 서로를 거부한다. 적당한 지점에서 서로를 눈감아준다. 시적 인식의 주체는 타자를 인식하지만 시인은 보이지 않는 것과 같다. 시인은 시를 사랑하지만 교묘히 시적 인식의 주체에게 자리를 내주는 것과 같다.

8. 주체와 대상 사이에 이미지를 조형하고 그 이미지에서 내뿜는 아우라에 감격하기 위해서 시인이 대상에게 다가서는 도구는 언어이다. 언어로 대상에게 다가서기는 까다로운 일이다. 언어는 본래 존재하는 원초적인 것이며 시인에게 포획되었을 때 언어는 언어를

버리기 때문이다. 손으로 만지고 싶은 충동을 언어로 표현하기는 까다로운 일이다. 언어는 미끄러질지 모른다. 혀로 핥고 싶은 충동을 언어로 표현하기는 까다로운 일이다. 언어는 빠져나갈지 모른다. 소리나지 않고 냄새나지 않고 만져지지 않는 그 영혼을 언어로 표현하기에 언어는 너무 순결하며 고집스럽다. 언어는 시이며 모든 말은 발화점이 건드려지자마자 폭발할 준비를 하고 있는 은유의 전하를 숨기고 있는 것이 사실이지만 말이 갖는 창조적 힘은 그것을 발화하는 사람에게 있다는 것은 옥타비오 빠스의 말이다. 결국 시인의 매혹의 결과물인 언어는 원초적 상태로 존재하지만 시인의 시 속에서 다시 태어난다. 언어가 시적 언어로 태어나는 순간 상징과 은유를 띠기 때문이다. 나아가 원초적 상태의 언어를 위반하는 것이다. 사전에서 뽑혀져 나온 언어는 이식되고 이식되어 시적 언어가 된다. 그것은 어떤 과실이 열릴지 모르는 풍요를 띤 식물을 상상하게 한다. 시인은 언어를 일상성과 결별시켜 시적 언어로 재탄생시키는 것이다. 그러나 또한 시적 언어는 언어를 언어로 회복시키는 힘을 가지고 있어야 한다.

9. 시는 경험의 누적에 비례하지 않는다. 시는 시간의 축적에 비례하지 않는다. 시는 서서히 스며드는 것이 아니라 문득 오기 때문이다. 시는 오고 또 온다고 예견할 수 있는 것이 아니다. 언제 올지 모르는 불길한 징조이다. 불편한 징조이다. 아름다운 징조이다. 꽃이 꽃을 모르듯 나무가 나무를 모르듯 한 편의 시의 뿌리는 한 편의 시의 뿌리를 모르는 것이다. 매번 환희하는 자가 시인이지만 환희에 길들지 않는다. 매번 절망하는 자가 시인이지만 절망에 길들지 않는다.

10. 어느 비오는 오후에 밀가루 반죽을 했던 시간. 달걀판들이 아무도 몰래 태어난 순서를 따지던 시간을 나는 알지 못한다. 내가 시간을 알 수 있는 방법은 수제비를 맛있게 떠먹는 시간, 계란후라이를 맛나게 맛보는 시간, 사물의 정오를 맛보는 순간. '수직적'인 시간을 만나기를 갈망한다. 그 시간은 시시각각 다가오는 듯하지만 분수가 정점에서 분산되듯 금방 지나쳐 버리고마는 인정머리 없는 고약함을 지녔다.

11. 몽타쥬

나는 조각조각 나를 붙이고 있다. 나는 조각조각 내 얼굴을 붙이고 있다. 나는 조각조각 사물인 나를 붙이고 있다. 나는 진정으로 내가 사물이 될 때까지 조각조각 나를 붙이고 있다.

조 말 선

1998년 《부산일보》 신춘문예 등단. 시집 『둥근 발작』 외.

시와 길과 문

길상號를 보았네

인터넷 화면 속에 떠다니는 사진
길상號를 만났지
어느 바다에서 밀려왔는지 개펄에
닻을 내린 배 한 척
마냥 신기해서 스크랩을 해두고
보다가, 보다가, 눈물이 났지
물을 떠나서 다리를 잃은 배
기우뚱, 일어서지 못했지
펄은 벗어날 수 없는 수렁이었지
바다로 이어진 물길 마르면
허연 소금 묻히고 녹슬어갈
길상號는 튜브를 몇 개 부레처럼 달고
헐떡이고 있었지
밀물이 들지 않는 모니터 속에서
힘차게 힘차게 노를 저어도
너에게는 가까이 갈 수 없었지
바다가 없어도 물고기를 건져야 하는
그 밤 나는 가여운 어부가 됐지

생각지도 못했던 곳에서 나를 발견할 때가 있다. 가끔 검색을 해보면 화면 속에서 새롭게 다가오는 나, 사진 속에서 새롭게 인화되는 나, 감이 너무 멀다. 나에게는 감이 멀지만 사람들의 눈에는 그 모습으로 나를 기억하리라. 그래서 가끔은 내 머리에 없는 나를 바라보면서 거기에 나타난 표정을 연습하곤 한다. 어색하지만 그것도 결국 나일 것 같아서.

유사한 이름을 갖고 있는 사물에게서 나를 발견할 때도 있다. 어느 시인이 강화도에 가면 '길상호'가 있다고 말한 적이 있다. 또 주위의 사람들은 '길'이라는 글자만 붙어 있으면 나를 떠올려 별명을 지어주곤 한다. 그렇게 해서 얻은 별명이 '길상이', '길바닥' 등이다. 그런 말을 들을 때마다 나도 모르게 그들과의 유사성을 찾아보곤 한다. 『토지』에 등장했던 길상이와 나는 사회적 약자라는 같은 처지를 가지고 있지, 길바닥도 그런 처지를 말하는 것에 있어 다르지 않아, 하지만 길상이와 길바닥처럼 나는 끝내 어느 목적지까지 다다를 수 있는 힘을 갖고 있는 것일까? 이런 식이다.

나의 유사성을 통한 생각 전개는 시를 쓰면서부터 시작되었다. 세상의 모든 것들은 서로에게 통하는 길을 갖고 있으며, 결국 그 길을 찾아가는 과정이 시라고 생각했던 것이다. 이런 생각은 현재도 계속되고 있으며 시를 쓰는 이상 계속될 것이다. 뿌리와 꽃 사이에 길을 만들기 위해 식물이 줄기를 뻗듯이, 사람과 사람이 서로 통하기 위해 상대방에 대한 감정을 만들 듯이, 제대로 소통되는 시가 태어나기 위해서는 그에 적합한 길을 만들어야 하는 것이다.

어떤 존재에게로 무한히 내뻗치던 시의 길은 가끔씩 끊기기도 한다. 길이 시작되는 입구에 놓여 있는 문을 한쪽에서 닫을 때이다.

나의 어깨를 찰싹찰싹 때리며 시를 독려하던 파도가 썰물과 함께 떠나가면 시상은 흔적도 없이 사라져버렸다. 그런 날들에 나는 길에 대한 목마름으로 괴로워했다. 그러나 돌아보니 이런 고통도 결국 시의 길을 여는 중요한 열쇠였다. 꽃들이 목마름을 참고 무수히 많은 문들을 단 열매를 맺듯이 말이다. 어미가 아기와 연결되어 있던 탯줄을 끊을 때에도 마찬가지이다. 더 새롭고 신선한 시를 쓰기 위해서는 고통스러운 단절의 상태도 경험을 해봐야 하는 것이다.

시로써 앓고 일어날 때는 이렇게 새로운 길이 바로 열렸지만 준비도 없는 상태에서 외부의 압력에 의해 시의 문이 닫혀버리는 경우에는 좀 더 심각한 상황이 펼쳐졌다. 붉게 물들어보지도 못하고 스스로의 잎자루를 잘라야 하는 가뭄 끝의 나뭇잎처럼 다음 단계에 대한 충분한 준비 없이 시를 접고 지내야 했던 날도 있다. 생활에 묻혀서 지내다 보면 가끔씩 내 속에서 울음소리가 느껴졌다. 시들이 모든 문을 닫고 나를 아무것도 없는 공간에 버려놓은 것 같은 때가 있었다. 그 수렁은 너무 깊은 것이어서 쉽게 벗어날 수가 없었다. 그런 순간 내가 할 수 있는 일이란 오로지 기다리는 일뿐이었다. 밀물이 들어와 수렁을 다시 바닷길로 만들어주기를 바라며 기다리는 일 외에는 할 수가 없었다. 다행히 자연의 리듬은 그것을 기다리는 사람에게 다시금 기회를 주곤 했다.

나의 시에 대한 믿음은 그것이 대상 사이의 끊겼던 길을 다시 이어줄 수 있다는 생각에 이르렀다. 일방통행으로 대상을 해석해내던 나를 자각하게 한 것도 바로 시였기 때문이다. 아무리 시를 써도 답답하기만 했던 이유가 하나씩 풀리면서 나는 다시 길에 섰다. 예전에 갖고 있던 빠른 걸음을 버리고 되도록이면 느리게 걸으면서 보이는 것들마다 대화를 나누었다. 필요하다면 무릎을 꿇고 바싹 귀를 대고서라도 그들이 들려주는 이야기를 들으려 노력했다.

그러나 순간순간 튀어나와서 대화를 방해하는 나의 조급증을 죽이는 일이 쉽지는 않았다. 대화를 나누다가도 갑자기 입을 닫고 뒤돌아서버리는 그들을 보고서야 아차! 후회를 하는 경우도 다반사였다. 또한 그 후회들은 아직도 계속되고 있다. 어쩌겠는가? 나도 한낱 어리석은 인간인 것을. 바로바로 후회를 하게 되었다는 것만으로도 만족이다.

시 쓰기에 있어서 대상과 가까워지기 위한 방법으로 나는 몇 가지의 작업을 병행한다. 사진과 그림, 음악 감상 등이 바로 그것들이다. 처음부터 이런 작업이 시 쓰기와 연결되었던 것은 아니다. 아니, 처음부터 이들은 연결되어 있었을 터, 내가 뒤늦게야 이들 사이의 길을 발견한 것이다. 세상 모든 것들 사이에 길이 있다고 생각하면서도 막상 어떤 대상을 접하면 따로 놓고 보려는 무지가 이들 사이를 갈라놓고 있었던 것이다. 그럼에도 불구하고 이들은 무의식 중에 내 머리 속에서 서로에게 통하는 무수한 길을 내고 있었던 것이다.

사진은 피사체와 배경과의 관계를 통해, 그림은 색채의 어울림과 균형을 통해, 음악은 감성의 리듬을 통해 시 쓰기의 방법을 일러주었다. 역으로 시 쓰기도 이들에게 영향을 미쳤다. 서로를 도우면서 서로를 상승시키는 이들의 관계를 보면서 길의 의미를 다시 생각하게 되었다.

시와 독자와의 만남도 이러해야 할 것이라는 생각이 든다. 독자들에게 문은 닫아걸고 있는 시, 시에게 문을 열어주지 않는 독자들이 점점 늘어가고 있는 것 같아 안타깝다. 그러면서 나의 시를 돌아

본다. 과연 내가 쓰고 있는 시는 사람들에게 어떤 식으로 소통의 문을 열고 있는가, 경첩이 너무 오래되어서 잘 열리지 않는 문을 갖고 있는 것은 아닌가, 너무 첨단의 문을 달아놓아서 작동 방법을 모르는 사람들에게 어리둥절한 표정을 심어주고 있지는 않은가, 그리고 그 문은 과연 그 속의 집과 어울리는가.

그렇다. 나의 시는 언제나 바다와 육지 사이의 문을 떠돌고 있었다. 그것은 동경과 현실 사이의 공간, 한가롭게 걷다가 문이 보이면 거기 잠시 들어가 앉아 있다 나오기도 하고, 쓸쓸하게 걷다가 열리지 않는 문 앞에서 울다 돌아서기도 했다. 문이 열릴 때 들어가 과연 나는 유익한 시간을 보내고 다시 나왔는가, 문이 닫혔을 때 나는 그 안으로 들어가기 위해 얼마나 노력했는가. 쓸모없는 사설이나 울분에 찬 욕설을 드러내놓고 다른 길로 들어섰던 것은 아닌가. 생각을 하며 다짐을 해 본다.

문 안의 사람들에게 유익한 이야기를 전해 줄 수 있는 시를 쓸 것, 문이 열리지 않으면 나의 뼈대를 버리고라도 물처럼 스며들어 안으로 들 수 있는 시를 쓸 것, 시인의 길에 들어선 이상 끊임없이 끝없이 다리의 노를 젓고 또 두드릴 것.

다시 닻을 올린다.

길상호

2001년 ≪한국일보≫ 신춘문예 등단. 시집 『모르는 척』 외.

청춘이 지나간 빈 바다처럼

가을바다

가을에 만나자던 사람
사랑했던 사이 아니고
그리워한 사이 아니다

감성 풍부한 그는 가을 좋아했다
가을 되면 그냥 누군가 그리워
어디로 떠나고 싶고
가을 하늘처럼 맑고
투명한 영혼의 여자와
사랑 나누고 싶다 했다

영혼이 맑고 투명한 여인
혹시 나였을까
그래서 가을 오면 나를 찾아온다 했을까

10월이 왔다
그가 온다던 가을 어디쯤 와 있을까

공연한 분단장에 나들이 옷 입고
귀뚜리 우는 밤 하얗게 밝혔다

갑자기 바다 보고 싶었다
비 내리는 가을 바닷가
궁상스런 마음 씻어 버리고 싶었다
가을 바다에 아무도 없었다

파도 흩어지는 모래사장에
나를 내려놓고 돌아오는 길
따뜻한 국물이라도 마시려고
그냥 평범한 식당으로 들어갔다

"어서 옵쇼"
어디선가 들어 본 낯익은 목소리
낭만과 가을 노래하고
영혼 맑은 여자와 데이트하고 싶다던 그 남자
거기서 손님 맞고 있었다

그날 나는 그의 눈동자에서
깡마른 가을 바다를 보았다
찢어진 그물에 갇힌 바다를

지나간 여름 바다는 매우 풍성했다. 수많은 사람들이 밟고 간 백사장에 남긴 이야기와 추억들. 소소한 일들과 사건 그리고 온갖 풍요의 쓰레기로 넘쳐나던 여름 바다. 그러나 가을 비 내리는 바다는 쓸쓸한 물이랑으로 외로이 출렁거리기만 한다. 그동안 누렸던 여름의 풍요는 간 데가 없고 텅 비어버린 바다에는 파도에 쓸려온 빈 조개껍질들만이 외롭게 뒹굴고 있다. 여기 저기 찢어진 그물만이 널려 있다.

우리가 산다는 일도 이렇듯 열정과 낭만으로 치기어린 청춘을 보내고 나면 어느새 빈 가을 바다처럼 공허하게 다가오는 것은 아닐까. 젊은 날에는 자신과의 약속을 지키며 열심히 아주 열심히 살아가지만 시간이 지나서 돌아보면 우리에게는 아무것도 남은 게 없는 듯하다. 낭만과 감성을 앞세워 시를 노래하던 젊은 날의 청춘은 온데 간 데가 없고 오직 생활에 젖어 허덕이고 있는 현실만이 우리 눈앞에 펼쳐지고 있을 뿐이다.

나는 언젠가 "사람은 과연 무엇으로 살기를 원하는가?" 라는 물음을 던지면서 사랑의 진정한 의미에 대해서 생각해 본 적이 있었다. 물론 우리에게는 사랑만큼 흔하게 되어버린 단어도 없겠지만, 인간이 인간답게 사는 것 중의 하나는 바로 사랑이 아닐까? 이 시에서 "영혼이 맑고 투명한 여인"은 사랑하고 싶은 대상일 수 있는 것처럼 인간은 누구나 다 젊은 날의 사랑 앞에 목말라 하고 갈망하면서 현실이 아닌 환상을 꿈꾸며 사는 것이다.

그런 과정을 거치면서 인간의 영혼은 더 성숙해져 간다고 생각한다. 가을 그 쓸쓸하고 한없이 슬픈, 그러면서도 뜨거웠던 여름날의 모든 것을 안고 순응하는 그 가을 바닷가를 보았다. 그리고 그것은 어쩌면 꿈을 접고 현실에 타협하며 무덤덤하게 살아가고 있는 중년 남자의 마음을 닮았다고 생각해 보았다. 가을 바다와 중년의 남자 그것은 서로 서로 닮은 것이 아닐까.

여자는 죽을 때까지도 여자이기를 바라며 그리움처럼 남아있는 사랑 하나쯤을 마음속에 품은 채 살아가고 싶어 한다. 그 사랑의 실체가 무엇인지는 정확하지 않다고 해도 그 그리움과 기다림이 가져다주는 기대와 설렘으로 여자는 잠시라도 현실을 잊고 싶어 한다. 그리하여 때로는 그런 감정이 삶의 윤활유가 되기도 하지만 어느 때는 현실을 벗어나게 하는 계기가 될 수도 있는 것이다.

현실을 일탈하고 싶었던 어느 날 빈 가을 바닷가에서 돌아와 낯선 마을 낯선 식당에서 손님을 맞고 있는 중년 남자의 눈빛은 비 내리는 가을바다를 연상케 하는 것이 아니었을까.

노 금 선

2001년 『오늘의문학』 등단. 시집 『꽃멀미』.

검은 표지판 한 알

검은 사과

어둠에 열렸다 밝음에 떨어지는
커다란 사과 한 알 보았다

어두운 골목 귀퉁이에 매달린
찌그러진 표지판 하나
바닥에 검은 그림자로
둥글넓적한 사과 한 알 굴리고 있다

낮에는 바람 불 때마다 헛손질이더니
밤에는, 가끔 예견처럼 나타나는
삶의 표지와 같이 당당하다

어둠의 꼭지에서
삶의 표지 흔들며 툭, 불거져 나온 그림자
가로등 불빛에 젖은 사과의 눈망울 앞에서
밤길도 함께 파르르 떨고 있다

쓸모 없는 표지로 이리저리 흔들려도
밤에는 터질 듯한 한 알 그림자 된다

예술하는 사람들은 저마다 독특한 '자기 검열'을 가지고 있을 것이다. 자신의 작품을 '검열'이라는 망에 곱게 거른 후, 어느 정도 부드러워지면 세상으로 내놓는 것이다. 이러한 '검열'은 나이가 들어갈수록 까다로워진다. 실험적인 것을 피하게 되고, 거친 것을 싫어하며 저돌적인 것을 두려워한다. 즉 안정을 꾀하는 것이다.

나에게도 여러 가지 '자기 검열'이 있다. 처음에 글을 썼던 십대에도, 20대에도 없던 것이 30대부터 생겨나기 시작한 것이다. 그 '검열' 중 하나가 내 글을 통해 '희망의 메시지를 전달하자'이다. 그런 의미에서 그동안 의도적으로든 아니든, 그로테스크하며 어둡고 칙칙하고 불길한 글은 애써 피해왔다. 때문에 점점 '자전적 메시지'를 쓰지 않게 되었다.

나름대로 불우했다고 생각하는 '유년 시절'과 '청년기'의 기억을 끄집어내는 작업은 고통보다도 불쾌감을 동반한다. 간신히 덮어씌워 놓은 흉터를 벗겨 옛 상처를 후벼 파는 것은 시원함보다 불쾌함을 준다. 그 작업은 결국 옛 상처에 새로운 상처를 더 만드는 무의미한 짓이라는 것을 20대에 알았다.

그러다보니 변두리의 쓰레기통을 뒤지는 굶주린 고양이 눈을 애써 피하게 되고, 오염된 땅덩이를 밟으면서도 그 오물덩이에서 피어나는 한 송이 들꽃을 보고자 노력했던 것이다. 그렇다. 꾸준하면서도 노련한 노력이 필요한 작업이었다. 그냥 그대로 널부러져 있는 환경을 훑어 내리는 것이 아니라, 그 속에서 '희망의 메시지'를 건져야 했기 때문이었다.

그런 의미에서 「검은 사과」는 의도적으로 희망의 메시지를 전달하고자 했던 작품이다. 어느 겨울, 대전 문인들과의 모임에서 저녁식사와 곁들인 반주에 기분이 좋아지자 집에까지 걸어가고 싶어졌다. 두 시간을 걸어야 하는 먼 거리인데도 불구하고, 들뜬 기분으로 진눈깨비를 맞으며 걷기 시작했다.

처음에는 고개를 빳빳하게 쳐들고, 팔 다리를 제법 흔들며, 네온사인들과 눈인사도 하면서 호기롭게 걸었다. 하지만 한 시간이 지나자 술기운도 떨어지고, 얼굴에 꽂혀오는 진눈깨비가 따갑기 시작했다. 힘이 빠지자 자연스럽게 고개를 숙이고 땅바닥만 내려다보며 터덜터덜 걷고 있는데, 그 때 '검은 사과 한 알'과 마주친 것이다.

힘 빠진 걸음을 멈추고 한참을 내려다보아도 분명 그것은 '커다란 검은 사과'였다. 엄동설한에 얼어붙은 콘크리트바닥에 열린 단 한 개의 사과를 뚫어지게 보고 있는데, '진눈깨비'는 어느새 거짓말처럼 '함박눈'으로 바뀌어 있었다.

순간 어렸을 때 읽었던 동화 『소공녀』가 생각났다. 나에게 처음으로 '희망'이라는 단어를 강하게 인식시켜 준 동화책, 구질구질한 시골 방구석에서 찬란한 꿈을 꾸게 해줬던 그 책이 떠올랐던 것이다. 어쩌다 전봇대에 걸려 쓸모없이 펄럭이던 검은 비닐봉지가 밤이 되자, 전봇대라는 탄탄한 나무에 매달린 커다란 검은 사과 한 알이 된 것이다. 그 황홀한 전환 과정이 문득 『소공녀』를 떠올리게 한 것이리라.

검은 봉지에게 밤 그림자가 드리워져, 허구로 만들어진 검은 사과는 과연 허상일까. '그림자'는 우리 인간의 이면에 사는 "검은 형체"[1], 즉 죽음의 상징이다. 자기 자신의 한 부분인 일상적인 그림자를 투사하는 것은 죽음과 함께 사는 것을 인식하는 것이다. 그때의 죽음은 오랜 고뇌에 찬 역사이며 단순히 숙명적인 시간의 드라마가 아니고 영혼의 우울한 쇠퇴가 된다고 바슐라르도 『물과 꿈』에서 밝힌 바 있다. 그림자는 그리하여 우리 삶의 대립항인 죽음의 한 옷자락이며 그것은 마치 물귀신처럼 땅 위에서 우리를 지하의 죽음으로 끌고 들어가려는 화살표 형태를 취한다.

실체가 없으면 그림자도 없다. 태양의 빛에 따라 그림자가 변해가듯 이미지도 시간의 흐름에 따라 변화한다. 그림자가 시작하는 곳에 그것을 만들어낸 실체가 있고, 그림자가 끝나는 지점에 자신을 키워낸 세상이 있다. 그림자는 실체가 아니고 세상에 존재하는 어떤 사물도 아니지만, 나름대로의 자신의 모습을 간직하고 있다.

우리들은 어쩌면 매순간마다 '나란 존재는 어쩌다 허공에 매달려 이러지도 저러지도 못하면서, 거친 바람이 불어오면 내 의지와는 반대로 채신머리 없이 펄럭여야만 하는 검은 비닐봉지에 불과하다'고 생각할지도 모른다. 그런 사람들에게 메시지를 주고 싶었다. 광물이미지에 불과했던 '비닐봉지'가 무한한 생명을 품고 있는 식물이미지인 '사과'로 의미가 전환되었기 때문이다.

우리 삶도 이처럼 '부정'에서 '긍정'으로, '없음'에서 '있음'으로, '무'에서 '유'로 수없이 전환됨으로 결코 현실의 상황에서 좌절할 필요는 없을 것이다. 즉, '사과'는 생명의 열매로 '삶'을 의미하기 때문이다. 더 나아가서 검은 비닐봉지도 어떤 이에게는, 훌륭한 '삶의 표지'가 될 수 있다는 것을 인식할 필요가 있다.

---

1) 욜란디 야코비, 이태동 역, 『칼 융의 심리학』, 성문각, 1978, 145쪽.

시의 풍경 속에 '진눈깨비'가 '함박눈'으로 바뀌는 상황도 설정하려고 했는데, 너무 작위적이 될 것 같았다. 또한 안도현 시인의 「우리가 눈발이라면」에도 비슷한 풍경이 있어, 고심 끝에 뺀 것이다. 하지만 아쉬움이 남아 만약 개작(改作) 과정이 필요하다면 한 번 첨부해 보고 싶다.

윤선아

2004년 『시를 사랑하는 사람들』 등단. 대학원 박사과정 수료.

눈물을 나누는 생명

오늘의 기도

엄마들도 너무 힘들어 져버린 그들의 눈망울
기다리는 것처럼 깜박이며 나를 본다
어찌하면 피할까 고민하며 까만 밤 세운다

이들의 몸 씻기기, 머리 감기기, 이빨 닦이기에
무엇엔가 속 터져 올라오려고 할 때
나의 죄까지도 있나 없나 새겨 본다

어린 시절의 캄캄한 밤 홀로 있던 그림자
선로에 묶여 있는 참새의 신음소리가 들리면
꺼져가는 눈에선 하염없는 눈물 흐른다

배속에서 엄마를 괴롭힌 것 까지도 되새긴다
실오라기 하나도 걸치지 않은 몸뚱어리
눈물도 굳어 간절함은 허공을 때린다

침묵 속에서 모두 바치겠노라고
내가 뭐길래 기도를 하는가, 사랑할 수 있는가
그냥 살아 사람들에게 폐 안 끼치기를 바란다

공동체의 아침

이른 창가 당신을 만납니다
무릎 꿇은 어린양
오늘도 나에게 돌아와 앉았습니다

머리를 맞대고 당신 불러봅니다
주님을 부르지 못하지만
부족한 입술로 떨리는 몸과 마음
하늘의 길 열리기 염원하는 얼굴입니다

머리에 손을 얹고
"주님 자비를 베푸소서" 함께 하늘을 부르면
말 못하는 이들 위하여 눈물을 주르르 흘리시는
당신이 오셔서 우리를 안아 주십니다

하루하루 살아갈 시간 생각하면
또 양들의 멍에가 너무 무거워
하소연하는 입가로 맑은 물이 떨어집니다
안타까운 듯 내 눈물조차 닦아주십니다

빨리 밥을 먹자고 보챕니다
우리 양들에겐 당신이 밥인가 봅니다
나는 더 만나고 싶은데
오늘도 당신에게 순종하려 합니다

내가 운영하는 장애인공동체

나는 장애인공동체를 운영하고 있다. 그 속에서 벌어지는 삶을 고백으로 생활을 봉사로 생각하며 살고 있다. 「오늘의 기도」와 「공동체의 아침」이라는 시를 고백적으로 그리며 생활의 모든 것을 보여주었다. 이 시를 통하여 내가 시를 쓰는 이유를 알리고 싶으며 장애인 공동체에서 일어나는 하루의 삶을 여과 없이 보여주며 고통 속에서 인내하며 치유해 나가는 삶을 보여주고 싶다. 여기에서는 눈물이 많이 나오는데 그 눈물은 치유와 성장의 눈물이라고 본다. 눈물이 보여주는 의미를 생각하고 내재된 갈등을 해소시키는 것을 점차적으로 보여주고 싶다. 고난을 초월하고 극복하는 것은 사랑이라는 목적을 통하여 생생한 이미지나 개념으로 불러들여 현실의 고통을 극복하고자 하는 모습을 찾기 원한다.

겨울의 추위가 차가운 자비요 은총이라고 하는 것을 알기 위해서는 많은 고통을 겪어야 한다. 만약 겨울이 없었다면 동물들은 겨울잠을 잘 수 없고 논밭의 농부들의 고된 땀은 식을 때가 없을 것이다. 마치 밤이 없다면 대낮 속에서 그 많은 노동으로부터 쉴 수가 없듯이 생명은 뜨겁다. 끝없이 타오르는 욕망은 잠시도 멈추지 않고 움직인다. 오죽하면 짐승들을 동물(動物), 움직이는 것이라고 이름 지었겠는가. 식물도 바람이 불면 말갈기처럼 이파리들이 나부낀다. 꽃이 피고 지는 것, 나이테가 느는 것 등, 잠시도 쉬지 않고 성장한다. 또 예민한 청각이 있다면 보이지 않는 뿌리들의 숨어 있는 노동, 소낙비와 햇빛 속에서 엽록소들이 부지런히 양분을 만들어 나르는 수액의 소리가 들릴 것이다. 우리는 삭풍을 악마가 내쉬는 숨소리처럼 듣고 있지만 이 추위가 없었다면 끝 모르는 욕망을 누가 잠재울 수 있으며 종신형의 중노동으로부터 벗어날 수 있게 할 것인가.[2)] 고통은 나를 키우는 비료인 것이다. 열기에서 살펴 볼 것은 눈물 속에 피어나는 생명을 보려 한다.

눈물로 호흡하는 공동체성

여기에 나타난 공동체 속에서 사랑하며 상처를 치유한다. 회복되는 느낌을 신과 더불어 삶을 체험하는 고백 속에 나타난 인간의 자세를 보자. 인간은 어떤 아픔이나 고통 속에서 과정을 치유하지 않으면 계속해서 힘들어 한다. 이 시에서 그런 과정을 보고 느끼고 싶다. 그 과정에서 매개체는 눈물이다. 표현하는 화자의 고통을 눈물이라는 존재를 통하여 소통했으며 신과의 관계에서 진심으로 바라볼 수 있고 느낄 수 있도록 해준 것이다. 이 시는 다른 사람의 고통을 대신하면서 끊임없이 아파하면서도 삶을 위하여 호흡한다는 것이다. 그 삶의 바다를 버티게 해준 것은 바로 눈물이었다.

장애인공동체를 운영하며 느끼는 전체적인 이야기를 하고 있다. 이 시는 1연에서는 자신의 어려운 사역을 어떻게 하면 피할 수 있을까라는 생각으로 까만 밤을 기도로 새우며 예수님도 자기의 사역

---

2) 이어령, 『생명이 자본이다』, 마로니에북스, 2013, 99쪽.

이 고난이기 때문에 고난을 비껴나가길 원했다. 여기에서도 엄마들조차 힘들어서 피해버린 장애인 가족들을 돌보는 것이 어려운데, 하지만 그들의 눈망울을 보며 다시 힘을 얻는다는 내용이다. 2연에서는 공동생활의 실제적인 봉사의 내용이 나온다. 몸 씻기기, 머리 감기기, 이빨 닦기기 등 나오며 또한 생활 속에서 지적장애인과의 관계의 어려운 점이 나온다. 속이 터지고 욱하는 때가 있지만 그것 또한 자신의 죄를 돌이키는 계기로 삼는다. 3연에서는 자신도 장애인으로서 어린 시절 외롭고 힘없는 상황을 그리는데 선로에 묶여있는 참새로 표현하고 있다. 어린 시절을 생각하면서 하염없는 눈물이 흐른다고 고백을 한다. 4연에서는 신 앞에 선 자기 자신을 표현하고 있는데 뱃속에서 엄마를 괴롭힌 죄까지 고백하고 있다. 실오라기 하나도 걸치지 않은 상태로 신께 간절함을 드리는 모습을 형상화하고 있다. 5연에서 자기 자신의 인간으로서의 한계를 고백하고 있다. 자기 자신은 기도도 할 수 없고 사랑도 할 수 없는 존재로서 이 세상에서 사람들에게 폐나 안 끼치고 사는 삶을 살겠다고 고백을 한다.

나는 기도하며 시를 완성시킨다. 시를 쓰는 것이 아니라 시를 완성해 가는 것이다. 삶을 통하여 고백을 한다. 그 고백 속에 시가 들어있다. 장애인 사역을 하면서 느끼는 감정을 그대로 시로 승화시키는 능력이 있다. 「오늘의 기도」에서 그는 고백하는 심정으로 시를 써내려 간다. 꺼져가는 생명도 소중하게 여기려는 마음과 하염없이 사랑을 요구하는 이들에게 아빠가 되어주고 친구가 되어준다. 그리고 그의 눈에서는 하염없이 눈물이 흐른다. 순결함을 잃지 않기 위하여 엄마 뱃속에서도 엄마를 괴롭게 한 것까지도 회개하므로 몸부림을 치며 기도를 한다. 그는 고백한다. 내가 누군데 사랑을 할 수 있는가? 그냥 살아서 폐나 안 끼치는 삶을 살기를 바라고 있다. 이렇게 그의 고백을 듣는 것처럼 시를 써 간다. 그가 느끼는 고통은 아무도 알아주지 않는다. 그래서 그는 외롭다. 외로운 마음으로 사물을 대한다. 하지만 그 속에는 행복과 희락이 있다. 그의 얼굴에는 미소가 떠나지 않으며 어떤 어려움도 극복 할 수 있고 자신의 외로움마저도 잃어버리고 살아가고 있다. 그것이 고백이다. 오늘 그는 고백을 한다. 내가 살아서 숨 쉬는 그날까지 모든 이를 사랑하겠노라고. 결과적으로 시 치료의 목적은 자유롭고 풍성하고 유익한 미적 가치를 체험하도록 하여 삶의 질을 향상시키는데 있는 것이다.[3)]

「공동체의 아침」이라는 시도 공동체를 이끌어 가며 아침에 일어나서 장애인가족들과 기도하는 모습을 그려낸 시이다. 1연을 보면 이른 아침 창가에 무릎 꿇은 어린양들이 나에게 돌아와 앉아있는 모습을 표현했다. 2연을 보면 공동체 모두가 머리를 맞대고 신을 부르는 모습이 나온다. 주님이라는 말을 입술로 부르지 못하지만 떨리는 몸과 마음으로 하늘길이 열리도록 염원을 하는 얼굴을 그렸다. 3연을 보면 이들을 위한 눈물을 흘리시는 주님의 얼굴을 볼 수 있다. 그 분이 오셔서 공동체 가족들을 품에 안아주시는 모습을 그렸다. 4연을 보면 내가 힘들다는 고백을 한다. 하루하루 살아갈 고난을 생각하면 그 일이 너무 무거워 눈물을 흘리고 있을 때 신께서 눈물을 닦아준다는 표현을 하고 있다. 5연을 보면 공동체 가족들의 생활을 볼 수 있는데 나는 목자로서 더 기도하고 싶은데 공동체 가족들이 밥을 먹자고 보채기 때문에 가족들에게 하나님은 밥이기 때

---

3) 권싱훈, 『시치료의 이론과 실재』, 시그마프레스, 2010, 32~33쪽.

문에 오늘도 순종한다는 고백을 하고 있다.

나는 역경과 고난을 이겨내 오늘의 삶을 행복하다고 고백한다. 행복을 사랑한다. 이 세상에서 그러한 것들을 느끼며 살아가고 있다. 시인은 하루하루가 고백이다. 자기 자신도 장애인이지만 또 다른 어려운 사람들과 소통하며 살아가고 있다. 「공동체의 아침」에서 그의 사랑하는 가족들이 아침에 눈을 떠서 하늘에 기도하는 모습이 그려진다. 원초적이고 본능적인 삶을 살아가는 이들과 그는 오늘도 얼굴을 맞대고 주님을 바라본다. 부족한 입술, 떨리는 몸으로 주님을 부르고 있는 것이다. 그러면 하늘길이 열리고 주님의 자비가 내려온다. 말 못하는 장애인들을 대변해주고 그들을 대신하여 눈물을 닦아준다. 그러면 우리 주님께서 오셔서 시인의 눈물도 닦아주는 것이다.

이렇게 하루하루 살아가는 것이 무겁고 두렵지만 그는 양들이 있기 때문에 주님께 순종하는 것이다. 아무도 몰라주고 아무도 오지 않는 곳에서 외로움을 극복하며 오직 사랑하는 그들을 위하여 오늘도 하늘을 향하여 두 손을 들고 있다. 시인이 걸어가는 그 길이 바보 같은 길이지만 그를 아무도 바보라고 부르지 못할 것이다. 어느 누가 그를 건드릴 수가 있을까 그는 바보 같은 삶을 오늘도 살며 행복을 느끼고 있다. 그것이 바로 시인의 고백이고 여유로움인 것이다. 누군가가 그를 바라보면 하늘을 보는 것처럼 투명하고 아름다운 수정 같은 유리를 보았다고 할 것이다. 그래서 맑고 화창한 하늘에 오늘도 따뜻한 눈을 내리게 한다.

눈물이 띄우는 영혼의 무지개

이 두 편의 시를 보면 고통을 선택한 공동체 속에서 묵묵히 걸어가는 성직자의 모습을 볼 수 있다. 「오늘의 기도」에서 엄마들조차 피해버린 장애인 가족들을 보며 그 눈망울이 부담스러워 피할 길을 찾는다. 하지만 그들의 순수한 눈망울 때문에 사랑으로 돌보며 생활이 힘들고 어려울 때 나의 죄가 없나 살펴보는 계기로 삼는다. 장애인으로서 어린 시절의 삶을 고백하며 자신의 모습과 선로에 묶여 있는 참새를 대조하여 어려운 모습을 그렸다. 이 시에서 신이 눈물을 닦아준다. 그리고 그 눈물은 자기의 죄를 고백하는 매개체가 되었다. 그리고 자기 자신의 한계성을 이야기하고 있는데 기도할 수 있는 것과 사랑할 수 있는 것조차 가지고 있지 않지만 내 삶은 사람들에게 폐나 안 끼치며 살기를 고백한다.

「공동체의 아침」을 보면 공동체의 아침에 일어나는 풍경을 묘사하고 있다. 아침기도를 하는 모습이 그려져 있고 또한 눈물로 기도를 하면 신이 우리를 안아 주신다는 것을 묘사하고 있다. 하루하루의 삶이 무겁지만 하소연도 들어주시는 신의 모습을 그렸고, 공동체 식구들은 밥이 하나님이라는 표현을 하였다. 공동체 가족들이 원하는 것이 하나님이 원하는 것이라는 고백으로 마무리한다. 비극들을 주로 플롯 구성 면에서 대조 비교하는 것은 옳다. 같은 종류의 얽힘과 풀림을 가진 비극들끼리 비교하는 것이 옳기 때문이다. 얽힘은 잘 짜지만 풀림을 잘 다루지 못하는 시인이 많다.[4] 여기에서 풀림이란 눈물인 것이다. 모든 것이 다 오염되고 고갈되어도 우리

4) 아리스토텔레스, 이상섭 역, 『시학』, 문학과지성사, 2010, 63쪽.

에게는 최종의 물이 남아 있다. 눈물이라는 자원이다. 어머니의 눈물, 영하 50도의 황제펭귄 같은 아버지의 눈물, 누군가가 날 위해 흘린 사랑과 우애의 눈물이다. 그런 물을 받는 물독대가 우리의 마음속에 있다. 하늘에는 비가 내려야 아름다운 무지개가 뜬다고 했지만 인간의 마음에는 눈물이 흘러야 영혼의 무지개가 뜬다.[5)]

박세아

2005년 『포스트모던』으로 등단. 시집 『누드언어』

---

5) 이어령, 『생명이 자본이다』, 마로니에북스, 2013, 129쪽.

나를 가꾸는 텃밭

텃밭

밤새 수런대는 소리 수상타
아침 일찍 텃밭으로 나가니
오오, 이런 호박넝쿨
아무 거침없이 내달리던 자리
떠억 가로 막고 있는
옥수수 고추 상추 대
호박넝쿨 단단히 화가 났나
냅다 뻗어 앞뒤 볼 것 없이
옥수수 대 휘어 감고
고추 대 돌돌 밀아 움켜쥐자
호박넝쿨 따라 집으려는지
덜렁이며 커가는 새파란 고추
씨앗 잔뜩 품어
누렇게 뜬 상추 대
머리끄덩이 한 움큼 잡혀 뒤 흔들리고

누구나 나이를 먹어 갈수록 고향에 대한 그리움은 더 커가는 것 같다. 구석구석 건물마다 거리마다 딱딱한 회색빛 시멘트가 자리하고 있어 마음까지 굳어가는 현대 사회에 고향은 알게 모르게 그러한 삭막한 마음을 정화해 주는 중추적인 역할을 하기 때문이 아닌가 한다. 물론 고향이 도시에 있는 사람들도 많겠지만 여기서는 누구나 가지는 본능적인, 어머니 양수 속에 있던 그 포근하고 부드러운 본향에 대한 그리움이다. 그러한 고향을 떠올릴 때면 아무래도 딱딱한 시멘트보다는 맨발로도 다닐 수 있는 '흙'을 연상하게 한다.

팔순 어머니와 사는 텃밭이 딸린 우리 집은 지은 지 거의 육십 년이 넘는 집이다. 나는 태어나 잠시 공부를 위해 타지에서 칠팔 년 지낸 것 외엔 줄곧 이 집에서 생활을 한 셈이다. 몇 평 되지 않지만 집 뒤꼍에 있는 작은 텃밭은 팔순 어머니의 작은 꿈이다.

몇 푼 안 되는 푸성귀들, 그냥 손쉽게 사먹어도 될 것들이지만 봄, 여름, 가을, 겨울, 철마다 어머니는 텃밭 가꾸기에 여념이 없으시다. 텃밭에만 가면 잔뜩 흙 묻은 손에 이것저것 한아름 안고 흐뭇한 표정을 지으면서 돌아오신다. 어머니의 고향을 만나고 꿈들을 안고 오시는 것이었다.

언제부턴가 나의 발걸음도 자주 텃밭을 들랑거렸다. 마음이 울적할 때나 무언가 깊은 생각에 잠기고 싶을 때면 나도 모르게 텃밭을 찾아가 흙손이 되어 돌아오곤 했다. 그러고 나면 왠지 심란했던, 고집스럽던 마음도 어느새 사라지고 평온한 마음이 되어 있었다. 어느새 텃밭은 나에게도 현실에 부대껴 힘들 때 작은 고향이 되어 위로가 되었던 것이다.

그러다 어느 날 자꾸 텃밭에서 수런대는 소리가 들리는 것 같아

어둑새벽 일어나자마자 텃밭으로 달려갔다.

오오! 그런데 호박 넝쿨이 옥수수, 고추, 상추 대를 휘휘 휘어감고 있는 것이 아닌가?

자리싸움이 일어난 것이다. 그런 모습들은 미운 것이 아니라 어찌나 예쁘던지, 그런 텃밭 앞에만 서면 내가 텃밭인 양 푸르러지고 넉넉해진다. 텃밭의 싱그러움으로 내 가슴속까지 청결해지고 텃밭의 풍성함에 내 마음속까지 넉넉해진다. 텃밭에 비가 내리면 내 삭막한 가슴이 젖어드는 것 같고, 텃밭에 해가 비치면 내 어두운 마음도 밝아지는 것 같은 기분이 든다.

잡초를 뽑으며 내 가슴속 욕심도 같이 뽑아내고, 벌레를 잡으며 내 마음속 잡념도 같이 잡아낸다. 보채고 서두름 없이 풍성한 푸른 잎을 키워내는 텃밭을 보고 있노라면, 안달하고 조바심 내며 살아온 내 삶이 부끄럽고 초라해진다. 빗물과 햇살만으로 저 푸른 생명을 키워낸 저 작은 텃밭이, 너무나도 많이 갖고서도 더 욕심을 낸다고, 연민스럽게 나를 바라보는 것 같다. 질책하는 듯 충고하는 듯 조용히 귓속말로 말을 건넨다. 집착과 욕심을 내려놓으라고, 시름과 조바심을 벗어 버리라고.

아! 그러고 보니 내가 텃밭을 가꾸고 있었던 것이 아니라, 텃밭이 나를 가꾸고 있었구나.

김은순

2006년 『문예연구』 등단. 대학원 박사과정.

시간의 자국 혹은 마무리

고장 난 자전거

나는 비로소
달리지 않아도 되는 자유를 누리고 있다
나를 목 놓아 그리던 무게도 촉감도
지나간 기억 속에 꿈틀거릴 뿐
피곤해도 쉴 수 없던 내 다리
비로소 자유로운 차디찬 인내력
날카로운 시간, 온몸에 새기며
줄타기하던 나의 이력은
아파트 담장에 빼곡히 진열된다
내 곁을 지키는 고상한 폐품들
가쁜 숨 몰아쉬던
뒤로한 꿈들을 이야기한다
내가 간절히 바라던 것들은
침묵의 저편으로 날개를 접고
나를 간절히 원하는 것들을 위해
온갖 무게를 잠재우며 달렸다
이제, 죽음을 향한 속도는

또 다른 삶을 꿈꾸기 위해 열려 있다
분주한 바람은 빛바랜 세월만 이야기할 뿐
내 위에 어떤 무게도 잠재우지 않는다
등줄기를 타고 출렁이는 고독의 물결
새로운 자유가 선택되는 순간이다
기울어지는 노을의 화려함속으로
푸른 생을 적시는
다리하나 부러진 내 육체
아직 마침표를 찍지 않은 시간이다

인간은 이 세상에 태어나, 죽음에 이르기 까지 수없이 많은 인연을 맺으며 살고 있다. 그 인연의 시간들을 우리는 삶이라 한다. 때론 길고 추운 밤의 징검다리를 건너 어둡고 칙칙한 고통의 시간들을 처절히 거부해 보기도 하지만 인간의 삶은 새로운 인연을 탄생시키며 유영한다.

초침의 현란함에 온몸이 진동하고 무수히 쏟아지는 삶의 무게가 밤이면, 육신(肉身)을 물에 젖은 솜뭉치로 만들어 버리던 어느 날, 나는 시인이라는 타이틀과 인연을 맺었다. 처음 등단소식을 접하고 흐려진 기억 안의 희망의 빛이 번득이듯 잠시 머릿속이 맑아지며 온몸에 전율이 출렁이는 것을 느꼈다.

나는 그때부터 지금까지 시에 대한 열정을 의식 밑바닥으로 접었던 순간순간을 반성하며 시를 쓰는 작업에 몰두하고 있다.

시인은 삶의 긍정적인 의미 부여를 위하여 또는 삶의 무의미성과 고통의 통찰을 위하여 인간에게 위로가 되어준 아름다운 시를 더욱 찬란하게 꽃피우고 싶어 한다.

위의 시 「고장 난 자전거」는 자전거라는 사물을 통해 인간의 경험적 구체성을 표현하고 결국 마지막 종착역을 향해 달려야 하는 인간의 숙명을 노래하려 했다.

일주일에 한번이면 어김없이 찾아오는 아파트 분리수거일 언제나처럼 생활의 흔적들을 모아 분리수거장소에 갔을 때 그곳에는 다리 하나 부러진 고장 난 자전거가 높다란 담벽을 기둥 삼아 누워있었다.

언뜻 보기에도 색이며 모양이며 볼품없이 널브러져 있는 그 자전거의 모습은 주변의 폐품들과는 사뭇 다른 이미지로 내게 다가왔다. 아주 오랜 시간 자신의 길을 향해 묵묵히 앞을 향해 전진 또 전진을 외치며 달렸을 자전거의 과거를 생각하니 다 낡아빠진 그 모습은 지친 인간의 모습과 오버랩 되며 나의 가슴 한쪽의 울림으로 작용했다. 하지만 그것도 잠시뿐, 바쁜 일정 탓에 모든 것을 뒤로하고 시간이 흘러 그 후로도 며칠이 지났을까 분리수거함 주변은 미화원 아저씨들로 인해 말끔히 치워지고 그곳에 있던 고장 난 자전거는 어찌된 일인지 아파트 관리소 옆으로 자리가 옮겨진 채 세워져 있었다. 아마도 누군가 재사용을 하기 위한 준비단계로 잠시 세워둔 듯 했다.

겨울이라 말라비틀어진 앙상한 가지만 자신의 존재를 확인시켜주는 담쟁이 넝쿨 사이로 잿빛 추억을 곱씹으며 서있는 자전거를 보는 순간 이제 그만 달리지 않아도 되는 자전거의 숙명도 아직 끝이 아니구나 하는 생각이 들었다. 결국 자전거의 끝나지 않은 숙명은 나에게 새로운 상상력의 출발점이 되었다.

오로지 체액의 땀내로만 움직이는 너무나 인간적인 사물인 자전거가 이젠 자신의 숙명을 다했다는 듯 쓰러져 있는 모습은 나로 하여금 인간의 고독과 삶의 치열함을 생각하게 하는 계기가 되기에 충분했으며 다시금 새로운 도약을 꿈꾸는 자전거의 이동은 나에게 한편의 시를 마무리해야 하겠다는 동기부여를 제공했다. 그렇다! 주변의 누군가는 다리 하나 부러진 채 또는 온몸이 절단된 채 "노을의 화려함 속으로/푸른 생을 적시며/아직 마침표를 찍지 않은 시간"에 온몸을 진동시키는 것이다.

모든 사물에는 사연이 있다. 자전거는 인간의 필요에 의해 고안되고 형태를 갖추며 인간과 함께 새로운 인연으로 기능적 역할을 다하게 된다. 이 시는 자전거라는 객관적 상관물을 통해 인간의 삶을 노래한다. 치열한 삶의 굴레 속에서 결국 자전거는 고장이 나고 고장 난 자전거는 인간의 삶과 병치되며 시적 혜안으로 가득 채워진다.

자전거가 고장났다는 것은 삶의 속도가 잠시 고장났다는 것이다. 이 고장은 "달리지 않아도 되는 자유"를 누리고 있다는 역설로 표현되지만 이 또한 계속 달려야 하는 인간의 숙명 뒤에 숨에 있는 또 다른 이면의 한 부분인 것이다.

자전거는 오로지 인간의 다리를 통해 전해지는 동력을 하사받음으로써 여동저인 전력 질주를 시도하게 된다. 반대되는 극이 하나의 축으로 연결되는 역동적 가공은 바로 인간의 삶과 연결되어 치열하게 작동한다. 인간이 살아가는 혹은 살아간다고 믿고 있는 이 세계는 거짓과 위선, 비겁과 죽음이 공존하는 거대한 톱니바퀴이다.

생명과 죽음이라는 이미지는 외부의 현실을 통해 재현되고 재배치되며 결국 생의 통찰력을 유도하고 구조적으로 단단해진다.

문학과 삶의 관계가 별개의 것이 아니며 삶으로서의 문학, 문학으로서의 삶이어야 한다면 문학이 보다 인간다운 삶이 되게 하기 위해서는 삶의 현장으로부터의 절실한 깨달음이 있어야 한다. 자전거는 그러한 삶의 현장을 대변하는 하나의 사물로서 손색이 없을 것이다. 삶의 실체를 깊숙이 들여다보고 언어라는 존재의 사슬에 기대어있는 언어 너머의 심연을 들여다보면 거기에는 치열한 삶의 그림자가 문학이라는 무지개와 불길하고도 매혹적으로 서로를 응시하고 있다.

나의 삶 속에는 큰 호흡으로 가슴을 쓸어내리는 일이 습관처럼 되어 버린 때가 있었다. 작은 호흡으론, 목구멍까지 당겨져 치솟아 올라 미쳐 코끝에 닿지 못하는 공기의 압력을 다스릴 길이 없어 동그란 입을 벌려 다시금 큰 호흡으로 전환을 해야 하는 그런 때…….

이렇듯 나의 삶은 인지능력 즉 경험을 통과했을 때 더욱 빛을 발하는 상상력과 버무려져 내가 어쩌지 못하는 숙명의 굴레 속에서 돌고 도는 그림들이 되어 시 속에서 책갈피처럼 존재한다.

산골에서 태어난 아이는 해가 산에서 뜬다고 생각하고 갯가에서 자란 아이는 해가 바다에서 뜬다고 생각한다고 한다. 이러한 인식의 눈과 표상능력은 감각적 자극을 통하여 정서적 반응을 일으키게 되는데 잊어버리려 하였으나 잊히지 않는 슬픔, 괴로움, 이별, 사랑 등이 있다면 그것은 정서의 경지요 순간적인 감각으로, 시로써 표현하지 않고서는 견디기 힘들 것이다.

나는 오늘도 시와 맺은 인연의 끈을 밀고 당기며 내안에 울림통을 연신 흔들어 댄다. 그 소리는 어느 때는 노동의 소리로 다가오고 어느 때는 카타르시스를 동반한 배설의 기능으로서의 역할을 수행할 것이다.

창작의 고통은 어느덧 가슴속 커다란 무게 위에 눌러 앉아 팽팽히 긴장하기 시작한다. 나는 다양한 미학적 충돌을 여러 방향에서 보여주는 시인이고 싶다.

이 혜 경

한남대학교 문예창작과 겸임교수. 2007년 『문예연구』로 등단.

켜켜이 쌓이는 시간에 말 걸기

채석강

바다가 웃자, 물결은 한결 부드러워진다
눈가에 잔주름을 만들었다가
말을 주거니 받거니 생략해도
그러냐고 그렇다고
마주치면 어깨를 들썩이며
시리도록 하얀 이를 내보인다

저마다 쏟아놓은 이 많은 문장을 엮느라
한밤 내 철썩이는 몸짓을
누구도 읽지 못해 뒤엉킨 책들,
길게 길게 풀어내느라
갈매기는 사시사철 까마득한 높낮이로
저 끝에서 이 끝으로
바다를 한 장 한 장 넘기고 있는 것이다

시는 어디서 오는가! 온몸에 힘을 빼고 생각도 접고 멍하니 눈만

깜박이는데 갈매기 먹이처럼 리듬을 타고 점들이 콩·콩·콩 머리 위를 지나간다. 여행지에서 메모지 없는 빈손일 때, 어렵게 잠 속으로 스며들고 있을 때, 기다리던 시는 실루엣으로 다가온다. 그때 팔 벌려 품지 않으면 나를 통과해 흔적 없이 사라진다. 무의식의 별에서 온 아련한 시를 여러 번 보낸 적이 있다. 그 후로 나는 호주머니나, 가방, 화장실, 베란다, 손 뻗으면 닿을 동선 안에 메모지를 두고 있다.

모든 시가 그렇게 오는 것은 아니지만 그렇게 온 문장이 한 편의 시로 들어오면 상상력이 풍부해지고 그로 인해 시가 확장되기도 한다. 메모가 좋은 이유는 많지만 그 중 하나를 꼽으라면 시상이 떠오르지 않거나 쓰다가 진전이 없을 때 메모장을 넘기면 싱싱한 언어가 튀어나와 퍼즐의 빈자리를 맞추고 또는 시의 씨앗을 거기서 만나기도 한다. 그래서 의미 있는 사진을 찍고 그림을 보다 와 닿는 게 있으면 그때의 느낌을 간단히 써 놓곤 한다. 그것들은 내 생각들이 천방지축 뛰어 놀다 쉴 수 있는 쉼터도 되고 길을 잃고 헤맬 때 이정표가 되기도 하고 씨앗을 발화시키는 역할도 하기 때문이다.

헤엄을 배우려는 이가 제일 먼저 해야 할 것은 물속으로 들어가 몸을 놀려야 하듯 마음속에 있는 생각이나 이미지들의 '기의'를 언어라는 매체의 '기표'로써 표출해 냈을 때 텍스트는 시가 되고 소설이 되고 문장이 될 것이다. 문학은 결국 말하기의 양식이고 텍스트 안에서 누가 어떤 목소리로 말하는가가 중요하기 때문이다. 여유로운 시간이 오면 내 시든 좋아하는 시를 낭독하기를 좋아하는데, 특히 좋아하는 시에 심취해 낭독하다보면 입에서 나간 소리가 귀로 들어오는 과정에서 이미지들이 다면적으로 펼쳐지는 '찰나'를 만나는 기쁨이 있기 때문이다. 일상 속에 시가 있는지 시를 쓰고자 일상에 열심인지 무엇이 먼저인지는 모르겠지만 삶과 문학의 밸런스가 잘 맞는 그런 삶을 살고자 한다면 욕심이려나!

20대 때 친구들과 떠난 여행지는 부안 변산반도에 위치한 채석강이었다. 채석강 이름의 유래는 당나라의 시선 이태백이 술에 취해 뱃놀이를 하던 중 강물에 뜬 달그림자를 잡으려다 빠져 죽었다는 중국의 채석강과 비슷하다하여 채석강이라 한다. 변산반도의 돌출된 지형 탓에 오랜 세월 바닷물에 깎인 퇴적층이 마치 수천 수만 권의 책을 쌓은 듯한 거대한 형상은 볼수록 신비롭고 기이하다.

감수성 많던 그 시절, 서로 얼굴만 마주봐도 웃음보가 터지던 나이, 붓이 지나간 듯 자유로운 곡선과 해안 절벽을 바라보며 '아무렇게나 쌓아놓은 헝클어진 책 같다'고 했더니 친구 중 한 명은 네가 하는 말은 아름다운 시 같다며 맞장구를 쳤다. 돌이 쌓인 켜와 켜를 들여다보고 만져도 보았다. 무수히 많은 말들이 튀어 나왔다. 무수히 많은 생각들이 솟아나왔다. 어쩌면 수없이 많은 사람들의 이야기를 바다가 삐뚤삐뚤 받아서 적어 놓은 것인지도 모른다는 생각을 했던 것도 같다.

우리는 살다보면 침묵이 백 마디의 말보다 더 큰 힘이 있다고 느낄 때가 있다. 내게는 바다가 그러했다. 같은 곳을 가도, 갈 때마다 바다는 바람의 방향에 따라 물결의 속도에 따라 표정을 달리하는 것이다. 그런 바다에 가면 구구절절 내 생각에 빠져든다. 갈매기가 우루루 지나가는 방향으로 낮은 파도가 출렁이며 바닷물이 바위에 부딪히는 소리는 책장이 넘어가 다른 글자가 펼쳐지는 광경이었다.

위의 시 「채석강」은 40대에 가 본 채석강에서 20대 초반 마냥 좋지만은 않았던 불투명한 미래로 머리가 시끄러워 찾은 바다가 아!

나를 보고 웃고 있었다. 물결이 햇살에 물빛 꽃을 반짝이며 이동하는 풍경이 무언의 친근감을 표하는 것처럼 느껴졌다. 위로가 말이 아닌 침묵일 수도 있다는 그때의 느낌들이 살아나면서 떠오른 시다.

말하자면 나의 시 쓰기는 그때부터였다. 언어가 참으로 아름답다고 생각한 것도 한용운 시인의 「알 수 없어요」를 읽고 나서다. 시를 읽고는 마음의 파동이 일었다. "연꽃같은 발꿈치로 가이없는 바다를 밟고 옥 같은 손으로 끝없는 하늘을 만지면서 떨어지는 해를 곱게 단장하는 저녁노을"의 풍경은 입술 끝으로 하는 말이 아니라 온몸을 깊게 울리면서 꺼내어 놓는 말로 느껴졌고 "타고 남은 재가 다시 기름이 된다"는 강력한 역설과 비약에 고개를 끄덕이고 있었다.

이런 신비한 힘을 가진 시를 쓰고 싶었다. 비록 나는 "약한 등불"이지만 "그칠 줄 모르고 타는" 뜨거운 심지를 믿고 말이다.

신영연

2008년 『시에』 등단. 대학원 박사과정.

5월의 신부를 꿈꾸다

오래된 바람의 부족

오만 년 전의 바람이 불어온 것은 이맘때다

안면이 있는 바람이다 부족의 폐경은 거북이 등껍질처럼 신경질적으로 갈라졌다 불길한 징조다 그녀가 우는 것은
한때 빗물이 날 낳았기를 바랐던 적이 있었다

'친정에 왔어요' 아버지가 보관하는 문자메시지. 어머니는 친정이 없고 나는 아버지를 이해하기로 한다
다른 채널이 전송되는 각 방으로 가벼운 뼈들이 날아온다

아버지는 빈손을 주머니에 넣는다 만져지는 건 돌멩이 하나
둥근 등에 그림을 그렸던 기억이 있다 동굴을 헤엄치던 물고기의 단단한 살을 삼켰던 기억
피가 그리운 어머니의 울음이 잦다
내 졸업사진은 벽 깊숙이 새겨졌다 상태 좋은 암각화, 퇴화한 유적이 되고 있다
나는 벽에 기대고 앉아 벽지의 붉은 꽃을 만진다

이건 전부 가짜다

동굴 속 짐승들이 오래 익힌 형상으로 아비를 기다린다 아직 숨을 쉬고 있다
우리의 실종된 아버지들은 오만 년 전 바람을 따라가 사라진 부족의 족장이 되었을 것이다

지붕 없는 벽화 안에서 그는 가장 편안한 웃음을 보일 것이다

얼마전 친구의 전화를 받았다. 오는 5월에 결혼을 한다는 말이었다. 평소에도 5월에 결혼하고 싶다는 말을 자주 했던 터라 진심으로 축하해줬다.

여자들은 5월의 신부를 꿈꾼다. 눈부신 봄에 가장 빛나는 신부가 되고 싶어 한다. 태양 아래 사는 호모 사피엔스들의 생각은 거기서 거기인지라 선호하는 것도 비슷한 모양이다. 제임스 조지 프레이저의 저서 『황금가지』에 따르면 5월의 신부에 대한 그럴 듯한 유래가 나온다. 서양에서는 5월이 되면 5월의 왕과 여왕, 혹은 신랑과 신부를 뽑는다. 이들은 곧 봄의 상징이라 볼 수 있다. 즉 만물이 번성하는 봄의 기운을 가장 강하게 대입시킬 수 있는 대상이다. 서양인들의 믿음에 따르면 이 5월의 대표주자들이 서로 혼인을 함으로써 잉태되는 씨들이 봄의 기운이 된다. 이렇게 해서 사람들은 5월이 되면 5월의 여왕(신부)을 찾게 되고 5월의 여왕(신부)이 축복의 대상이 되었다는 말이다. 어쨌거나 5월의 신부는 동서양을 막론하고 여자들이 꿈꾸는 가장 빛나는 순간이다.

30년 전, 나의 엄마도 반짝반짝 빛나는 5월의 신부가 되고 싶었을

것이다. 그러나 엄마는 5월의 신부가 되지 못했다. 내가 초등학교 6학년 가을에 부모님은 결혼식을 올렸다. 그날 엄마는 화려한 웨딩드레스를 입고 아빠 앞에서 수줍게 웃었다. 지금까지 그때만큼 엄마가 예뻤던 적은 없었던 것 같다. 지금 와서 생각해보니 그날이 엄마의 화양연화였다. 언젠가 엄마에게 인생에서 가장 행복했던 적이 언제야? 하고 물었던 적이 있다. 엄마의 대답은 간결했다. 없어. 정말? 내가 되묻자 곰곰 생각하더니 널 낳았을 때. 그때가 가장 좋았어. 신기했고. 라고 대답했었는데 아무래도 엄마의 기억은 틀린 것 같다. 엄마의 화양연화는 결혼식 날이었다. 적어도 내 생각에는 그렇다.

"우울증인가 봐"

작년 초봄 발톱을 깎던 엄마가 나를 돌아보며 말했다. 얼마 전 엄마의 생리가 멈춘지라 덜컥 불안했다. 나는 엄마를 가만히 바라보다가 도서관에 가려고 책을 싸두었던 가방을 풀었다. 평소 무뚝뚝한 성격인 나는 엄마와 나란히 앉아 드라마를 보는 일이 거의 없을 만큼 혼자 있는 시간을 좋아한다. 그런데 그날은 왜인지 그러면 안 될 것 같았다. 자식들 앞에서 한 번도 약한 소리를 한 적 없는 엄마이기에 '우울증' 그 한마디가 더욱 불안했다. "부침개나 해줘" 퉁명스레 말하며 자리에 앉는 내게 엄마는 슬쩍 눈을 흘기며 주방으로 가 반죽을 준비했다.

그러니까 생리가 끝나고 엄마는 확실히 이상해졌다. 화장실 변기에 물때가 낄 때까지 변기를 닦지 않았고, 엄마의 부름에 응하지 않는 우리에게 과하다 싶을 만큼 오래 화를 냈다. 평소에도 괄괄한 성격인 아빠에게 시비를 걸어 크게 싸우기도 했고, 그러다 엉엉 울기도 했다. 태어날 때부터 손에 쥐고 있던 손금이 하루아침에 다 사라져버린 것처럼 엄마는 허둥댔다. 피 냄새가 그리웠던 거다. 그러나 그런 시간에도 엄마는 철저히 혼자였다.

그날 엄마와 함께 거실에 앉아 동생들 미니홈피를 훔쳐봤다. 남동생은 여자친구가 생긴 것 같았고, 여동생은 지금은 남편이 된 남자친구 사진을 대문사진에 올려놓았다. 나는 내 홈피에서 남자의 흔적이 없는 사진을 골라 엄마에게 보여주었다. 컴퓨터를 다룰 줄 모르는 엄마는 홈페이지에 담긴 우리의 사진을 바라보며 엄마가 없는, 밖에서의 우리 모습을 낯설어했다. '언제 저런 델 갔다니?', '아이고 저건 또 뭐니?'를 연발하면서.

한 때, 엄마는 우리 삼 남매의 전부를 알았을 것이다. 누구와 친한 지, 늦도록 귀가하지 않을 땐 어디를 가면 찾을 수 있을 지, 참고서 값이 8천 원인데 만 원을 받아간다는 것 까지도. 그러나 지금 엄마는 우리 삼 남매의 모르는 모습이 더 많을지도 모른다. 뱃속에 품고 있던 자식들이 인생을 찾아가는 모습을 바라보며 조심스럽게 엄마의 미래를 생각했을 것이다. 혼자 초저녁에 저녁을 챙겨 먹고 감기는 눈꺼풀로 텔레비전을 보며 적당한 일자리가 없을까 생각할지도 모른다.

또래보다 늦었던 나의 첫 생리를 기억한다 엄마아- 내 몸에서 흘러나온 피를 보고 변기에 앉아 나는 엄마를 불렀다. 생각해보면 무슨 일이 있을 때마다 우리 삼 남매는 줄줄이 엄마를 찾았다. 엄마는 당신이 쓰던 천 기저귀를 주며 깔깔거리며 웃었다. 이제 어른이 되었다는 엄마의 말에 그럼 용돈을 올려달라고 밖에 대답하지 못하는 철부지였지만 여자에게 '피'가 얼마나 중요한 건지 어렴풋이 알 것 같았다. 말하자면 5월의 신부처럼 '피'는 여자의 봄이다.

엄마는 처음 생리가 터졌을 때, 흐르는 물에 들어가 피를 씻어냈다고 했다. 팬티를 빨아 널고 아랫도리를 다 벗은 채로 흐르는 물에 들어가 피가 완전히 씻기길 기다렸다. 어디에 부딪쳤나 불안스레 생각했겠지. 팬티가 마를 때 쯤 팬티를 입고 집으로 돌아와서 다시 붉게 물든 팬티의 열꽃을 보고 울음을 터뜨렸을지도 모른다. 그렇게 낯설게 만난 그 피로 때문에 엄마는 우리 삼 남매를 낳고, 늦은 결혼식 때도 새 신부처럼 말갛게 예뻤으리라. 그리고 그 피 때문에 인생이 끝난 것처럼 절망스러울 것이다.

엄마의 피가 끊겼다. 생각 같아선 그땐 내 생리라도 나눠주고 싶은 심정이었다. 그런데 마음과 달리 나는 아직 나쁜 딸이다. 늙은 호박을 베란다에 내놓으라는 엄마의 말에 '조금 있다가.' '이것만 하고.'를 반복하다 기어이 무거운 호박을 엄마가 베란다에 옮기게 한다. 만사가 귀찮다고 말하는 엄마에게 쌀을 안치고 청소기를 돌리게 만든다.

미안한 생각이 들어 설거지하는 엄마의 뒷모습을 물끄러미 바라보았다. 그러다 엄마의 엉덩이에 눈길이 멎었다. 가까이 다가가 바라보니 분홍 바지에 붉게 열꽃이 피어있었다. 말하자면 그건 그해 봄 처음으로 핀 꽃이었다. 나는 흥분해서 엄마 엄마. 생리. 생리. 소리쳤다. 엄마는 고무장갑을 낀 채로 화장실로 달려 들어갔다. 아무래도 남동생이 사다 준 호르몬제가 효능을 발휘한 것 같았다. 나는 화장실에 앉아 내 이름을 부르는 엄마에게 생리대를 건넸다. 내 첫 생리 때 엄마가 그랬던 것처럼 깔깔깔 자꾸만 웃음이 나왔다.

손 미

2009년 『문학사상』 신인상 당선. 시집 『양파 공동체』.

아주 붉고 통통한 당신, 들

아버지, 피고 지고

개나리를 소주병에 꽂아 놓던 날

아버지는 연애를 시작했다

사방이 황금빛 소문으로

몸이 몸에게 건네는 말

흑발은 아버지의 근황을 알리는 가느다란 숨

계절은 피고 지고

오래된 잡지에 밑줄이 생긴다

나무가 옷을 입고 벗는 동안

그림자 안으로 부푼 늙은 애인

다시 돌아오지 않고

위치를 지운 표정은

조용히 무너지는 동굴을 닮았다

종종 라디오 옆에서 아버지는 잠이 들곤 했는데

후두둑 떨어지는 저녁 공기들

가까워지거나 멀어지는 것이 두려웠다. 꽃이 피고 지듯 계절이 끝날 때마다 사라지는 흔적들은 누군가를 사랑하고, 누군가를 이해하고, 누군가를 포용하다가 떠나보내는 이별과 흡사하다. 루이스 푸엔조 감독은 <고래와 창녀>에서 사랑은 깊은 바다 밑을 떠도는 고래가 건네는 허무의 몸짓이라고 했다.

봄날이었다. 오래된 잡지에 밑줄을 긋고, 유행가 가사를 적어 놓던 아버지. 꽃을 가까이하지 않던 아버지가 개나리를 소주병에 꽂아 놓고 노란 웃음을 보였다. 아름답지만 시든 애인을 닮아서일까. 누군가를 잊는 건 동굴처럼 서늘하고 습한 어둠을 향해 걷는 기분일 것이다. 쉽게 헤어 나오지 못할 만큼 터키 지하도시의 통로는 구불구불하다. 마치 테세우스가 미노타우로스의 미로에서 빠져나오기 위해 사용했던 끈이 필요할 것 같다. 길을 몰라 정지화면처럼 서 있을 때 누군가의 손짓이 간절하듯, 깊은 우물에서 꺼내 줄 구원의 바람이 불어주기를 호흡해 본다.

그러나 우린 길을 잃었으니까 긴 골목을 오래오래 쓰다듬어 보면서 걸음을 한다. 지금은 온전히 나의 것, 여행이 시작됐다. 숨찬 발걸음으로 낯선 경험이 채워진다. 어쩌면 여행이 끝나는 순간에도 길을 못 찾을지 모른다. 영원히.

매일 이별하는 우리는

걸음을 하는 사람들 속에 있었다. 메이비의 <2046>을 듣다가, 근원적 충동에 서러웠다. 목소리가 벌거벗겨진 채 자꾸 질문을 던졌다. 언제부터 혼자였는지 기억나질 않는다. 안녕하지 못한 이 안녕들, 슈만이 클라라에게 사랑을 고백할 때 이러했을까? 브람스의 마음이 이러했을까? 도대체 어떤 언어로 당신을 표현해야 될지 모르겠다. 뭐라고 뭐라고 썼던 글이 지워졌다. 다시 생각나지 않는다. 다친 손이 아프다. 묵직한 서랍이 떨어져 내려 몸에 상처가 났다. 손이 붉고 통통하게 부어올랐다. 흉터가 생길 것 같다. 요즘 이렇다. 내 물건들도 그렇다. 평형을 이루지 못하는 감각으로 물건들이 자주 엉뚱한 곳에 박혀있다. 나도, 내 물건도, 결여다.

물이 되는 꿈을 꾸고 싶었다. 아마 물속에 살고 싶어서일거다. 아직 땅을 밟고 있는 내가 부끄럽다. 무엇을 하면서 무엇을 이야기하면서 날 파괴하고 있던 수많은 지점에서 둥근 것들이 두려웠다. 가도 가도 꼭지는 나오지 않고 빙빙 아픈 지뢰밭을 거닐고 있는 것만 같았다. 1984년 뭉크의 <Eye in Eye>를 본다. 마주하고 마주하면서 우린 서로를 위로하는 발음으로 언제나 같은 발음으로 가능해지는 뼈마디들, 하여 우린 녹아 내리다가 사라진다.

말이 끊기는 곳에서 사유가 꽃피고

양치를 하다가 눈물이 났다. 일요일은 도난당하고, 짐승처럼 끌려가는 기분으로 세수를 한다. 밖의 공기가 — 무섭다. 많은 기호 앞에 무너지는 나를 본다. 우리의 발화는 이 텐스에 머물러 있다는 생각에 갑자기 눈물이 났다. 대담해지기 위한 노력이 한순간 무너지는 관계들, 무표정인 공간이 두려워 앙리 마티스의 눈빛을 가져온다. 그러나 뚫어지게 바라본 거울엔 피카소의 눈물 흘리는 여인이 있다.

때론 나도 그냥 제로이고 싶다. 건조하고 묵묵한 모습으로 제로가 되어 시베리아 횡단열차에 올라 평행선을 이루고 싶다. 콜테스의 연극에서 보여주는 냉정한 대사를 읊으며 지나치는 사람들과 툭툭, 대화를 하는 거다. 당신이 누구인지, 당신의 목적지가 어딘지 끝까지 모른 채 말이다. 나도 모르고 당신도 몰라야 한다. 그저 아무것도 아닌, 이어야 한다. 그래야 우린 또 다시 모르는 곳에서 출발할 수 있으니까.

익명으로 시-달리다가

살기 위해 무슨 짓을 하고 있는 기분으로 웃는다. 바로 지금, 여기, 날 증명하기 위해 지독히 뜨거워지고 있는데 당신의 행성엔 무슨 일이 있기에 이토록 신호를 보내주지 않는지. "이 종이는 당신 살갗 이 잉크는 내 피야. 내 피가 스며들도록 힘주고 있어. 답장해줘"라는 <Jules And Jim>의 대사가 떠오른다.

사슴뿔 같은 서러움을 물고기처럼 마신다. 통속적이고 진부한 압박에 시-달리다가 잔해와 불안이 흔들리고 있음을 본다. 봄날은 간다, 그래 갔다. 어머니 M과 아버지 C 그리고 느낌표를 전달하는 P 선생님. L이라 부르면 익명의 L이 선뜻 대답해줄 것 같은, 다정함을 가져서 부재를 견뎌내는, 참 맘에 드는 L을 생각하며 찬란하게 흩어질까봐. 그러니까 당신의 이름을 발음하지 않는다. 죽은 비유만큼 죽은 그림들이 배를 타고 텅텅, 명명되어진 것들에 대한 절규를 이해하고 탁탁, 더딘 글자를 물고 계절의 사라짐을 바라본다. 데라야마 슈지와 포스트모던한 저녁을 보내다가 글을 쓰다가, 쓰다가, 시인은 심장의 붉은 피뿐만 아니라 그들 영혼의 흰 피도 흘린다는 장 콕도의 말에 흔들리고 싶어서 그래야 할 것 같아서 우린 소리

없이 멀어졌다. 상처를 은폐하듯 꽃이 폈다.

내가 너를 너무도 꿈꾼다

체코의 나치 수용소에서 이제 막 석방된, 그러나 곧 죽을, 데스노스의 마지막 사진을 보면서 아픔을 떠올리기보다 잔인하게도 난 아름다운 그의 시 중에 한 구절이 떠올랐다. “J'ai tant rêvé de toi, Que tu perds ta réalité.(내가 너를 너무도 꿈꿔서, 너는 이제 더 이상 실재가 아니다.)” 알알이 보이는 시선의 포스트를 넘어서 도달하는 포이트리. 결국, 시는 어디서 왔고 어디로 가는지 알 수 없다. 어쩌면 현실이 아닐 수 있다는 생각으로 상상과 입맞춤을 해본다. 장세용의 음표를 가지며 달에서의 하루를 생각한다. 그곳에서 하얀 어쿠스틱 기타를 안고 크레이터에 들어가 어머니의 자궁에서 잠들듯 깊어지고 싶다. 언젠가 사람으로부터, 지구로부터 멀어짐을 느낄 때 그냥 회전이라 생각하자, 회전중이니까 우린 지금 가까워질 차례다.

에스컬레이터에서 정신이 불편한 사람을 만났다. 자기 결혼식에 꼭 와보라고 사람들에게 소리치고 중얼중얼, 나에게도 꼭 오라며 중얼중얼, 난 고갤 끄덕이면서 낯선 그녀에게 미안해졌다. 무엇이 그리도 간절했을까. 저 멀리 이어지는 길에서 검은 그림자가 보인다.

성은주

2010년 《조선일보》 신춘문예 등단. 한남대학교 강사.

시 창작의 이해와 실제

2014년 2월 20일 인쇄
2014년 3월 2일 발행

지은이 ▌김 완 하 외
발행인 ▌김 형 태
발행처 ▌한남대학교출판부〈글누리〉
대전광역시 대덕구 오정동 133(한남로 70)
TEL.(042) 629－7536, 7722
FAX.(042) 629－7264
인쇄처 ▌도서출판 이화
TEL.(042) 255-9707~8

ISBN 978-89-7066-346-3 93800
정가 15,000원